발달지체 영유아 조기개입 | 소근육운동편(I) 6

임경옥 저

학지사

머리말

필자가 25년을 특수교육현장에 있으면서 느꼈던 가장 큰 안타까움은 장애 및 발달지체 영유아를 지도하기 위해 조기에 개입할 수 있는 지침서가 없다는 것이었다. 이와 관련하여 이들을 양육하는 부모와 현장에서 지도하는 교사들의 요구가 지속되었지만 감히 엄두를 낼 수가 없었다.

그러나 대학에서 후학을 양성하고자 운영하던 특수교육기관을 정리하면서 그동안 미루어 왔던 장애 영유아 발달 영역별 지도를 위한 지침서를 현장 경험을 바탕으로 열정 하나만 가지고 집필하였고, 출간된 지 벌써 6년이 지났다.

열정만 가지고 집필했던 지침서는 6년이 지난 현 시점에서 돌이켜 보면 부끄러워 감히 내놓을 수 없을 만큼 미숙하고 부족한 부분이 너무 많아 죄송한 마음을 금할 길 없다. 그럼에도 불구하고 『장애 영유아 발달 영역별 지침서』(전5권)가 장애 영유아를 지도하는 데 많은 도움이 되었다는 장애아동의 부모님, 특수교사 그리고 장애 영유아를 위한 유아 교육현장의 통합반 담당 교사들에게 먼저 감사드린다. 그리고 부족한 부분에 조언을 아끼지 않고 오랫동안 이 책을 지켜봐 주신 주변 지인들에게도 감사의 인사를 드린다. 이러한 지원과 채찍은 기존에 출판된 저서의 미숙하고 부족한 부분을 보완하여 전반적인 수정과 더불어 다시 집필해야 한다는 책무로 다가왔다. 그러므로 『발달지체 영유아 조기개입』에 대한 집필은 이 책을 아껴 주셨던 모든 분에게 감사의 마음으로 헌납하고자 심혈을 기울였으며, 처음 집필 시의 열정을 가지고 미숙하게 출간된 부끄러움을 조금이나마 만회하고자 최선을 다하였다.

이 책은 시리즈로 구성되어 각 영역별로 구성되어 있다. '인지' '수용언어' '표현언어' '대근육과 소근육' '사회성과 신변처리' 등의 영역으로 구성되어 있으며, 각 영역별로 가정에서도 장애 및 발달지체 영유아를 쉽게 지도할 수 있도록 초점을 맞추었다. 이를 위해 가능한 한 전문적인 용어를 배제하고 가장 쉽게 이해할 수 있는 용어를 선택하고자 고심하였으며, 실제적이고 기능 중심적인 항목을 배치하고자 노력하였다. 그리고 각 항목마다 되도록 자세히 서술하였고, 각 책의 부록에는 각 영역별 발달수준을 체크하여 지도할 수 있도록 항목별 시행 일자와 습득 일자를 기록할 수 있는 관찰표를 수록하였다.

따라서 이 책을 활용하여 지도할 경우, 각 항목의 방법 1은 수행 여부를 가늠하기 위한 선행검사에 중점을 두었으므로 방법 1로 각 항목의 수행 여부를 관찰표에 기록한 후 지도하도록 한다. 이를 위해 각 영역별로 개인별 특성을 고려하여 장애 및 발달지체 영유아의 현재 나이를 기준으로 한두 살 아래와 위 단계까지 관찰표에 수행 여부를 기록한 후 지도할 것을 권장한다. 또한 각 항목별 수행 후 반드시 다양하게 위치를 바꾸어 수행 여부를 확인해야 하며, 특히 그림 지도 시에는 위치가 고정되어 있어 외워서 수행될 가능성을 배제할 수 없으므로 그림을 여러 장 복사한 후 그림을 오려서 다양하게 위치를 바꾸어 확인해야 한다.

강화제(행동의 결과로 영유아가 좋아하는 것을 제공하는 것. 예: 음식물, 장난감, 스티커 등) 적용은 각 항목의 방법에 적용되어 있는 순서를 참고하여 필요시 각 단계마다 적절하게 상황을 판단하여 제공해 줄 것을 제안한다. 그리고 처음 지도 시에는 자주 강화제를 제공하다가 점차 줄여 나가야 함을 유의하도록 한다.

끝으로, 이 책이 장애 및 발달지체 영유아를 양육하는 부모님과 이들을 현장에서 지도하는 모든 교사 그리고 장애 영유아를 위한 보육교사와 특수교사를 배출하는 대학의 교재로서 미력하나마 도움이 되길 진심으로 바란다. 또한 이 책의 출판을 맡아 준 학지사의 김진환 사장님을 비롯하여 완성도 높은 책이 출판될 수 있도록 힘든 편집과 교정 및 삽화 작업을 묵묵히 도와주신 편집부 김준범 차장님과 직원들에게도 감사드린다. 마지막으로, 이 책의 이해를 돕기 위해 사용한 삽화의 근간이 되어 준 『장애 영유아 발달 영역별 지침서』의 그림을 그려 준 딸 수지와 진심으로 격려해 주고 지원해 준 지인들에게 무한한 고마움을 전하며 모든 분에게 하나님의 축복과 영광이 함께하길 기원한다.

장애 및 발달지체 영유아의 행복한 삶을 기원하며

2018년 10월

임경옥

차례

소근육운동편 (I)

2~3세

소근육운동편 (I)

| 0~1세 | 1~2세 | 2~3세 | 3~4세 |

0~1세

1 물건에 손 닿기

0~1세

목표 | 물건에 손을 닿게 할 수 있다.

자료 | 다양한 물건, 강화제

방법 ❶

- 교사가 다양한 물건에 손을 닿게 하는 시범을 보인다.
- 영아에게 교사를 모방하여 다양한 물건에 손을 닿게 해 보라고 한다.
- 수행되면 영아 스스로 다양한 물건에 손을 닿게 해 보라고 한다.
- 수행되면 영아의 특성에 맞는 적절한 강화제를 제공한다.

방법 ❷

- 교사가 예를 들어 딸랑이에 손을 닿게 하는 시범을 보인다.
- 영아에게 교사를 모방하여 딸랑이에 손을 닿게 해 보라고 한다.
- 모방하지 못하면 교사가 영아의 손을 잡고 딸랑이에 손을 닿게 해 준다.
- 교사가 영아의 손을 딸랑이 옆에 놓아 준 후 영아에게 딸랑이에 손을 닿게 해 보라고 한다.
- 수행되면 교사가 영아의 손을 딸랑이 가까이 대 준 후 영아에게 딸랑이에 손을 닿게 해 보라고 한다.

- 도움을 점차 줄여 간다.
- 수행되면 영아 스스로 딸랑이에 손을 닿게 해 보라고 한다.
- 수행되면 교사가 예를 들어 자동차에 손을 닿게 하는 시범을 보인다.
- 영아에게 교사를 모방하여 자동차에 손을 닿게 해 보라고 한다.
- 모방하지 못하면 딸랑이에 손이 닿게 한 것과 같은 방법으로 지도한다.
- 수행되면 다양한 물건에 손이 닿게 하는 것도 딸랑이를 지도한 것과 같은 방법으로 지도한다.
- 수행되면 영아의 특성에 맞는 적절한 강화제를 제공한다.

☞ 필요시 각 단계마다, 예를 들어 칭찬하기, 안아 주기, 뽀뽀하기, 좋아하는 과자나 장난감 주기 등의 적절한 강화제를 제공하면 과제 수행을 촉진할 수 있다. 따라서 영아의 특성을 고려하여 모든 연령에 적절한 강화제를 제공하면 과제 수행에 도움이 될 수 있으므로 참고하기 바란다.

2 물건을 쥐려고 손 뻗기

0~1세

목표 | 물건을 쥐려고 손을 뻗을 수 있다.

자료 | 다양한 물건, 강화제

방법 ❶

- 교사가 물건을 쥐기 위해 손을 뻗는 시범을 보인다.
- 영아에게 교사를 모방하여 물건을 쥐기 위해 손을 뻗어 보라고 한다.
- 수행되면 영아 스스로 물건을 쥐기 위해 손을 뻗어 보라고 한다.
- 수행되면 영아 스스로 다양한 물건을 쥐기 위해 손을 뻗어 보라고 한다.
- 수행되면 영아의 특성에 맞는 적절한 강화제를 제공한다.

방법 ❷

- 교사가 예를 들어 장난감을 쥐기 위해 손을 뻗는 시범을 보인다.
- 영아에게 교사를 모방하여 장난감을 쥐기 위해 손을 뻗어 보라고 한다.
- 모방하지 못하면 교사가 영아의 손을 잡고 손을 뻗어 준다.
- 교사가 영아의 손을 장난감 옆에 놓아 준 후 영아에게 장난감을 쥐기 위해 손을 뻗어 보라고 한다.
- 수행되면 교사가 영아의 손을 장난감 가까이 대 준 후 영아에게 손을 뻗어 보라고 한다.
- 도움을 점차 줄여 간다.
- 수행되면 영아 스스로 장난감을 쥐기 위해 손을 뻗어 보라고 한다.
- 수행되면 영아 스스로 다양한 물건을 쥐기 위해 손을 뻗어 보라고 한다.
- 수행되면 영아의 특성에 맞는 적절한 강화제를 제공한다.

3 물건이 입에 닿으면 빨기 0~1세

목표 | 물건이 입에 닿으면 빨 수 있다.

자료 | 다양한 물건, 강화제

방법 ❶

- 물건이 입에 닿으면 교사가 물건을 빠는 시범을 보인다.
- 영아에게 교사를 모방하여 물건이 입에 닿으면 빨아 보라고 한다.
- 수행되면 영아 스스로 물건이 입에 닿으면 빨아 보라고 한다.
- 수행되면 영아의 특성에 맞는 적절한 강화제를 제공한다.

방법 ❷

- 교사가 예를 들어 딸랑이를 입에 닿게 한 후 입으로 빠는 시범을 보인다.
- 교사가 딸랑이를 영아의 입에 닿게 해 준 후 영아에게 교사를 모방하여 딸랑이를 입으로 빨아 보라고 한다.
- 모방하지 못하면 교사가 딸랑이의 일부를 영아의 입에 넣어 준 후 빨아 보라고 한다.
- 수행되면 교사가 딸랑이를 영아의 입에 닿게 해 준 후 영아에게 딸랑이를 빨아 보라고 한다.
- 도움을 점차 줄여 간다.
- 수행되면 교사가 딸랑이를 영아의 입에 닿게 해 줄 때 영아 스스로 딸랑이를 입으로 빨아 보라고 한다.
- 수행되면 교사가 예를 들어 손가락을 입에 닿게 한 후 입으로 빠는 시범을 보인다.
- 교사가 손가락을 영아의 입에 닿게 해 준 후 영아에게 교사를 모방하여 손가락을 입으로 빨아 보라고 한다.
- 모방하지 못하면 딸랑이를 지도한 것과 같은 방법으로 지도한다.
- 수행되면 다른 물건들도 입에 닿으면 빨 수 있도록 딸랑이를 지도한 것과 같은 방법으로 지도한다.
- 수행되면 영아의 특성에 맞는 적절한 강화제를 제공한다.

☞ 입에 닿는 물건은 위생을 고려하여 반드시 소독한 후 사용하도록 한다.

4 손을 뻗쳐 물건 잡기

0~1세

목표 | 손을 뻗쳐 물건을 잡을 수 있다.

자료 | 다양한 물건, 강화제

방법 ❶

- 교사가 손을 뻗쳐 물건을 잡는 시범을 보인다.
- 영아에게 교사를 모방하여 손을 뻗쳐 물건을 잡아 보라고 한다.
- 수행되면 영아 스스로 손을 뻗쳐 물건을 잡아 보라고 한다.
- 수행되면 영아 스스로 손을 뻗쳐 다양한 물건을 잡아 보라고 한다.
- 수행되면 영아의 특성에 맞는 적절한 강화제를 제공한다.

방법 ❷

- 교사가 예를 들어 손을 뻗쳐 오뚝이를 잡는 시범을 보인다.
- 영아에게 교사를 모방하여 손을 뻗쳐 오뚝이를 잡아 보라고 한다.
- 모방하지 못하면 교사가 영아의 손을 잡고 손을 뻗쳐 오뚝이를 잡아 준 후 영아에게 손을 뻗쳐 오뚝이를 잡아 보라고 한다.
- 수행되면 교사가 영아의 손을 장난감 옆에 놓아 준 후 영아에게 손을 뻗쳐 오뚝이를 잡아 보라고 한다.
- 수행되면 교사가 영아의 손을 오뚝이 가까이 대 준 후 영아에게 손을 뻗쳐 오뚝이를 잡아 보라고 한다.
- 도움을 점차 줄여 간다.
- 수행되면 영아 스스로 손을 뻗쳐 오뚝이를 잡아 보라고 한다.
- 수행되면 교사가 손을 뻗쳐 다른 물건들을 잡는 시범을 보인다.
- 영아에게 교사를 모방하여 손을 뻗쳐 다른 물건들을 잡아 보라고 한다.

- 모방하지 못하면 오뚝이를 지도한 것과 같은 방법으로 지도한다.
- 수행되면 영아의 특성에 맞는 적절한 강화제를 제공한다.

5 손바닥으로 물건 움켜쥐기

0~1세

목표 | 손바닥으로 물건을 움켜쥘 수 있다.

자료 | 다양한 물건, 강화제

방법 ❶

- 교사가 손바닥으로 물건을 움켜쥐는 시범을 보인다.
- 영아에게 교사를 모방하여 손바닥으로 물건을 움켜쥐어 보라고 한다.
- 수행되면 영아 스스로 물건을 손바닥으로 움켜쥐어 보라고 한다.
- 수행되면 영아 스스로 다양한 물건을 손바닥으로 움켜쥐어 보라고 한다.
- 수행되면 영아의 특성에 맞는 적절한 강화제를 제공한다.

방법 ❷

- 교사가 예를 들어 손바닥으로 사탕을 움켜쥐는 시범을 보인다.
- 영아에게 교사를 모방하여 손바닥으로 사탕을 움켜쥐어 보라고 한다.
- 모방하지 못하면 교사가 영아의 손을 잡고 손바닥으로 사탕을 움켜쥐어 준다.
- 교사가 영아의 손에 사탕을 놓아 준 후 영아에게 손바닥으로 사탕을 움켜쥐어 보라고 한다.
- 수행되면 교사가 영아의 손을 사탕 가까이에 대 준 후 영아에게 손바닥으로 사탕을 움켜쥐어 보라고 한다.
- 도움을 점차 줄여 간다.
- 수행되면 영아 스스로 손바닥으로 사탕을 움켜쥐어 보라고 한다.

- 수행되면 교사가 손바닥으로 다른 물건을 움켜쥐는 시범을 보인다.
- 영아에게 교사를 모방하여 손바닥으로 다른 물건을 움켜쥐어 보라고 한다.
- 모방하지 못하면 사탕을 움켜쥐게 한 것과 같은 방법으로 지도한다.
- 수행되면 영아 스스로 손바닥으로 다양한 물건을 움켜쥐어 보라고 한다.
- 수행되면 영아의 특성에 맞는 적절한 강화제를 제공한다.

6 손으로 딸랑이 잡기

0~1세

목표 | 손으로 딸랑이를 잡을 수 있다.

자료 | 딸랑이, 강화제

방법 ❶

- 교사가 손으로 딸랑이를 잡는 시범을 보인다.
- 영아에게 교사를 모방하여 손으로 딸랑이를 잡아 보라고 한다.
- 수행되면 영아 스스로 손으로 딸랑이를 잡아 보라고 한다.
- 수행되면 영아의 특성에 맞는 적절한 강화제를 제공한다.

방법 ❷

- 교사가 손으로 딸랑이를 잡는 시범을 보인다.
- 영아에게 교사를 모방하여 손으로 딸랑이를 잡아 보라고 한다.
- 모방하지 못하면 교사가 영아의 손을 잡고 딸랑이를 잡아 준다.
- 교사가 영아의 손을 딸랑이에 놓아 준 후 영아에게 딸랑이를 잡아 보라고 한다.
- 수행되면 교사가 영아의 손을 딸랑이 가까이 대 준 후 영아에게 딸랑이를 잡아 보라고 한다.
- 잡지 못하면 교사가 영아의 손을 잡고 딸랑이를 잡는 동작을 반복해 준다.

- 도움을 점차 줄여 간다.
- 수행되면 영아 스스로 손으로 딸랑이를 잡아 보라고 한다.
- 수행되면 영아의 특성에 맞는 적절한 강화제를 제공한다.

7 비누 거품 만지기

0~1세

목표 | 비누 거품을 만질 수 있다.

자료 | 비누 거품, 강화제

방법 ❶

- 교사가 비누 거품을 만지는 시범을 보인다.
- 영아에게 교사를 모방하여 비누 거품을 만져 보라고 한다.
- 수행되면 영아 스스로 비누 거품을 만져 보라고 한다.
- 수행되면 영아의 특성에 맞는 적절한 강화제를 제공한다.

방법 ❷

- 교사가 비누 거품을 만지는 시범을 보인다.
- 영아에게 교사를 모방하여 비누 거품을 만져 보라고 한다.
- 모방하지 못하면 교사가 영아의 손을 잡고 비누 거품을 만져 준다.
- 만지지 못하면 교사가 영아의 손을 잡고 비누 거품을 만져 주는 동작을 반복해 준다.
- 교사가 영아의 손을 거품에 대 준 후 비누 거품을 만져 보라고 한다.
- 수행되면 교사가 영아의 손을 비누 거품 가까이 대 준 후 영아에게 손으로 비누 거품을 만져 보라고 한다.
- 도움을 점차 줄여 간다.

- 수행되면 영아 스스로 비누 거품을 만져 보라고 한다.
- 수행되면 영아의 특성에 맞는 적절한 강화제를 제공한다.

8 한 손으로 물건 집어 올리기

0~1세

목표 | 한 손으로 물건을 집어 올릴 수 있다.

자료 | 다양한 물건, 강화제

방법 ❶

- 교사가 한 손으로 물건을 집어 올리는 시범을 보인다.
- 영아에게 교사를 모방하여 한 손으로 물건을 집어 올려 보라고 한다.
- 수행되면 영아 스스로 한 손으로 물건을 집어 올려 보라고 한다.
- 수행되면 영아의 특성에 맞는 적절한 강화제를 제공한다.

방법 ❷

- 교사가 예를 들어 한 손으로 딸랑이를 집어 올리는 시범을 보인다.
- 영아에게 교사를 모방하여 한 손으로 딸랑이를 집어 올려 보라고 한다.
- 모방하지 못하면 교사가 영아의 한쪽 손을 잡고 딸랑이를 집어 올려 준다.
- 교사가 영아의 한 손을 딸랑이에 대 준 후 영아에게 딸랑이를 집어 올려 보라고 한다.
- 수행되면 교사가 영아의 한 손을 딸랑이 가까이 대 준 후 영아에게 딸랑이를 집어 올려 보라고 한다.
- 도움을 점차 줄여 간다.
- 수행되면 영아 스스로 한 손으로 딸랑이를 집어 올려 보라고 한다.
- 수행되면 다른 물건을 한 손으로 집어 올리는 것도 딸랑이를 지도한 것과 같은 방

법으로 지도한다.

• 수행되면 영아의 특성에 맞는 적절한 강화제를 제공한다.

9 물건을 잡았다 놓기

0~1세

목표 | 물건을 잡았다 놓을 수 있다.

자료 | 다양한 물건, 강화제

방법 ❶

• 물건을 잡는 것은 앞 단계에서 수행하였으므로 확인한 후 시행한다.
• 교사가 물건을 잡았다 놓는 시범을 보인다.
• 영아에게 교사를 모방하여 물건을 잡았다 놓아 보라고 한다.
• 수행되면 영아 스스로 물건을 잡았다 놓아 보라고 한다.
• 수행되면 영아의 특성에 맞는 적절한 강화제를 제공한다.

방법 ❷

• 물건을 잡는 것은 앞 단계에서 수행하였으므로 확인한 후 시행한다.
• 교사가 예를 들어 블록을 잡았다 놓는 시범을 보인다.
• 영아에게 교사를 모방하여 블록을 잡았다 놓아 보라고 한다.
• 모방하지 못하면 교사가 영아의 손을 잡고 블록을 잡았다 놓아 준다.
• 교사가 영아의 손을 블록에 대 준 후 영아에게 블록을 잡게 하고 다시 놓아 보라고 한다.
• 수행되면 교사가 영아의 손을 블록 가까이 대 준 후 영아에게 블록을 잡았다 놓아 보라고 한다.
• 도움을 점차 줄여 간다.

- 수행되면 영아 스스로 블록을 잡았다 놓아 보라고 한다.
- 수행되면 다른 물건들을 잡았다 놓는 것도 블록을 지도한 것과 같은 방법으로 지도한다.
- 수행되면 영아의 특성에 맞는 적절한 강화제를 제공한다.

10 물건을 다른 손으로 옮기기

0~1세

목표 | 물건을 다른 손으로 옮길 수 있다.

자료 | 다양한 물건, 강화제

방법 ❶

- 교사가 물건을 다른 손으로 옮기는 시범을 보인다.
- 영아에게 교사를 모방하여 물건을 다른 손으로 옮겨 보라고 한다.
- 수행되면 영아 스스로 물건을 다른 손으로 옮겨 보라고 한다.
- 수행되면 영아의 특성에 맞는 적절한 강화제를 제공한다.

방법 ❷

- 교사가 예를 들어 딸랑이를 왼손(영아가 볼 때 오른손)에서 오른손(영아가 볼 때 왼손)으로 옮기는 시범을 보인다.
- 영아에게 교사를 모방하여 딸랑이를 오른손에서 왼손으로 옮겨 보라고 한다.
- 모방하지 못하면 교사가 영아의 오른손을 잡고 딸랑이를 왼손으로 옮겨 준다.
- 교사가 영아의 오른손에 딸랑이를 놓아 준 후 영아에게 딸랑이를 왼손으로 옮겨 보라고 한다.
- 수행되면 교사가 영아의 왼손을 딸랑이 가까이 대 준 후 딸랑이를 오른손에서 왼손으로 옮겨 보라고 한다.

- 도움을 점차 줄여 간다.
- 수행되면 영아 스스로 딸랑이를 오른손에서 왼손으로 옮겨 보라고 한다.
- 수행되면 다양한 물건을 다른 손으로 옮기는 것도 딸랑이를 지도한 것과 같은 방법으로 지도한다.
- 수행되면 영아의 특성에 맞는 적절한 강화제를 제공한다.

11 손으로 음식 집어 입에 넣기 0~1세

목표 | 손으로 음식을 집어 입에 넣을 수 있다.

자료 | 영아가 좋아하는 음식, 접시, 강화제

방법 ❶

- 교사가 영아가 좋아하는 음식을 손으로 집어 입에 넣는 시범을 보인다.
- 영아에게 교사를 모방하여 좋아하는 음식을 손으로 집어 입에 넣어 보라고 한다.
- 수행되면 영아 스스로 좋아하는 음식을 손으로 집어 입에 넣어 보라고 한다.
- 수행되면 영아의 특성에 맞는 적절한 강화제를 제공한다.

방법 ❷

- 교사가 영아가 좋아하는 음식을 손으로 집어 입에 넣는 시범을 보인다.
- 영아에게 교사를 모방하여 좋아하는 음식을 손으로 집어 입에 넣어 보라고 한다.
- 모방하지 못하면 교사가 영아의 손을 잡고 음식을 집어 영아 입에 넣어 준다.
- 교사가 영아의 손을 잡고 음식을 집어 입 가까이에 대 준 후 영아에게 음식을 입에 넣어 보라고 한다.
- 수행되면 교사가 영아의 손을 잡고 음식을 집어 영아의 가슴까지 대 준 후 영아에게 음식을 입에 넣어 보라고 한다.

- 수행되면 교사가 영아의 손에 음식물을 놓아 준 후 영아에게 음식을 입에 넣어 보라고 한다.
- 수행되면 교사가 영아의 손에 음식물에 닿게 해 준 후 영아에게 음식을 입에 넣어 보라고 한다.
- 도움을 점차 줄여 간다.
- 수행되면 영아 스스로 좋아하는 음식을 손으로 집어 입에 넣어 보라고 한다.
- 수행되면 영아의 특성에 맞는 적절한 강화제를 제공한다.

12 누워서 양손으로 좌우의 발 만지기 0~1세

목표 | 누워서 양손으로 좌우의 발을 만질 수 있다.

자료 | 강화제

방법 ❶

- 교사가 누워서 양손으로 좌우의 발을 만지는 시범을 보인다.
- 영아와 교사가 나란히 누운 후 영아에게 교사를 모방하여 양손으로 좌우의 발을 만져 보라고 한다.
- 수행되면 영아 스스로 좌우의 발을 양손으로 만져 보라고 한다.
- 수행되면 영아의 특성에 맞는 적절한 강화제를 제공한다.

방법 ❷

- 교사가 누운 상태에서 오른손으로 오른쪽 발을 만지는 시범을 보인다.
- 영아에게 교사를 모방하여 오른손으로 오른쪽 발을 만져 보라고 한다.
- 모방하지 못하면 교사가 영아의 오른손을 잡아 오른쪽 발을 잡게 해 준 후 만져 보게 한다.

- 수행되면 교사가 영아의 오른손을 잡고 오른쪽 발 가까이에 대 준 후 영아에게 오른쪽 발을 잡아 만져 보라고 한다.
- 도움을 점차 줄여 간다.
- 수행되면 영아 스스로 오른손으로 오른쪽 발을 만져 보라고 한다.
- 수행되면 교사가 누운 상태에서 왼손으로 왼쪽 발을 만지는 시범을 보인다.
- 영아에게 교사를 모방하여 왼손으로 왼쪽 발을 만져 보라고 한다.
- 모방하지 못하면 오른쪽 발을 만지게 지도한 것과 같은 방법으로 지도한다.
- 수행되면 교사가 누워서 양손으로 좌우의 발을 만지는 시범을 보인다.
- 영아와 교사가 나란히 누운 후 영아에게 교사를 모방하여 양손으로 좌우의 발을 만져 보라고 한다.
- 수행되면 영아 스스로 양손으로 좌우의 발을 만져 보라고 한다.
- 수행되면 영아의 특성에 맞는 적절한 강화제를 제공한다.

13 딸랑이 흔들기

0~1세

목표 | 딸랑이를 흔들 수 있다.

자료 | 딸랑이, 강화제

방법 ❶

- 교사가 딸랑이를 흔드는 시범을 보인다.
- 영아에게 교사를 모방하여 딸랑이를 흔들어 보라고 한다.
- 수행되면 영아 스스로 딸랑이를 흔들어 보라고 한다.
- 수행되면 영아의 특성에 맞는 적절한 강화제를 제공한다.

방법 ❷

- 교사가 딸랑이를 흔드는 시범을 보인다.
- 영아에게 교사를 모방하여 딸랑이를 흔들어 보라고 한다.
- 모방하지 못하면 교사가 영아의 손을 잡고 딸랑이를 흔들어 준다.
- 교사가 영아의 손을 딸랑이에 대 준 후 영아에게 딸랑이를 흔들어 보라고 한다.
- 수행되면 교사가 영아의 손을 딸랑이 가까이에 대 준 후 딸랑이를 흔들어 보라고 한다.
- 도움을 점차 줄여 간다.
- 수행되면 영아 스스로 딸랑이를 흔들어 보라고 한다.
- 수행되면 영아의 특성에 맞는 적절한 강화제를 제공한다.

14 그릇에 담겨 있는 물건 쏟기 0~1세

목표 | 그릇에 담겨 있는 물건을 쏟을 수 있다.

자료 | 그릇, 블록, 사탕, 강화제

방법 ❶

- 교사가 그릇에 담겨 있는 물건을 쏟는 시범을 보인다.
- 영아에게 교사를 모방하여 그릇에 담겨 있는 물건을 쏟아 보라고 한다.
- 수행되면 영아 스스로 그릇에 담겨 있는 물건을 쏟아 보라고 한다.
- 수행되면 영아의 특성에 맞는 적절한 강화제를 제공한다.

방법 ❷

- 교사가 예를 들어 그릇에 담겨 있는 블록을 쏟는 시범을 보인다.
- 영아에게 교사를 모방하여 그릇에 담겨 있는 블록을 쏟아 보라고 한다.

- 모방하지 못하면 교사가 영아의 손을 잡고 그릇에 담겨 있는 블록을 쏟아 준다.
- 교사가 영아의 손을 그릇에 대 준 후 영아에게 그릇에 담겨 있는 블록을 쏟아 보라고 한다.
- 쏟지 못하면 교사가 영아의 손을 잡고 그릇에 담겨 있는 블록을 쏟는 동작을 반복해 준다.
- 수행되면 교사가 영아의 손을 그릇 가까이에 대 준 후 영아에게 그릇에 담겨 있는 블록을 쏟아 보라고 한다.
- 도움을 점차 줄여 간다.
- 수행되면 영아 스스로 그릇에 담겨 있는 블록을 쏟아 보라고 한다.
- 수행되면 교사가 예를 들어 그릇에 담겨 있는 사탕을 쏟는 시범을 보인다.
- 영아에게 교사를 모방하여 그릇에 담겨 있는 사탕을 쏟아 보라고 한다.
- 모방하지 못하면 블록을 쏟는 것을 지도한 것과 같은 방법으로 지도한다.
- 수행되면 영아의 특성에 맞는 적절한 강화제를 제공한다.

☞ 블록이나 사탕 대신 영아가 좋아하는 과자를 사용해도 효과적이다. 그러나 과자에 집착하는 경우 과제 지도에 어려움이 있을 수 있기 때문에 유의하도록 한다.

15 작은 물체들을 손으로 긁어모으기 0~1세

목표 | 작은 물체들을 손으로 긁어모을 수 있다.

자료 | 강화제

방법 ❶

- 교사가 작은 물체들을 손으로 긁어모으는 시범을 보인다.
- 영아에게 교사를 모방하여 작은 물체들을 손으로 긁어모아 보라고 한다.

- 수행되면 영아 스스로 작은 물체들을 손으로 긁어모아 보라고 한다.
- 수행되면 영아의 특성에 맞는 적절한 강화제를 제공한다.

방법 ❷

- 교사가 작은 물체들을 손으로 긁어모으는 시범을 보인다.
- 영아에게 교사를 모방하여 작은 물체들을 손으로 긁어모아 보라고 한다.
- 모방하지 못하면 교사가 영아의 손을 잡고 작은 물체들을 손으로 긁어모아 준다.
- 교사가 영아의 손을 작은 물체들에 대 준 후 영아에게 작은 물체들을 손으로 긁어모아 보라고 한다.
- 수행되면 교사가 영아의 손을 작은 물체들 가까이에 각각 대 준 후 영아에게 작은 물체들을 손으로 긁어모아 보라고 한다.
- 도움을 점차 줄여 간다.
- 수행되면 영아 스스로 작은 물체들을 손으로 긁어모아 보라고 한다.
- 수행되면 영아의 특성에 맞는 적절한 강화제를 제공한다.

16 책상 위 두드리기

0~1세

목표 | 책상 위를 두드릴 수 있다.

자료 | 책상, 강화제

방법 ❶

- 교사가 손으로 책상 위를 두드리는 시범을 보인다.
- 영아에게 교사를 모방하여 손으로 책상 위를 두드려 보라고 한다.
- 수행되면 영아 스스로 책상 위를 손으로 두드려 보라고 한다.
- 수행되면 영아의 특성에 맞는 적절한 강화제를 제공한다.

방법 ❷

- 교사가 손으로 책상 위를 두드리는 시범을 보인다.
- 영아에게 교사를 모방하여 손으로 책상 위를 두드려 보라고 한다.
- 모방하지 못하면 교사가 영아의 손을 잡고 책상 위를 두드려 준다.
- 교사가 영아의 손을 잡고 책상에 대 준 후 영아에게 책상 위를 두드려 보라고 한다.
- 두드리지 못하면 교사가 영아의 손을 잡고 책상 위를 두드리는 동작을 반복해 준다.
- 수행되면 교사가 영아의 손을 책상 가까이에 대 준 후 영아에게 책상 위를 두드려 보라고 한다.
- 도움을 점차 줄여 간다.
- 수행되면 영아 스스로 책상 위를 두드려 보라고 한다.
- 수행되면 영아의 특성에 맞는 적절한 강화제를 제공한다.

17 검지로 찌르기

0~1세

목표 | 부드러운 물건을 검지로 찌를 수 있다.

자료 | 부드러운 물건, 강화제

방법 ❶

- 교사가 부드러운 물건을 검지로 콕콕 찌르는 시범을 보인다.
- 영아에게 교사를 모방하여 부드러운 물건을 검지로 콕콕 찔러 보라고 한다.
- 수행되면 영아 스스로 부드러운 물건을 검지로 콕콕 찔러 보라고 한다.
- 수행되면 영아의 특성에 맞는 적절한 강화제를 제공한다.

방법 ❷

- 교사가 부드러운 물건을 검지로 콕콕 찌르는 시범을 보인다.
- 영아에게 교사를 모방하여 부드러운 물건을 검지로 콕콕 찔러 보라고 한다.
- 모방하지 못하면 교사가 영아의 검지를 잡고 부드러운 물건을 콕콕 찔러 준다.
- 교사가 영아의 검지를 부드러운 물건에 대 준 후 영아에게 콕콕 찔러 보라고 한다.
- 찌르지 못하면 교사가 영아의 검지를 잡고 부드러운 물건을 콕콕 찌르는 동작을 반복해 준다.
- 교사가 영아의 검지를 부드러운 물건 가까이에 대 준 후 영아에게 콕콕 찔러 보라고 한다.
- 도움을 점차 줄여 간다.
- 수행되면 영아 스스로 부드러운 물건을 검지로 콕콕 찔러 보라고 한다.
- 수행되면 영아의 특성에 맞는 적절한 강화제를 제공한다.

18 양손으로 작은 물건 쥐기

0~1세

목표 | 양손으로 작은 물건을 쥘 수 있다.

자료 | 영아가 좋아하는 물건, 강화제

방법 ❶

- 교사가 양손으로 작은 물건을 쥐는 시범을 보인다.
- 영아에게 교사를 모방하여 양손으로 작은 물건을 쥐어 보라고 한다.
- 수행되면 영아 스스로 양손으로 작은 물건을 쥐어 보라고 한다.
- 수행되면 영아의 특성에 맞는 적절한 강화제를 제공한다.

방법 ❷

- 교사가 예를 들어 양손으로 작은 자동차를 쥐는 시범을 보인다.
- 영아에게 교사를 모방하여 양손으로 작은 자동차를 쥐어 보라고 한다.
- 모방하지 못하면 교사가 영아의 양손을 잡고 작은 자동차를 쥐어 준다.
- 교사가 영아의 양손을 작은 자동차에 대 준 후 영아에게 양손으로 작은 자동차를 쥐어 보라고 한다.
- 수행되면 교사가 영아의 양손을 작은 자동차 가까이에 대 준 후 작은 자동차를 쥐어 보라고 한다.
- 도움을 점차 줄여 간다.
- 수행되면 영아 스스로 작은 자동차를 양손으로 쥐어 보라고 한다.
- 수행되면 교사가 다른 작은 물건들도 양손으로 쥐는 시범을 보인다.
- 영아에게 교사를 모방하여 다른 작은 물건들도 양손으로 쥐어 보라고 한다.
- 모방하지 못하면 작은 자동차를 양손으로 쥐게 지도한 것과 같은 방법으로 지도한다.
- 수행되면 영아의 특성에 맞는 적절한 강화제를 제공한다.

19 엄지와 검지로 물건 집기 0~1세

목표 | 엄지와 검지로 물건을 집을 수 있다.

자료 | 장난감, 과자, 접시

방법 ❶

- 교사가 엄지와 검지로 물건을 집는 시범을 보인다.
- 영아에게 교사를 모방하여 엄지와 검지로 물건을 집어 보라고 한다.
- 수행되면 영아 스스로 엄지와 검지로 물건을 집어 보라고 한다.
- 수행되면 영아의 특성에 맞는 적절한 강화제를 제공한다.

방법 ❷

- 교사가 검지를 펴는 시범을 보인다.
- 영아에게 교사를 모방하여 검지를 펴 보라고 한다.
- 모방하지 못하면 교사가 영아의 손을 잡고 검지를 펴 준다.
- 교사가 영아의 검지를 가리키며 영아에게 검지를 펴 보라고 한다.
- 검지를 펴지 못하면 교사가 영아의 손을 잡고 검지를 펴는 동작을 반복해 준다.
- 도움을 점차 줄여 간다.
- 수행되면 영아 스스로 검지를 펴 보라고 한다.
- 수행되면 교사가 엄지를 펴는 시범을 보인다.
- 영아에게 교사를 모방하여 엄지를 펴 보라고 한다.
- 모방하지 못하면 검지를 펴는 것을 지도한 것과 같은 방법으로 지도한다.
- 수행되면 영아 스스로 엄지를 펴 보라고 한다.
- 수행되면 교사가 엄지와 검지를 이용하여 과자를 집을 수 있도록 손 모양을 만드는 시범을 보인다.
- 영아에게 교사를 모방하여 엄지와 검지로 과자를 집을 수 있도록 손 모양을 만들어 보라고 한다.
- 모방하지 못하면 교사가 영아의 손을 잡고 엄지와 검지로 과자를 집을 수 있도록 손 모양을 만들어 준 후 과자를 집어 준다.
- 수행되면 교사가 영아의 엄지와 검지를 과자에 대 준 후 영아에게 과자를 집어 보라고 한다.
- 수행되면 교사가 영아의 엄지와 검지를 과자 가까이에 대 준 후 영아에게 과자를 집어 보라고 한다.
- 도움을 점차 줄여 간다.
- 수행되면 영아 스스로 엄지와 검지로 과자를 집어 보라고 한다.
- 수행되면 다른 물건을 엄지와 검지로 집는 것도 과자를 집는 것과 같은 방법으로 지도한다.

• 수행되면 영아의 특성에 맞는 적절한 강화제를 제공한다.

☞ 영아의 엄지와 검지에 교사의 손가락을 살짝 닿게 해 주면 영아 스스로 엄지와 검지로 과자를 잘 집는 경우도 있다.

20 간단한 악기 두드리기

0~1세

목표 | 간단한 악기를 두드릴 수 있다.

자료 | 큰북, 작은북, 탬버린 등, 강화제

방법 ❶

- 교사가 간단한 악기(예: 큰북, 작은북, 탬버린)를 손으로 두드리는 시범을 보인다.
- 영아에게 교사를 모방하여 간단한 악기를 손으로 두드려 보라고 한다.
- 수행되면 영아 스스로 간단한 악기를 손으로 두드려 보라고 한다.
- 수행되면 영아의 특성에 맞는 적절한 강화제를 제공한다.

방법 ❷

- 교사가 예를 들어 "작은 북을 ♬ 칩시다 ♬ 둥둥둥 ♬ 작은 북을 ♬ 칩시다 ♬ 둥둥둥 ♬"이라고 노래를 부르며 손으로 작은북을 두드리는 시범을 보인다.
- 영아에게 교사를 모방하여 손으로 작은북을 두드려 보라고 한다.
- 모방하지 못하면 교사가 영아의 손을 잡고 작은북을 두드려 준다.
- 교사가 영아의 손을 작은북에 대 준 후 영아에게 작은북을 두드려 보라고 한다.
- 두드리지 못하면 교사가 영아의 손을 잡고 작은북을 두드리는 동작을 반복해 준다.
- 교사가 영아의 손을 작은북 가까이에 대 준 후 영아에게 작은북을 두드려 보라고 한다.
- 도움을 점차 줄여 간다.

- 수행되면 영아 스스로 손으로 작은북을 두드려 보라고 한다.
- 수행되면 교사가 예를 들어 "탬버린을 ♬ 칩시다 ♬ 퉁퉁퉁 ♬ 탬버린을 ♬ 칩시다 ♬ 퉁퉁퉁 ♬"이라고 노래를 부르며 손으로 탬버린을 두드리는 시범을 보인다.
- 교사가 탬버린을 잡아 준 후 영아에게 교사를 모방하여 손으로 탬버린을 두드려 보라고 한다.
- 모방하지 못하면 작은북을 지도한 것과 같은 방법으로 지도한다.
- 수행되면 다른 간단한 악기를 손으로 두드리는 것도 작은북을 지도한 것과 같은 방법으로 지도한다.
- 수행되면 영아의 특성에 맞는 적절한 강화제를 제공한다.

21 물건 던지기

0~1세

목표 | 물건을 던질 수 있다.

자료 | 작은 스펀지 블록, 부드러운 물체, 강화제

방법 ❶

- 물건 잡기는 앞 단계에서 수행하였으므로 확인한 후 시행한다.
- 교사가 부드러운 물건(예: 헝겊 인형)을 던지는 시범을 보인다.
- 영아에게 교사를 모방하여 부드러운 물건을 던져 보라고 한다.
- 수행되면 영아 스스로 부드러운 물건을 던져 보라고 한다.
- 수행되면 영아의 특성에 맞는 적절한 강화제를 제공한다.

방법 ❷

- 물건 잡기는 앞 단계에서 수행하였으므로 확인한 후 시행한다.
- 교사가 부드러운 물건(예: 헝겊 인형)을 던지는 시범을 보인다.

- 영아에게 교사를 모방하여 부드러운 물건을 던져 보라고 한다.
- 모방하지 못하면 교사가 영아의 손을 잡고 부드러운 물건을 던져 준다.
- 교사가 영아의 손을 부드러운 물건에 대 준 후 영아에게 던져 보라고 한다.
- 수행되면 교사가 영아의 손을 부드러운 물건 가까이에 대 준 후 영아에게 던져 보라고 한다.
- 도움을 점차 줄여 간다.
- 수행되면 영아 스스로 부드러운 물건을 던져 보라고 한다.
- 수행되면 영아의 특성에 맞는 적절한 강화제를 제공한다.

☞ 영아가 쥐기 편한 가볍고 부드러운 물건으로 던지기를 지도하도록 한다.

22 양손으로 각각의 물건 잡기 0~1세

목표 | 양손으로 각각의 물건을 잡을 수 있다.

자료 | 장난감 두 개, 블록 두 개 등, 강화제

방법 ❶

- 물건 잡기는 앞 단계에서 수행하였으므로 확인한 후 시행한다.
- 교사가 양손으로 각각의 물건을 잡는 시범을 보인다.
- 영아에게 교사를 모방하여 양손으로 각각의 물건을 잡아 보라고 한다.
- 수행되면 영아 스스로 양손으로 각각의 물건을 잡아 보라고 한다.
- 수행되면 영아의 특성에 맞는 적절한 강화제를 제공한다.

방법 ❷

- 물건 잡기는 앞 단계에서 수행하였으므로 확인한 후 시행한다.

- 교사가 예를 들어 양손으로 두 개의 딸랑이를 각각 잡는 시범을 보인다.
- 영아에게 교사를 모방하여 양손으로 두 개의 딸랑이를 각각 잡아 보라고 한다.
- 모방하지 못하면 교사가 영아의 양손에 두 개의 딸랑이를 각각 잡아 준다.
- 교사가 영아의 양손을 각각의 딸랑이에 대 준 후 영아에게 딸랑이를 잡아 보라고 한다.
- 수행되면 교사가 영아의 양손을 각 딸랑이 가까이에 대 준 후 영아에게 딸랑이를 잡아 보라고 한다.
- 도움을 점차 줄여 간다.
- 수행되면 영아 스스로 딸랑이를 양손으로 각각 잡아 보라고 한다.
- 수행되면 다른 물건을 양손으로 각각 잡는 것도 딸랑이를 지도한 것과 같은 방법으로 지도한다.
- 수행되면 영아의 특성에 맞는 적절한 강화제를 제공한다.

☞ 양손으로 각각의 물건 잡기는 같은 물건을 각각 오른손, 왼손에 잡게 할 수도 있고, 양손에 각각 다른 물건(예: 오른손에는 딸랑이, 왼손에는 오뚝이)을 잡게 해도 무방하다.

23 방울장갑 흔들기 　0~1세

목표 | 방울장갑을 흔들어 소리를 낼 수 있다.

자료 | 방울장갑 한 쌍, 강화제

방법 ❶

- 교사가 방울장갑을 끼고 양손을 흔들어 소리를 내는 시범을 보인다.
- 영아에게 방울장갑을 끼워 준 후 교사를 모방하여 양손을 흔들어 소리를 내어 보라고 한다.

- 수행되면 영아 스스로 방울장갑을 흔들어 소리를 내어 보라고 한다.
- 수행되면 영아의 특성에 맞는 적절한 강화제를 제공한다.

방법 ❷

- 교사가 방울장갑을 끼고 왼손(영아가 볼 때 오른손)을 흔들어 소리를 내는 시범을 보인다.
- 영아에게 방울장갑을 끼워 준 후 교사를 모방하여 방울장갑을 낀 오른손을 흔들어 소리를 내어 보라고 한다.
- 모방하지 못하면 교사가 방울장갑을 낀 영아의 오른손을 잡아 흔들어 소리를 내어 준다.
- 교사가 방울장갑을 낀 영아의 오른손을 가리키며 영아에게 손을 흔들어 소리를 내어 보라고 한다.
- 도움을 점차 줄여 간다.
- 수행되면 영아 스스로 방울장갑을 낀 오른손을 흔들어 소리를 내어 보라고 한다.
- 수행되면 교사가 방울장갑을 끼고 오른손(영아가 볼 때 왼손)을 흔들어 소리를 내는 시범을 보인다.
- 영아에게 방울장갑을 끼워 준 후 교사를 모방하여 방울장갑을 낀 왼손을 흔들어 소리를 내어 보라고 한다.
- 모방하지 못하면 방울장갑을 낀 오른손을 흔들어 소리를 내게 지도한 것과 같은 방법으로 지도한다.
- 수행되면 교사가 방울장갑을 낀 양손을 흔들어 소리를 시범을 보인다.
- 영아에게 방울장갑을 끼워 준 후 교사를 모방하여 방울장갑을 낀 양손을 흔들어 소리를 내어 보라고 한다.
- 수행되면 영아의 특성에 맞는 적절한 강화제를 제공한다.

☞ 방울장갑은 문방구에서 파는 방울을 사서 장갑의 끝마다 방울을 달아 주면 된다. 벙어리장갑의 경우 엄지 부분과 장갑의 끝부분에 방울을 여러 개 달아 주면 소리가 잘 난다.

1~2세

24 손에 들고 있는 물건 떨어뜨리지 않고 건네주기 1~2세

목표 | 손에 들고 있는 물건을 떨어뜨리지 않고 건네줄 수 있다.

자료 | 장난감 각각 두 개, 강화제

방법 ❶

- 교사가 손에 들고 있는 물건을 떨어뜨리지 않고 건네주는 시범을 보인다.
- 영아에게 교사를 모방하여 손에 들고 있는 물건을 떨어뜨리지 않고 교사에게 건네주어 보라고 한다.
- 수행되면 영아 스스로 손에 들고 있는 물건을 떨어뜨리지 않고 교사에게 건네주어 보라고 한다.
- 수행되면 영아의 특성에 맞는 적절한 강화제를 제공한다.

방법 ❷

- 교사가 예를 들어 오른손에 들고 있는 물건을 떨어뜨리지 않고 영아에게 건네주는 시범을 보인다.
- 영아에게 교사를 모방하여 오른손에 들고 있는 물건을 떨어뜨리지 않고 교사에게 건네주어 보라고 한다.
- 모방하지 못하면 교사가 영아의 오른손을 잡아 물건을 떨어뜨리지 않고 교사에게

건네준다.

- 교사가 영아의 오른손 옆에 교사의 손을 갖다 댄 후 영아에게 물건을 떨어뜨리지 않고 건네 달라고 한다.
- 수행되면 교사가 영아의 오른손 가까이에 교사의 손을 갖다 댄 후 영아에게 물건을 떨어뜨리지 않고 건네 달라고 한다.
- 도움을 점차 줄여 간다.
- 수행되면 영아 스스로 물건을 떨어뜨리지 않고 교사에게 건네주어 보라고 한다.
- 수행되면 영아의 특성에 맞는 적절한 강화제를 제공한다.

25 한 번에 여러 장씩 책장 넘기기 1~2세

목표 | 한 번에 여러 장씩 책장을 넘길 수 있다.

자료 | 그림책 또는 동화책, 강화제

방법 ❶

- 교사가 한 번에 여러 장씩 책장을 넘기는 시범을 보인다.
- 영아에게 교사를 모방하여 한 번에 여러 장씩 책장을 넘겨 보라고 한다.
- 수행되면 영아 스스로 한 번에 여러 장씩 책장을 넘겨 보라고 한다.
- 수행되면 영아의 특성에 맞는 적절한 강화제를 제공한다.

방법 ❷

- 교사가 한 번에 여러 장씩 책장을 넘기는 시범을 보인다.
- 영아에게 교사를 모방하여 한 번에 여러 장씩 책장을 넘겨 보라고 한다.
- 모방하지 못하면 교사가 영아의 손을 잡고 한 번에 여러 장씩 책장을 넘겨 준다.
- 교사가 영아의 손에 여러 장의 책장을 잡게 해 준 후 영아에게 여러 장씩 책장을

넘겨 보라고 한다.

- 수행되면 교사가 영아의 손을 책에 대 준 후 한 번에 여러 장씩 책장을 넘겨 보라고 한다.
- 수행되면 교사가 영아의 손을 책 가까이 대 준 후 한 번에 여러 장씩 책장을 넘겨 보라고 한다.
- 도움을 점차 줄여 간다.
- 수행되면 영아 스스로 한 번에 여러 장씩 책장을 넘겨 보라고 한다.
- 수행되면 영아의 특성에 맞는 적절한 강화제를 제공한다.

26 점토 올려 주면 주무르기 1~2세

목표 | 점토를 올려 주면 주무를 수 있다.

자료 | 점토(밀가루 반죽), 강화제

방법 ❶

- 교사가 점토(밀가루 반죽)를 주무르는 시범을 보인다.
- 교사가 영아의 손에 점토를 올려 준 후 교사를 모방하여 주물러 보라고 한다.
- 수행되면 교사가 영아의 손에 점토를 올려 준 후 영아 스스로 주물러 보라고 한다.
- 수행되면 영아의 특성에 맞는 적절한 강화제를 제공한다.

방법 ❷

- 교사가 예를 들어 점토를 주무르는 시범을 보인다.
- 영아에게 교사를 모방하여 점토를 주물러 보라고 한다.
- 모방하지 못하면 교사가 영아의 손에 점토를 올려 준 후 영아의 손을 잡고 점토를

주물러 준다.

- 주무르지 못하면 교사가 영아의 손에 점토를 올려 준 후 영아의 손을 잡고 점토를 주물러 주는 동작을 반복해 준다.
- 교사가 영아의 손에 점토를 올려 준 후 영아에게 점토를 주물러 보라고 한다.
- 수행되면 교사가 영아의 손을 점토 가까이 대 준 후 영아에게 점토를 주물러 보라고 한다.
- 도움을 점차 줄여 간다.
- 교사가 영아의 손에 점토를 올려 준 후 영아 스스로 점토를 주물러 보라고 한다.
- 수행되면 영아의 특성에 맞는 적절한 강화제를 제공한다.

☞ 점토 대신 밀가루 반죽이나 클레이 등을 활용하여 주무르기를 지도해도 무방하다.

27 병에 들어 있는 것 쏟기 1~2세

목표 | 병에 들어 있는 것을 쏟을 수 있다.

자료 | 병, 사탕, 물, 주스 등, 강화제

방법 ❶

- 교사가 병에 들어 있는 것을 쏟는 시범을 보인다.
- 영아에게 교사를 모방하여 병에 들어 있는 것을 쏟아 보라고 한다.
- 수행되면 영아 스스로 병에 들어 있는 것을 쏟아 보라고 한다.
- 수행되면 영아의 특성에 맞는 적절한 강화제를 제공한다.

방법 ❷

- 교사가 예를 들어 병에 사탕을 채운 후 쏟는 시범을 보인다.

- 영아에게 교사를 모방하여 병에 담겨 있는 사탕을 쏟아 보라고 한다.
- 모방하지 못하면 교사가 영아의 손을 잡고 병에 담겨 있는 사탕을 쏟아 준다.
- 교사가 영아의 한 손은 병을 잡을 수 있도록 해 주고, 한 손은 교사가 같이 잡아 준 후 영아에게 병에 담겨 있는 사탕을 쏟아 보라고 한다.
- 수행되면 영아가 두 손으로 병을 잡을 수 있도록 해 준 후 영아에게 병에 담겨 있는 사탕을 쏟아 보라고 한다.
- 수행되면 교사가 영아의 두 손을 병에 갖다 대 준 후 영아에게 병에 담겨 있는 사탕을 쏟아 보라고 한다.
- 도움을 점차 줄여 간다.
- 수행되면 영아 스스로 병에 담겨 있는 사탕을 쏟아 보라고 한다.
- 수행되면 병에 담겨 있는 다른 물건을 쏟는 것도 사탕을 쏟은 것과 같은 방법으로 지도한다.
- 수행되면 영아의 특성에 맞는 적절한 강화제를 제공한다.

☞ 처음 지도 시 병에 사탕을 1/3 혹은 1/4만큼만 채운 후 쏟는 방법을 지도하고 수행되면 점차 사탕의 양을 늘려 쏟게 지도하면 효과적이다.

28 종이 구기기

1~2세

목표 | 종이를 구길 수 있다.

자료 | 종이, 강화제

방법 ❶

- 교사가 양손으로 종이를 구기는 시범을 보인다.
- 영아에게 교사를 모방하여 양손으로 종이를 구겨 보라고 한다.

- 수행되면 영아 스스로 양손으로 종이를 구겨 보라고 한다.
- 수행되면 영아의 특성에 맞는 적절한 강화제를 제공한다.

방법 ❷

- 교사가 양손으로 종이를 구기는 시범을 보인다.
- 영아에게 교사를 모방하여 양손으로 종이를 구겨 보라고 한다.
- 모방하지 못하면 교사가 영아의 양손을 잡고 종이를 구겨 준다.
- 교사가 영아의 손에 종이를 올려 준 후 영아에게 양손으로 종이를 구겨 보라고 한다.
- 구기지 못하면 교사가 영아의 손에 종이를 올려 준 후 영아의 양손을 잡고 종이를 구기는 동작을 반복해 준다.
- 교사가 종이를 가리키며 영아에게 종이를 구겨 보라고 한다.
- 도움을 점차 줄여 간다.
- 수행되면 교사가 영아의 양손에 종이를 올려 준 후 영아 스스로 종이를 구겨 보라고 한다.
- 수행되면 영아의 특성에 맞는 적절한 강화제를 제공한다.

☞ 종이 대신 신문지나 화선지를 구기게 해도 무방하다.

29 검지로 사물 가리키기 1~2세

목표 | 검지로 사물을 가리킬 수 있다.

자료 | 딸랑이, 우유, 영아가 좋아하는 장난감 등, 강화제

방법 ❶

- 교사가 검지로 사물을 가리키는 시범을 보인다.
- 영아에게 교사를 모방하여 검지로 사물을 가리켜 보라고 한다.
- 수행되면 영아 스스로 검지를 사용하여 사물을 가리켜 보라고 한다.
- 수행되면 영아의 특성에 맞는 적절한 강화제를 제공한다.

방법 ❷

- 교사가 예를 들어 검지로 우유를 가리키는 시범을 보인다.
- 영아에게 교사를 모방하여 검지로 우유를 가리켜 보라고 한다.
- 모방하지 못하면 교사가 영아의 검지를 잡고 우유를 가리켜 준다.
- 교사가 영아의 검지를 우유 가까이 대 준 후 영아에게 우유를 가리켜 보라고 한다.
- 모방하지 못하면 교사가 영아의 검지를 잡고 우유를 가리켜 주는 동작을 반복해 준다.
- 도움을 점차 줄여 간다.
- 수행되면 영아 스스로 검지로 우유를 가리켜 보라고 한다.
- 수행되면 다른 사물들도 검지로 가리켜 보라고 한다.
- 가리키지 못하면 검지로 우유를 가리킨 것과 같은 방법으로 지도한다.
- 수행되면 영아의 특성에 맞는 적절한 강화제를 제공한다.

☞ 영아가 이미 알고 있는 사물을 중심으로 지도해야 효율적이다.

30 물페인트 칠하기

1~2세

목표 | 손으로 물페인트를 칠할 수 있다.

자료 | 물, 물감, 쟁반, 켄트지 혹은 비닐, 강화제

방법 ❶

- 교사가 물페인트(물에 물감을 혼합하여 만든 것)를 손에 묻혀 켄트지나 비닐 위에 문지르는 시범을 보인다.
- 영아에게 교사를 모방하여 물페인트를 손에 묻혀 켄트지나 비닐 위에 문질러 보라고 한다.
- 수행되면 영아 스스로 물페인트를 손에 묻혀 켄트지나 비닐 위에 문질러 보라고 한다.
- 수행되면 영아의 특성에 맞는 적절한 강화제를 제공한다.

방법 ❷

- 교사가 물페인트(물에 물감을 혼합하여 만든 것)를 손에 묻히는 시범을 보인다.
- 영아에게 교사를 모방하여 물페인트를 손에 묻혀 보라고 한다.
- 모방하지 못하면 교사가 영아의 손을 잡고 물페인트를 손에 묻혀 준다.
- 교사가 영아의 손을 물페인트에 갖다 대 준 후 영아에게 물페인트를 손에 묻혀 보라고 한다.
- 도움을 점차 줄여 간다.
- 수행되면 영아 스스로 물페인트를 손에 묻혀 보라고 한다.
- 수행되면 교사가 물페인트를 손에 묻혀 켄트지나 비닐 위에 문지르는 시범을 보인다.
- 영아에게 교사를 모방하여 물페인트를 손에 묻혀 켄트지나 비닐 위에 문질러 보

라고 한다.

- 모방하지 못하면 교사가 영아에게 물페인트를 손에 묻히라고 한 후 페인트가 묻은 손을 잡고 켄트지나 비닐 위에 문질러 준다.
- 교사가 영아에게 물페인트를 손에 묻히라고 한 후 페인트가 묻은 손을 켄트지나 비닐 위에 대 주고 문질러 보라고 한다.
- 도움을 점차 줄여 간다.
- 수행되면 영아 스스로 물페인트를 손에 묻혀 켄트지나 비닐 위에 문질러 보라고 한다.
- 수행되면 영아의 특성에 맞는 적절한 강화제를 제공한다.

☞ 물페인트는 높이가 약간 있는 쟁반에 물을 부은 후 영아가 좋아하는 색깔의 물감이나 밝은 색깔(예: 빨간색)의 물감을 조금 섞어 사용하면 된다.

☞ 도화지를 사용할 경우에는 물 흡수가 빠르고 밑으로 스며들어 바닥을 적실 수 있으므로 신문지나 넓은 종이 위에 놓고 사용하도록 한다. 켄트지 대신 비닐을 사용해도 효율적이다.

31 페트병 물감 놀이

1~2세

목표 | 페트병을 흔들어 물감 놀이를 할 수 있다.

자료 | 작은 페트병 여러 개, 다양한 색깔의 물감, 물, 강화제

방법 ❶

- 교사가 미리 작은 페트병 여러 개의 뚜껑 안쪽에 다양한 색깔(예: 빨강, 노랑, 파랑 등)의 물감을 짜서 뚜껑을 닫아 제시한다.
- 교사가 "흔들흔들 ♬ 흔들흔들 ♬ 쏙~쏙~흔들어 봐요 ♬ 무슨 색일까?"라고 노

래를 부르며 각각의 페트병을 흔들어 물 색깔이 변화되는 시범을 보인다.

- 영아에게 교사를 모방하여 페트병의 물 색깔이 변하도록 각각의 페트병을 흔들어 물감을 섞어 보라고 한다.
- 수행되면 영아 스스로 페트병의 물 색깔이 변하도록 각각의 페트병을 흔들어 물감을 섞어 보라고 한다.
- 수행되면 영아의 특성에 맞는 적절한 강화제를 제공한다.

방법 ❷

- 교사가 미리 작은 페트병 여러 개의 뚜껑 안쪽에 다양한 색깔(예: 빨강, 노랑, 파랑 등)의 물감을 짜서 뚜껑을 닫아 제시한다.
- 교사가 "흔들흔들 ♬ 흔들흔들 ♬ 쑥~쑥~흔들어 봐요 ♬ 무슨 색일까?"라고 노래를 부르며, 예를 들어 빨간색 물감이 들어 있는 페트병을 흔들어 물이 빨간색으로 변화되는 시범을 보인다.
- 영아에게 교사를 모방하여 빨간색 물감이 들어 있는 페트병을 흔들어 물이 빨간색으로 변화되게 해 보라고 한다.
- 모방하지 못하면 교사가 영아의 손을 잡고 빨간색 물감이 들어 있는 페트병을 흔들어 물이 빨간색으로 변화되게 해 준다.
- 교사가 영아의 손을 빨간색 물감이 들어 있는 페트병에 대 준 후 영아에게 페트병을 흔들어 물이 빨간색으로 변화되게 해 보라고 한다.
- 수행되면 교사가 빨간색 물감이 들어 있는 페트병을 가리키며 영아에게 페트병을 흔들어 물이 빨간색으로 변화되게 해 보라고 한다.
- 도움을 점차 줄여 간다.
- 수행되면 영아 스스로 빨간색 물감이 들어 있는 페트병을 흔들어 물의 색이 빨간색으로 변화되게 해 보라고 한다.
- 수행되면 다른 색깔의 물감들도 빨간색 물감이 들어 있는 페트병을 흔드는 것과 같은 방법으로 지도한다.

• 수행되면 영아의 특성에 맞는 적절한 강화제를 제공한다.

32 크레파스를 주먹으로 쥐기

1~2세

목표 | 크레파스를 주먹으로 쥘 수 있다.

자료 | 크레파스, 연필, 강화제

1~2세

방법 ❶

• 교사가 크레파스를 주먹으로 쥐는 시범을 보인다.
• 영아에게 교사를 모방하여 크레파스를 주먹으로 쥐어 보라고 한다.
• 수행되면 영아 스스로 크레파스를 주먹으로 쥐어 보라고 한다.
• 수행되면 영아의 특성에 맞는 적절한 강화제를 제공한다.

방법 ❷

• 교사가 크레파스를 주먹으로 쥐는 시범을 보인다.
• 영아에게 교사를 모방하여 크레파스를 주먹으로 쥐어 보라고 한다.
• 모방하지 못하면 교사가 영아의 손을 잡고 크레파스를 쥐어 준다.
• 교사가 크레파스를 영아의 손에 올려 전체 손가락을 오므려 준 후 크레파스를 주먹으로 쥐어 보라고 한다.
• 교사가 크레파스를 영아의 손에 올려 준 후 영아에게 크레파스를 주먹으로 쥐어 보라고 한다.
• 주먹을 쥐지 못하면 교사가 크레파스를 영아의 손에 올려 준 후 전체 손가락을 오므려 주먹을 쥐는 동작을 반복해 준다.
• 교사가 영아의 손을 크레파스 가까이 대 준 후 영아에게 크레파스를 주먹으로 쥐어 보라고 한다.

- 도움을 점차 줄여 간다.
- 수행되면 영아 스스로 크레파스를 주먹으로 쥐어 보라고 한다.
- 수행되면 영아의 특성에 맞는 적절한 강화제를 제공한다.

☞ 색연필을 주먹으로 쥐는 것도 같은 방법으로 지도하면 된다.

33 마구 긋기

1~2세

목표 | 마구 긋기를 할 수 있다.

자료 | 스케치북 또는 종이, 색연필, 크레파스, 강화제

방법 ❶

- 교사가 스케치북이나 종이에 색연필 또는 크레파스로 마구 긋는 시범을 보인다.
- 영아에게 교사를 모방하여 스케치북이나 종이에 마구 긋기를 해 보라고 한다.
- 수행되면 영아 스스로 마구 긋기를 해 보라고 한다.
- 수행되면 영아의 특성에 맞는 적절한 강화제를 제공한다.

방법 ❷

- 교사가 스케치북이나 종이에 색연필 혹은 크레파스로 마구 긋는 것을 시범 보인다.
- 영아에게 교사를 모방하여 스케치북이나 종이에 마음대로 긋기를 해 보라고 한다.
- 모방하지 못하면 교사가 영아의 손을 잡고 마구 긋기를 해 준다.
- 교사가 크레파스를 쥔 영아의 손을 스케치북이나 종이에 대 준 후 마구 긋기를 해 보라고 한다.

- 수행되면 크레파스를 쥔 영아의 손을 스케치북이나 종이 가까이에 대 준 후 마구 긋기를 해 보라고 한다.
- 도움을 점차 줄여 간다.
- 수행되면 영아 스스로 마구 긋기를 해 보라고 한다.
- 수행되면 영아의 특성에 맞는 적절한 강화제를 제공한다.

34 꽂기판에서 꽂기 한 개 빼기 1~2세

목표 | 꽂기판에서 꽂기 한 개를 뺄 수 있다.

자료 | 꽂기판, 꽂기 두 개, 강화제

방법 ❶

- 교사가 꽂기판에서 꽂기 한 개를 빼는 시범을 보인다.
- 영아에게 교사를 모방하여 꽂기판에서 꽂기 한 개를 빼 보라고 한다.
- 수행되면 영아 스스로 꽂기판에서 꽂기 한 개를 빼 보라고 한다.
- 수행되면 영아의 특성에 맞는 적절한 강화제를 제공한다.

방법 ❷

- 교사가 꽂기판에서 꽂기 한 개를 빼는 시범을 보인다.
- 영아에게 교사를 모방하여 꽂기판에서 꽂기 한 개를 빼 보라고 한다.
- 모방하지 못하면 교사가 영아의 손을 잡고 꽂기판에서 꽂기 한 개를 빼 준다.
- 교사가 영아의 손에 꽂기 한 개를 잡게 해 준 후 영아에게 꽂기를 빼 보라고 한다.
- 빼지 못하면 교사가 영아의 손을 잡고 꽂기 한 개를 빼는 동작을 반복해 준다.
- 수행되면 교사가 영아의 손을 꽂기 가까이에 대 준 후 꽂기 한 개를 빼 보라고 한다.

- 도움을 점차 줄여 간다.
- 수행되면 영아 스스로 꽂기판에서 꽂기 한 개를 빼 보라고 한다.
- 수행되면 영아의 특성에 맞는 적절한 강화제를 제공한다.

35 그릇을 거꾸로 하여 물건 쏟기 1~2세

목표 | 그릇을 거꾸로 하여 물건을 쏟을 수 있다.

자료 | 그릇, 블록, 사탕, 강화제

방법 ❶

- 교사가 그릇을 거꾸로 하여 물건을 쏟는 시범을 보인다.
- 영아에게 교사를 모방하여 그릇을 거꾸로 하여 물건을 쏟아 보라고 한다.
- 수행되면 영아 스스로 그릇을 거꾸로 하여 물건을 쏟아 보라고 한다.
- 수행되면 영아의 특성에 맞는 적절한 강화제를 제공한다.

방법 ❷

- 교사가 예를 들어 그릇에 블록을 담은 후 그릇을 거꾸로 하여 블록을 쏟는 시범을 보인다.
- 영아에게 교사를 모방하여 그릇을 거꾸로 하여 블록을 쏟아 보라고 한다.
- 모방하지 못하면 교사가 영아의 손을 잡고 그릇을 거꾸로 하여 블록을 쏟아 준다.
- 교사가 영아의 한 손은 그릇을 잡을 수 있도록 해 주고, 한 손은 교사가 같이 잡아 준 후 영아에게 그릇을 거꾸로 하여 블록을 쏟아 보라고 한다.
- 수행되면 영아가 두 손으로 그릇을 잡을 수 있도록 해 준 후 교사가 영아에게 그릇을 거꾸로 하여 블록을 쏟아 보라고 한다.
- 수행되면 교사가 영아의 두 손을 그릇에 갖다 대 준 후 영아에게 그릇을 거꾸로

하여 블록을 쏟아 보라고 한다.

- 도움을 점차 줄여 간다.
- 수행되면 영아 스스로 그릇을 거꾸로 하여 블록을 쏟아 보라고 한다.
- 수행되면 영아의 특성에 맞는 적절한 강화제를 제공한다.

36 자동차 굴리기 1~2세

목표 | 자동차를 굴릴 수 있다.

자료 | 장난감 자동차, 강화제

방법 ❶

- 교사가 자동차를 손으로 잡고 앞, 뒤로 굴리는 시범을 보인다.
- 영아에게 교사를 모방하여 자동차를 손으로 잡고 앞, 뒤로 굴려 보라고 한다.
- 수행되면 영아 스스로 자동차를 손으로 잡고 앞, 뒤로 굴려 보라고 한다.
- 수행되면 영아의 특성에 맞는 적절한 강화제를 제공한다.

방법 ❷

- 교사가 자동차를 손으로 잡는 시범을 보인다.
- 영아에게 교사를 모방하여 자동차를 손으로 잡아 보라고 한다.
- 모방하지 못하면 교사가 영아의 손을 잡고 자동차를 손으로 잡아 준다.
- 교사가 영아의 손을 자동차에 갖다 대 준 후 자동차를 손으로 잡아 보라고 한다.
- 수행되면 교사가 자동차를 가리키며 영아에게 자동차를 손으로 잡아 보라고 한다.
- 도움을 점차 줄여 간다.
- 수행되면 영아 스스로 자동차를 손으로 잡아 보라고 한다.

- 수행되면 교사가 자동차를 손으로 잡고 앞으로 굴리는 시범을 보인다.
- 영아에게 교사를 모방하여 자동차를 손으로 잡고 앞으로 굴려 보라고 한다.
- 모방하지 못하면 교사가 영아의 손을 잡고 자동차를 앞으로 굴려 준다.
- 교사가 영아의 손을 자동차에 대 준 후 영아에게 자동차를 손으로 잡고 앞으로 굴려 보라고 한다.
- 도움을 점차 줄여 간다.
- 수행되면 영아 스스로 자동차를 손으로 잡고 앞으로 굴려 보라고 한다.
- 수행되면 교사가 자동차를 손으로 잡고 뒤로 굴리는 시범을 보인다.
- 영아에게 교사를 모방하여 자동차를 손으로 잡고 뒤로 굴려 보라고 한다.
- 모방하지 못하면 교사가 영아의 손을 잡고 자동차를 뒤로 굴려 준다.
- 교사가 영아의 손을 자동차에 대 준 후 영아에게 자동차를 손으로 잡고 뒤로 굴려 보라고 한다.
- 수행되면 영아 스스로 자동차를 손으로 잡고 뒤로 굴려 보라고 한다.
- 수행되면 교사가 자동차를 손으로 잡고 앞, 뒤로 굴리는 시범을 보인다.
- 영아에게 자동차를 손으로 잡고 스스로 앞, 뒤로 굴려 보라고 한다.
- 수행되면 영아의 특성에 맞는 적절한 강화제를 제공한다.

37 봉에서 한 개의 고리 빼기 1~2세

목표 | 봉에서 한 개의 고리를 뺄 수 있다.

자료 | 봉, 고리 한 개, 강화제

방법 ①

- 교사가 봉에 고리 한 개를 끼워 놓은 후 봉에서 한 개의 고리를 빼는 시범을 보인다.

- 영아에게 교사를 모방하여 봉에서 한 개의 고리를 빼 보라고 한다.
- 수행되면 영아 스스로 봉에서 한 개의 고리를 빼 보라고 한다.
- 수행되면 영아의 특성에 맞는 적절한 강화제를 제공한다.

방법 ❷

- 교사가 봉에 고리 한 개를 끼워 놓은 후 고리를 잡는 시범을 보인다.
- 영아에게 교사를 모방하여 고리를 잡아 보라고 한다.
- 모방하지 못하면 교사가 영아의 손을 잡고 고리를 잡아 준다.
- 교사가 영아의 손을 고리에 갖다 대 준 후 영아에게 고리를 잡아 보라고 한다.
- 도움을 점차 줄여 간다.
- 수행되면 영아 스스로 고리를 잡아 보라고 한다.
- 수행되면 교사가 봉에서 한 개의 고리를 빼는 시범을 보인다.
- 영아에게 교사를 모방하여 봉에서 한 개의 고리를 빼 보라고 한다.
- 모방하지 못하면 교사가 영아의 손을 잡고 봉에서 한 개의 고리를 빼 준다.
- 수행되면 교사가 영아의 손을 고리에 갖다 대 준 후 영아에게 봉에서 한 개의 고리를 빼 보라고 한다.
- 수행되면 교사가 고리를 가리키며 영아에게 봉에서 한 개의 고리를 빼 보라고 한다.
- 수행되면 영아 스스로 봉에서 한 개의 고리를 빼 보라고 한다.
- 수행되면 영아의 특성에 맞는 적절한 강화제를 제공한다.

38 포일(호일) 뭉치기

1~2세

목표 | 양손으로 포일을 뭉칠 수 있다.

자료 | 포일, 강화제

방법 ❶

- 교사가 양손으로 포일(호일)을 뭉치는 시범을 보인다.
- 영아에게 교사를 모방하여 양손으로 포일을 뭉쳐 보라고 한다.
- 수행되면 영아 스스로 양손으로 포일을 뭉쳐 보라고 한다.
- 수행되면 영아의 특성에 맞는 적절한 강화제를 제공한다.

방법 ❷

- 교사가 양손으로 포일(호일)을 뭉치는 시범을 보인다.
- 영아에게 교사를 모방하여 양손으로 포일을 뭉쳐 보라고 한다.
- 모방하지 못하면 교사가 영아의 양손을 잡고 포일을 뭉쳐 준다.
- 교사가 영아의 손에 포일을 올려 준 후 영아에게 양손으로 포일을 뭉쳐 보라고 한다.
- 뭉치지 못하면 교사가 영아의 손에 포일을 올려 준 후 영아의 양손을 잡고 포일을 뭉쳐 주는 동작을 반복해 준다.
- 교사가 포일을 뭉치는 동작을 보여 주며 영아에게 포일을 뭉쳐 보라고 한다.
- 도움을 점차 줄여 간다.
- 수행되면 교사가 영아의 손에 포일을 올려 준 후 영아 스스로 양손으로 포일을 뭉쳐 보라고 한다.
- 수행되면 영아의 특성에 맞는 적절한 강화제를 제공한다.

39 자석판에 물건 붙이기

1~2세

목표 | 자석판에 물건을 붙일 수 있다.

자료 | 자석판, 자석판에 붙는 물건, 강화제

방법 ❶

- 교사가 자석판에 물건을 붙이는 시범을 보인다.
- 영아에게 교사를 모방하여 자석판에 물건을 붙여 보라고 한다.
- 수행되면 영아 스스로 자석판에 물건을 붙여 보라고 한다.
- 수행되면 영아의 특성에 맞는 적절한 강화제를 제공한다.

방법 ❷

- 교사가 자석판에 물건을 붙이는 시범을 보인다.
- 영아에게 교사를 모방하여 자석판에 물건을 붙여 보라고 한다.
- 모방하지 못하면 교사가 영아의 손을 잡고 자석판에 물건을 붙여 준다.
- 교사가 영아의 손에 자석판에 붙는 물건을 올려 준 후 영아에게 자석판에 붙여 보라고 한다.
- 붙이지 못하면 교사가 영아의 손을 잡고 자석판에 물건을 붙여 주는 동작을 반복해 준다.
- 교사가 영아의 손을 자석판에 붙는 물건에 대 준 후 자석판에 붙여 보라고 한다.
- 도움을 점차 줄여 간다.
- 수행되면 영아 스스로 자석판에 물건을 붙여 보라고 한다.
- 수행되면 영아의 특성에 맞는 적절한 강화제를 제공한다.

40 리본 끈이나 줄 잡아당기기 1~2세

목표 | 리본 끈이나 줄을 잡아당길 수 있다.

자료 | 리본 끈, 줄, 강화제

방법 ❶

- 교사가 리본 끈이나 줄을 손으로 잡아당기는 시범을 보인다.
- 영아에게 교사를 모방하여 리본 끈이나 줄을 손으로 잡아당겨 보라고 한다.
- 수행되면 영아 스스로 리본 끈이나 줄을 손으로 잡아당겨 보라고 한다.
- 수행되면 영아의 특성에 맞는 적절한 강화제를 제공한다.

방법 ❷

- 교사가 리본 끈이나 줄을 손으로 잡는 시범을 보인다.
- 영아에게 교사를 모방하여 리본 끈이나 줄을 손으로 잡아 보라고 한다.
- 모방하지 못하면 교사가 영아의 손을 잡고 리본 끈이나 줄을 잡아 준다.
- 교사가 영아의 손을 리본 끈이나 줄 가까이 대 준 후 잡아 보라고 한다.
- 도움을 점차 줄여 간다.
- 수행되면 영아 스스로 리본 끈이나 줄을 손으로 잡아 보라고 한다.
- 수행되면 교사가 리본 끈이나 줄을 손으로 잡아당기는 시범을 보인다.
- 영아에게 교사를 모방하여 리본 끈이나 줄을 손으로 잡아당겨 보라고 한다.
- 모방하지 못하면 교사가 영아의 손을 잡고 리본 끈이나 줄을 잡아당겨 준다.
- 리본 끈이나 줄을 잡아당기지 못하면 교사가 영아의 손을 잡고 잡아당기는 동작을 반복해 준다.
- 교사가 영아의 손을 리본 끈이나 줄 가까이에 대 준 후 잡아당겨 보라고 한다.
- 도움을 점차 줄여 간다.
- 수행되면 영아 스스로 리본 끈이나 줄을 손으로 잡아당겨 보라고 한다.
- 수행되면 영아의 특성에 맞는 적절한 강화제를 제공한다.

☞ 리본 끈이나 줄을 잡아당길 수 있으면 줄로 끌 수 있는 바퀴가 달려 있는 장난감(예: 자동차)을 끌 수 있도록 같은 방법으로 지도하면 된다.

41 두루마리 화장지 찢기

1~2세

목표 | 두루마리 화장지를 손으로 찢을 수 있다.

자료 | 두루마리 화장지, 강화제

방법 ❶

- 교사가 두루마리 화장지를 손으로 찢는 시범을 보인다.
- 영아에게 교사를 모방하여 두루마리 화장지를 손으로 찢어 보라고 한다.
- 수행되면 영아 스스로 두루마리 화장지를 손으로 찢어 보라고 한다.
- 수행되면 영아의 특성에 맞는 적절한 강화제를 제공한다.

방법 ❷

- 교사가 두루마리 화장지를 손으로 찢는 시범을 보인다.
- 영아에게 교사를 모방하여 두루마리 화장지를 손으로 찢어 보라고 한다.
- 모방하지 못하면 교사가 영아의 손을 잡고 두루마리 화장지를 찢어 준다.
- 교사가 영아의 손에 두루마리 화장지를 대 준 후 영아에게 찢어 보라고 한다.
- 찢지 못하면 교사가 영아의 손을 잡고 두루마리 화장지를 찢는 동작을 반복해 준다.
- 교사가 두루마리 화장지를 찢는 동작을 보여 주며 영아에게 찢어 보라고 한다.
- 도움을 점차 줄여 간다.
- 수행되면 영아 스스로 두루마리 화장지를 손으로 찢어 보라고 한다.
- 수행되면 영아의 특성에 맞는 적절한 강화제를 제공한다.

☞ 신문지나 종이를 손으로 찢는 것도 두루마리 화장지를 찢는 것과 같은 방법으로 지도하면 된다.

42 컵에 물건 넣기

1~2세

목표 | 컵에 물건을 넣을 수 있다.

자료 | 컵, 블록, 구슬, 사탕, 과자 등, 강화제

방법 ❶

- 손으로 물건을 잡는 것은 앞 단계에서 수행하였으므로 확인한 후 시행한다.
- 교사가 컵에 물건을 넣는 시범을 보인다.
- 영아에게 교사를 모방하여 컵에 물건을 넣어 보라고 한다.
- 수행되면 영아 스스로 컵에 물건을 넣어 보라고 한다.
- 수행되면 영아의 특성에 맞는 적절한 강화제를 제공한다.

방법 ❷

- 손으로 물건을 잡는 것은 앞 단계에서 수행하였으므로 확인한 후 시행한다.
- 교사가 컵에 물건을 넣는 시범을 보인다.
- 영아에게 교사를 모방하여 컵에 물건을 넣어 보라고 한다.
- 모방하지 못하면 교사가 영아의 손을 잡고 컵에 물건을 넣어 준다.
- 교사가 물건을 잡고 있는 영아의 손을 컵에 대 준 후 컵에 물건을 넣어 보라고 한다.
- 넣지 못하면 교사가 영아의 손을 잡고 컵에 물건을 넣는 동작을 반복해 준다.
- 교사가 컵에 물건을 넣는 동작을 보여 주며 영아에게 물건을 넣어 보라고 한다.
- 수행되면 교사가 물건을 가리키며 영아에게 컵에 넣어 보라고 한다.
- 도움을 점차 줄여 간다.
- 수행되면 영아 스스로 컵에 물건을 넣어 보라고 한다.
- 수행되면 영아의 특성에 맞는 적절한 강화제를 제공한다.

43 두 개의 블록 쌓기

1~2세

목표 | 두 개의 블록을 쌓을 수 있다.

자료 | 블록 두 개, 컵 쌓기 블록, 강화제

방법 ❶

- 교사가 블록 두 개를 제시한 후 두 개의 블록을 순서대로 쌓는 시범을 보인다.
- 영아에게 교사를 모방하여 두 개의 블록을 순서대로 쌓아 보라고 한다.
- 수행되면 영아 스스로 두 개의 블록을 순서대로 쌓아 보라고 한다.
- 수행되면 영아의 특성에 맞는 적절한 강화제를 제공한다.

방법 ❷

- 교사가 블록 한 개를 놓는 시범을 보인다.
- 영아에게 교사를 모방하여 블록 한 개를 놓아 보라고 한다.
- 모방하지 못하면 교사가 영아의 손을 잡고 블록 한 개를 놓아 준다.
- 교사가 영아의 손을 블록 한 개에 갖다 대 준 후 영아에게 블록 한 개를 놓아 보라고 한다.
- 수행되면 교사가 블록 한 개를 가리키며 영아에게 블록 한 개를 놓아 보라고 한다.
- 도움을 점차 줄여 간다.
- 수행되면 영아 스스로 블록 한 개를 놓아 보라고 한다.
- 수행되면 교사가 놓인 블록 한 개 위에 블록 한 개를 쌓는 시범을 보인다.
- 영아에게 교사를 모방하여 놓인 블록 한 개 위에 블록 한 개를 쌓아 보라고 한다.
- 모방하지 못하면 교사가 영아의 손을 잡고 놓인 블록 한 개 위에 블록 한 개를 쌓아 준다.

- 교사가 영아의 손목을 살짝 잡아 주며 영아에게 놓인 블록 한 개 위에 블록 한 개를 쌓아 보라고 한다.
- 수행되면 교사가 블록 한 개를 가리키며 영아에게 놓인 블록 한 개 위에 쌓아 보라고 한다.
- 도움을 점차 줄여 간다.
- 수행되면 영아 스스로 놓인 블록 한 개 위에 블록 한 개를 쌓아 보라고 한다.
- 수행되면 영아 스스로 블록 두 개를 순서대로 쌓아 보라고 한다.
- 수행되면 영아의 특성에 맞는 적절한 강화제를 제공한다.

방법 ❸

- 교사가 블록 한 개를 제시한 후 그 위에 한 개를 쌓는 시범을 보인다.
- 영아에게 교사를 모방하여 놓인 블록 위에 블록 한 개를 쌓아 보라고 한다.
- 모방하지 못하면 교사가 영아의 손을 잡고 놓인 블록 위에 블록 한 개를 쌓아 준다.
- 교사가 영아의 손을 블록 한 개에 갖다 대 준 후 영아에게 놓인 블록 위에 쌓아 보라고 한다.
- 수행되면 교사가 영아의 손목을 살짝 잡아 주며 영아에게 놓인 블록 위에 블록 한 개를 쌓아 보라고 한다.
- 수행되면 교사가 블록 한 개를 가리키며 영아에게 놓인 블록 위에 쌓아 보라고 한다.
- 도움을 점차 줄여 간다.
- 수행되면 영아 스스로 놓인 블록 위에 블록 한 개를 쌓아 보라고 한다.
- 수행되면 교사가 블록 두 개를 제시한 후 블록 두 개를 순서대로 쌓는 방법을 시범 보인다.
- 영아에게 교사를 모방하여 블록 두 개를 순서대로 쌓아 보라고 한다.
- 모방하지 못하면 교사가 영아의 손을 잡고 블록 두 개를 순서대로 쌓아 준다.

- 교사가 영아의 손목을 살짝 잡아 주며 영아에게 블록 두 개를 순서대로 쌓아 보라고 한다.
- 수행되면 교사가 블록 두 개를 가리키며 영아에게 블록 두 개를 순서대로 쌓아 보라고 한다.
- 도움을 점차 줄여 간다.
- 수행되면 영아 스스로 블록 두 개를 순서대로 쌓아 보라고 한다.
- 수행되면 영아의 특성에 맞는 적절한 강화제를 제공한다.

☞ 블록 대신 크기가 다른 상자 두 개나 크기가 다른 컵 두 개로 쌓기를 지도해도 무방하다.

☞ 방법 ❷는 점진법(앞에서 순서대로 진행하는 방법), 방법 ❸은 후진법(뒤에서 순서대로 진행하는 방법, 즉 거꾸로 진행하는 방법)이므로 영아의 특성에 맞게 지도하면 된다. 일반적으로 후진법이 성취감을 쉽게 느낄 수 있어 교육현장에서 많이 활용되고 있는 방법이다.

44 봉에 한 개의 고리 끼우기 1~2세

목표 | 봉에 한 개의 고리를 끼울 수 있다.

자료 | 봉, 고리 한 개, 강화제

방법 ❶

- 교사가 봉에 고리 한 개를 끼우는 시범을 보인다.
- 영아에게 교사를 모방하여 봉에 고리 한 개를 끼워 보라고 한다.
- 수행되면 영아 스스로 봉에 고리 한 개를 끼워 보라고 한다.
- 수행되면 영아의 특성에 맞는 적절한 강화제를 제공한다.

방법 ❷

- 교사가 봉을 제시한 후 고리를 잡는 시범을 보인다.
- 영아에게 교사를 모방하여 고리를 잡아 보라고 한다.
- 모방하지 못하면 교사가 영아의 손을 잡고 고리를 잡아 준다.
- 교사가 영아의 손을 고리에 갖다 대 준 후 영아에게 고리를 잡아 보라고 한다.
- 도움을 점차 줄여 간다.
- 수행되면 영아 스스로 고리를 잡아 보라고 한다.
- 수행되면 교사가 봉에 고리 한 개를 끼우는 시범을 보인다.
- 영아에게 교사를 모방하여 봉에 고리 한 개를 끼워 보라고 한다.
- 모방하지 못하면 교사가 영아의 손을 잡고 봉에 고리 한 개를 끼워 준다.
- 교사가 고리를 잡은 영아의 손을 봉에 갖다 대 준 후 영아에게 고리 한 개를 끼워 보라고 한다.
- 수행되면 교사가 봉을 가리키며 영아에게 고리 한 개를 끼워 보라고 한다.
- 도움을 점차 줄여 간다.
- 수행되면 영아 스스로 봉에 고리 한 개를 끼워 보라고 한다.
- 수행되면 영아의 특성에 맞는 적절한 강화제를 제공한다.

45 물풍선 주무르기

1~2세

목표 | 물풍선을 손으로 주무를 수 있다.

자료 | 풍선, 물, 깔때기 또는 굵은 빨대, 강화제

방법 ❶

- 교사가 풍선에 깔때기나 굵은 빨대를 이용하여 물을 넣은 후 풍선을 불어 영아가 잡을 수 있는 크기의 물풍선을 제시한다.

- 교사가 물풍선을 손으로 주무르는 시범을 보인다.
- 영아에게 교사를 모방하여 물풍선을 손으로 주물러 보라고 한다.
- 수행되면 영아 스스로 물풍선을 손으로 주물러 보라고 한다.
- 수행되면 영아의 특성에 맞는 적절한 강화제를 제공한다.

방법 ❷

- 교사가 풍선에 깔때기나 굵은 빨대를 이용하여 물을 넣은 후 풍선을 불어 영아가 잡을 수 있는 크기의 물풍선을 제시한다.
- 교사가 물풍선을 손으로 주무르는 시범을 보인다.
- 영아에게 교사를 모방하여 물풍선을 손으로 주물러 보라고 한다.
- 모방하지 못하면 교사가 영아의 손을 잡고 물풍선을 주물러 준다.
- 교사가 영아의 손을 물풍선에 대 준 후 영아에게 주물러 보라고 한다.
- 주무르지 못하면 교사가 영아의 손을 잡고 물풍선을 주무르는 동작을 반복해 준다.
- 교사가 물풍선을 손으로 주무르는 동작을 보여 주며 영아에게 주물러 보라고 한다.
- 도움을 점차 줄여 간다.
- 수행되면 영아 스스로 물풍선을 손으로 주물러 보라고 한다.
- 수행되면 영아의 특성에 맞는 적절한 강화제를 제공한다.

46 장난감 버튼 누르기 1~2세

목표 | 손으로 장난감 버튼을 누를 수 있다.

자료 | 버튼을 누르면 소리가 나는 장난감, 강화제

방법 ❶

- 교사가 버튼을 누르면 소리가 나는 장난감을 제시한 후 손으로 버튼을 눌러 소리를 내는 범을 보인다.
- 영아에게 교사를 모방하여 손으로 버튼을 눌러 소리를 내어 보라고 한다.
- 수행되면 영아 스스로 손으로 버튼을 눌러 소리를 내어 보라고 한다.
- 수행되면 영아의 특성에 맞는 적절한 강화제를 제공한다.

방법 ❷

- 교사가 버튼을 누르면 소리가 나는 장난감을 제시한 후 손으로 버튼을 눌러 소리를 내는 시범을 보인다.
- 영아에게 교사를 모방하여 손으로 버튼을 눌러 소리를 내어 보라고 한다.
- 모방하지 못하면 교사가 영아의 손을 잡고 버튼을 눌러 소리를 내어 준다.
- 교사가 영아의 손을 버튼에 대 준 후 영아에게 손으로 버튼을 눌러 소리를 내어 보라고 한다.
- 누르지 못하면 교사가 영아의 손을 잡고 버튼을 누르는 동작을 반복해 준다.
- 교사가 버튼을 손으로 누르는 동작을 보여 주며 영아에게 손으로 버튼을 눌러 소리를 내어 보라고 한다.
- 수행되면 교사가 버튼을 가리키며 영아에게 손으로 버튼을 눌러 소리를 내어 보라고 한다.
- 도움을 점차 줄여 간다.
- 수행되면 영아 스스로 손으로 버튼을 눌러 소리를 내어 보라고 한다.
- 수행되면 영아의 특성에 맞는 적절한 강화제를 제공한다.

☞ 보행기의 버튼을 눌러 보게 하거나 버튼을 누르면 동요가 나오는 버튼으로 지도하면 효과적이다.

47 단순한 롤러코스터의 구슬 움직이기 1~2세

목표 | 단순한 롤러코스터의 구슬을 움직일 수 있다.

자료 | 롤러코스터, 강화제

방법 ❶

- 교사가 단순한 롤러코스터의 구부러진 레일을 따라 구슬을 움직이는 시범을 보인다.
- 영아에게 교사를 모방하여 단순한 롤러코스터의 구부러진 레일을 따라 구슬을 움직여 보라고 한다.
- 수행되면 영아 스스로 단순한 롤러코스터의 구부러진 레일을 따라 구슬을 움직여 보라고 한다.
- 수행되면 영아의 특성에 맞는 적절한 강화제를 제공한다.

방법 ❷

- 교사가 단순한 롤러코스터에 있는 구슬을 손으로 잡는 시범을 보인다.
- 영아에게 교사를 모방하여 단순한 롤러코스터에 있는 구슬을 손으로 잡아 보라고 한다.
- 모방하지 못하면 교사가 영아의 손을 잡고 단순한 롤러코스터에 있는 구슬을 잡아 준다.
- 교사가 영아의 손을 단순한 롤러코스터에 있는 구슬에 대 준 후 영아에게 구슬을 잡아 보라고 한다.
- 잡지 못하면 교사가 영아의 손을 잡고 단순한 롤러코스터에 있는 구슬을 잡는 동작을 반복해 준다.
- 교사가 단순한 롤러코스터에 있는 구슬을 가리키며 영아에게 구슬을 잡아 보라고

한다.

- 도움을 점차 줄여 간다.
- 수행되면 영아 스스로 단순한 롤러코스터에 있는 구슬을 손으로 잡아 보라고 한다.
- 수행되면 교사가 단순한 롤러코스터의 구부러진 레일을 따라 구슬을 움직이는 시범을 보인다.
- 영아에게 교사를 모방하여 단순한 롤러코스터의 구부러진 레일을 따라 구슬을 움직여 보라고 한다.
- 모방하지 못하면 교사가 영아의 손을 잡고 롤러코스터의 구부러진 레일을 따라 구슬을 움직여 준다.
- 교사가 영아에게 구슬을 잡아 보라고 한 후 영아의 손을 잡고 단순한 롤러코스터의 구부러진 레일을 따라 구슬을 움직여 준다.
- 구슬을 움직이지 못하면 교사가 영아의 손을 잡고 단순한 롤러코스터의 구부러진 레일을 따라 구슬을 움직이는 동작을 반복해 준다.
- 도움을 점차 줄여 간다.
- 수행되면 영아 스스로 단순한 롤러코스터의 구부러진 레일을 따라 구슬을 움직여 보라고 한다.
- 수행되면 영아의 특성에 맞는 적절한 강화제를 제공한다.

☞ 영아와 마주 보고 지도할 경우 영아가 바라보는 방향(예: 교사가 오른손을 사용하면 영아가 볼 때 왼손이 됨)에서 교사가 손을 사용해야 됨을 유의하도록 한다.

☞ 롤러코스터가 없을 경우 와이어 철사를 여러 가지 모양으로 구부려 다양한 모양과 색깔의 구슬을 끼워 사용해도 무방하다. 와이어 철사가 없을 경우 낚싯줄이나 신발 끈, 털실 등에 구슬을 끼운 후 각 끈들을 팽팽하게 혹은 느슨하게 해서 사용해도 된다.

☞ 다음 사진처럼 시판되고 있는 롤러코스터는 구부러진 레일을 따라 다양한 모양의 구슬들을 움직이게 할 수 있는 교구로 영유아들이 원색의 컬러로 이루어진 구슬을 이동시키면 소근육, 색깔, 모양, 수 개념, 방향 전환, 공간 개념 등을 지도할 수 있어 오랜 기간 동안 유용하게 활용할 수 있다.

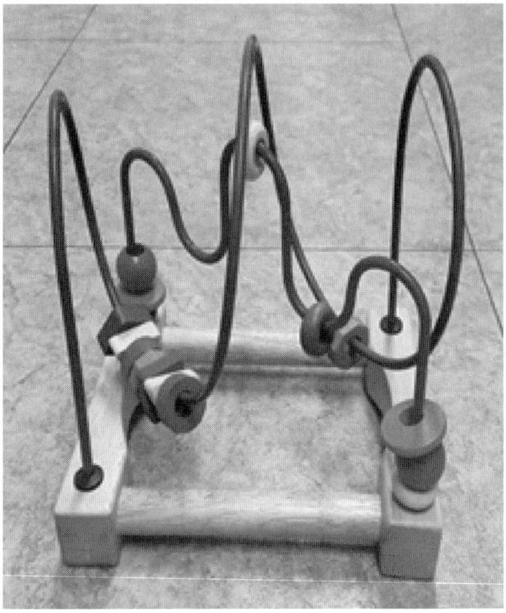
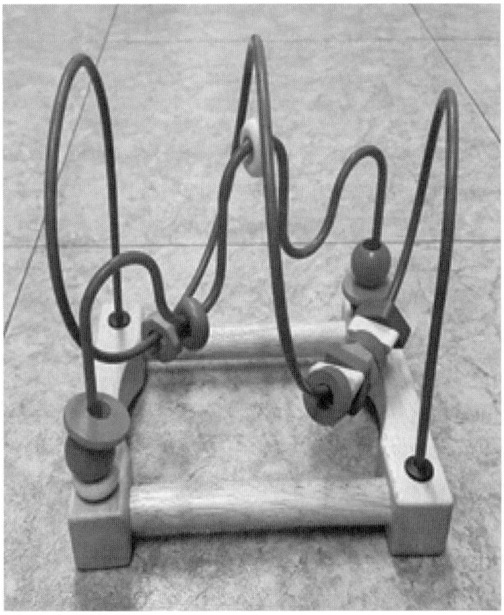

2~3세

48 손가락으로 마구 그리기

2~3세

목표 | 손가락으로 마구 그리기를 할 수 있다.

자료 | 강화제

방법 ❶

- 교사가 손가락으로 마구 그리기를 하는 시범을 보인다.
- 영아에게 교사를 모방하여 손가락으로 마구 그리기를 해 보라고 한다.
- 수행되면 영아 스스로 손가락으로 마구 그리기를 해 보라고 한다.
- 수행되면 영아의 특성에 맞는 적절한 강화제를 제공한다.

방법 ❷

- 교사가 손가락으로 마구 그리기를 하는 시범을 보인다.
- 영아에게 교사를 모방하여 손가락으로 마구 그리기를 해 보라고 한다.
- 모방하지 못하면 교사가 영아의 손가락을 잡고 마구 그리기를 해 준다.
- 교사가 영아의 손에 교사의 손을 살짝 대 준 후 영아에게 손가락으로 마구 그리기를 해 보라고 한다.
- 마구 그리지 못하면 교사가 영아의 손가락을 잡고 마구 그리기를 하는 동작을 반복해 준다.

- 도움을 점차 줄여 간다.
- 수행되면 영아 스스로 손가락으로 마구 그리기를 해 보라고 한다.
- 수행되면 영아의 특성에 맞는 적절한 강화제를 제공한다.

49 점토에 손바닥 찍기 2~3세

목표 | 점토에 손바닥을 찍을 수 있다.

자료 | 점토, 강화제

방법 ❶

- 교사가 점토(클레이)에 손바닥을 찍는 시범을 보인다.
- 영아에게 교사를 모방하여 점토에 손바닥을 찍어 보라고 한다.
- 수행되면 영아 스스로 점토에 손바닥을 찍어 보라고 한다.
- 수행되면 영아의 특성에 맞는 적절한 강화제를 제공한다.

방법 ❷

- 교사가 점토(클레이)에 손바닥이 닿는 시범을 보인다.
- 영아에게 교사를 모방하여 점토에 손바닥을 닿게 해 보라고 한다.
- 모방하지 못하면 교사가 영아의 손을 잡고 점토에 손바닥을 닿게 해 준다.
- 교사가 영아의 손을 점토 위에 올려 준 후 영아에게 점토에 손바닥을 닿게 해 보라고 한다.
- 도움을 점차 줄여 간다.
- 수행되면 영아 스스로 점토에 손바닥을 닿게 해 보라고 한다.
- 수행되면 교사가 점토에 손을 닿게 한 후 손에 힘을 주어 손바닥을 찍는 시범을 보인다.

- 영아에게 교사를 모방하여 점토에 손을 닿게 한 후 손에 힘을 주어 점토에 손바닥을 찍어 보라고 한다.
- 모방하지 못하면 교사가 영아의 손을 잡고 손에 힘을 주어 점토에 손바닥을 찍어 준다.
- 모방하지 못하면 교사가 영아의 손을 잡고 손에 힘을 주어 점토에 손바닥을 찍는 동작을 반복해 준다.
- 도움을 점차 줄여 간다.
- 수행되면 영아 스스로 점토에 손바닥을 찍어 보라고 한다.
- 수행되면 영아의 특성에 맞는 적절한 강화제를 제공한다.

☞ 발바닥을 찍는 것도 손바닥을 찍는 것과 같은 방법으로 지도하면 된다.

☞ 점토(클레이)는 시중에서 쉽게 구할 수 있으며, 점토가 없을 경우 집에서 밀가루 반죽을 만들어 사용해도 무방하다.

50 봉에서 다섯 개의 고리 빼기 2~3세

목표 | 봉에서 고리 다섯 개를 뺄 수 있다.

자료 | 봉, 고리 다섯 개, 강화제

방법 ❶

- 봉에서 고리 한 개 빼기는 앞 단계에서 수행하였으므로 확인한 후 시행한다.
- 교사가 봉에 고리 다섯 개를 끼워 놓은 후 봉에서 다섯 개의 고리를 빼는 시범을 보인다.
- 영아에게 교사를 모방하여 봉에서 다섯 개의 고리를 빼 보라고 한다.

- 수행되면 영아 스스로 봉에서 고리 다섯 개를 빼 보라고 한다.
- 수행되면 영아 스스로 봉에서 다섯 개의 고리를 빼 보라고 한다.
- 수행되면 영아의 특성에 맞는 적절한 강화제를 제공한다.

방법 ❷

- 봉에서 고리 한 개 빼기는 앞 단계에서 수행하였으므로 확인한 후 시행한다.
- 교사가 봉에 고리 다섯 개를 끼워 놓은 후 두 개의 고리를 빼는 시범을 보인다.
- 영아에게 교사를 모방하여 봉에서 두 개의 고리를 빼 보라고 한다.
- 모방하지 못하면 교사가 영아의 손을 잡고 봉에서 두 개의 고리를 빼 준다.
- 교사가 영아의 손을 고리에 대 준 후 봉에서 두 개의 고리를 빼 보라고 한다.
- 수행되면 교사가 봉을 가리키며 봉에서 두 개의 고리를 빼 보라고 한다.
- 도움을 점차 줄여 간다.
- 수행되면 영아 스스로 봉에서 두 개의 고리를 빼 보라고 한다.
- 수행되면 교사가 봉에서 세 개의 고리를 빼는 시범을 보인다.
- 영아에게 교사를 모방하여 봉에서 세 개의 고리를 빼 보라고 한다.
- 모방하지 못하면 봉에서 두 개의 고리를 빼는 것과 같은 방법으로 지도한다.
- 수행되면 영아 스스로 봉에서 고리 세 개를 빼 보라고 한다.
- 수행되면 봉에서 나머지 고리를 빼는 것도 두 개의 고리를 빼는 것과 같은 방법으로 지도한다.
- 수행되면 영아 스스로 봉에서 다섯 개의 고리를 빼 보라고 한다.
- 수행되면 영아의 특성에 맞는 적절한 강화제를 제공한다.

51 당근 도장 찍기

2~3세

목표 | 당근 도장을 찍을 수 있다.

자료 | 당근 도장, 스탬프 또는 인주, 종이류, 강화제

방법 ❶

- 교사가 당근 도장으로 종이에 도장을 찍는 시범을 보인다.
- 영아에게 교사를 모방하여 당근 도장으로 종이에 도장을 찍어 보라고 한다.
- 수행되면 영아 스스로 당근 도장으로 종이에 도장을 찍어 보라고 한다.
- 수행되면 영아의 특성에 맞는 적절한 강화제를 제공한다.

방법 ❷

- 교사가 당근 도장을 쥐는 시범을 보인다.
- 영아에게 교사를 모방하여 당근 도장을 쥐어 보라고 한다.
- 쥐지 못하면 교사가 영아의 손을 잡고 당근 도장을 쥐어 준다.
- 교사가 영아의 손을 당근 도장 가까이 대 준 후 영아에게 당근 도장을 쥐어 보라고 한다.
- 쥐지 못하면 교사가 영아의 손을 잡고 당근 도장을 쥐어 주는 동작을 반복해 준다.
- 수행되면 교사가 당근 도장을 가리키며 영아에게 당근 도장을 쥐어 보라고 한다.
- 도움을 점차 줄여 간다.
- 수행되면 영아 스스로 당근 도장을 쥐어 보라고 한다.
- 수행되면 교사가 당근 도장으로 종이에 도장을 찍는 시범을 보인다.
- 영아에게 스스로 당근 도장을 쥐라고 한 후 교사를 모방하여 종이에 도장을 찍어 보라고 한다.

- 모방하지 못하면 영아 스스로 당근 도장을 쥐라고 한 후 교사가 영아의 손을 잡고 종이에 도장을 찍어 준다.
- 교사가 영아의 손을 잡고 당근 도장으로 종이에 도장을 찍는 동작을 반복해 준 후 영아에게 도장을 찍어 보라고 한다.
- 도움을 점차 줄여 간다.
- 수행되면 영아 스스로 당근 도장으로 종이에 도장을 찍어 보라고 한다.
- 수행되면 영아의 특성에 맞는 적절한 강화제를 제공한다.

52 장난감을 밀거나 잡아당기기 2~3세

목표 | 장난감을 밀거나 잡아당길 수 있다.

자료 | 장난감, 강화제

방법 ❶

- 교사가 손으로 장난감을 밀거나 잡아당기는 시범을 보인다.
- 영아에게 교사를 모방하여 손으로 장난감을 밀거나 잡아당겨 보라고 한다.
- 수행되면 영아 스스로 손으로 장난감을 밀거나 잡아당겨 보라고 한다.
- 수행되면 영아의 특성에 맞는 적절한 강화제를 제공한다.

방법 ❷

- 교사가 손으로 장난감을 미는 시범을 보인다.
- 영아에게 교사를 모방하여 손으로 장난감을 밀어 보라고 한다.
- 모방하지 못하면 교사가 영아의 손을 잡고 장난감을 밀어 준다.
- 교사가 영아의 손을 장난감에 대 준 후 영아에게 장난감을 밀어 보라고 한다.
- 밀지 못하면 교사가 영아의 손을 잡고 장난감 미는 동작을 반복해 준다.

- 교사가 영아의 손을 장난감 가까이 대 준 후 밀어 보라고 한다.
- 도움을 점차 줄여 간다.
- 수행되면 영아 스스로 장난감을 밀어 보라고 한다.
- 수행되면 교사가 손으로 장난감을 잡아당기는 시범을 보인다.
- 영아에게 교사를 모방하여 손으로 장난감을 잡아당겨 보라고 한다.
- 모방하지 못하면 교사가 영아의 손을 잡고 장난감을 잡아당겨 준다.
- 교사가 영아의 손을 장난감에 대 준 후 영아에게 장난감을 당겨 보라고 한다.
- 장난감을 잡아당기지 못하면 교사가 영아의 손을 잡고 장난감을 잡아당기는 동작을 반복해 준다.
- 교사가 영아의 손을 장난감 가까이에 대 준 후 잡아당겨 보라고 한다.
- 도움을 점차 줄여 간다.
- 수행되면 영아 스스로 장난감을 잡아당겨 보라고 한다.
- 수행되면 교사가 손으로 장난감을 밀고 잡아당기는 시범을 보인다.
- 영아에게 교사를 모방하여 손으로 장난감을 밀고 잡아당겨 보라고 한다.
- 수행되면 영아 스스로 장난감을 밀고 잡아당겨 보라고 한다.
- 수행되면 영아의 특성에 맞는 적절한 강화제를 제공한다.

53 자동차 운전대 돌리기

2~3세

목표 | 양손으로 자동차 운전대를 돌릴 수 있다.

자료 | 운전대를 돌릴 수 있는 장난감 자동차, 강화제

방법 ❶

- 교사가 양손으로 자동차 운전대를 돌리는 시범을 보인다.
- 영아에게 교사를 모방하여 양손으로 자동차 운전대를 돌려 보라고 한다.

- 수행되면 영아 스스로 자동차 운전대를 양손으로 돌려 보라고 한다.
- 수행되면 영아의 특성에 맞는 적절한 강화제를 제공한다.

방법 ❷

- 교사가 양손으로 자동차 운전대를 잡는 시범을 보인다.
- 영아에게 교사를 모방하여 양손으로 자동차 운전대를 잡아 보라고 한다.
- 모방하지 못하면 교사가 영아의 손을 잡고 양손으로 자동차 운전대를 잡아 준다.
- 교사가 영아의 양손을 자동차 운전대 가까이 대 준 후 영아에게 운전대를 잡아 보라고 한다.
- 수행되면 교사가 자동차 운전대를 가리키며 영아에게 운전대를 잡아 보라고 한다.
- 도움을 점차 줄여 간다.
- 수행되면 영아 스스로 양손으로 자동차 운전대를 잡아 보라고 한다.
- 수행되면 교사가 양손으로 자동차 운전대를 돌리는 시범을 보인다.
- 영아에게 교사를 모방하여 양손으로 자동차 운전대를 돌려 보라고 한다.
- 돌리지 못하면 교사가 영아에게 자동차 운전대를 잡게 한 후 교사가 같이 운전대를 돌려 준다.
- 교사가 영아에게 자동차 운전대를 잡게 한 후 영아의 손을 잡고 운전대의 2/3를 돌려 주고 나머지는 영아 스스로 돌려 보라고 한다.
- 수행되면 교사가 영아에게 자동차 운전대를 잡게 한 후 영아의 손을 잡고 운전대의 1/2을 돌려 주고 나머지는 영아 스스로 돌려 보라고 한다.
- 수행되면 교사가 영아에게 자동차 운전대를 잡게 한 후 영아의 손을 잡고 운전대의 1/3을 돌려 주고 나머지는 영아 스스로 돌려 보라고 한다.
- 도움을 점차 줄여 간다.
- 수행되면 영아 스스로 양손으로 자동차 운전대를 돌려 보라고 한다.
- 수행되면 영아의 특성에 맞는 적절한 강화제를 제공한다.

54 스펀지에 물감 찍어 문지르기

2~3세

목표 | 스펀지에 물감을 찍어 문지를 수 있다.

자료 | 스펀지, 물감, 마분지, 강화제

방법 ❶

- 교사가 스펀지에 물감을 찍어 마분지에 문지르는 시범을 보인다.
- 영아에게 교사를 모방하여 스펀지에 물감을 찍어 마분지에 문질러 보라고 한다.
- 수행되면 영아 스스로 스펀지에 물감을 찍어 마분지에 문질러 보라고 한다.
- 수행되면 영아의 특성에 맞는 적절한 강화제를 제공한다.

2~3세

방법 ❷

- 교사가 스펀지에 물감을 찍는 시범을 보인다.
- 영아에게 교사를 모방하여 스펀지에 물감을 찍어 보라고 한다.
- 모방하지 못하면 교사가 영아의 손을 잡고 스펀지에 물감을 찍어 준다.
- 교사가 영아의 손에 스펀지를 쥐어 준 후 영아에게 스펀지에 물감을 찍어 보라고 한다.
- 찍지 못하면 교사가 영아의 손을 잡고 스펀지에 물감을 찍어 주는 동작을 반복해 준다.
- 도움을 점차 줄여 간다.
- 수행되면 영아 스스로 스펀지에 물감을 찍어 보라고 한다.
- 수행되면 교사가 스펀지에 물감을 찍어 마분지에 문지르는 시범을 보인다.
- 영아에게 교사를 모방하여 스펀지에 물감을 찍어 마분지에 문질러 보라고 한다.
- 모방하지 못하면 교사가 영아에게 스펀지에 물감을 찍어 보라고 한 후 영아의 손을 잡고 마분지에 문질러 준다.

- 교사가 영아에게 스펀지에 물감을 찍어 보라고 한 후 영아의 손을 잡고 물감을 마분지에 한 번 문질러 준 다음 영아에게 문질러 보라고 한다.
- 도움을 점차 줄여 간다.
- 수행되면 영아 스스로 스펀지에 물감을 찍어 마분지에 문질러 보라고 한다.
- 수행되면 영아의 특성에 맞는 적절한 강화제를 제공한다.

55 큰 공 마음대로 굴리기

2~3세

목표 | 큰 공을 마음대로 굴릴 수 있다.

자료 | 큰 공, 볼링 핀, 소리 나는 깡통, 강화제

방법 ❶

- 교사가 영아와 마주 보고 앉아서 큰 공을 마음대로 굴리는 시범을 보인다.
- 영아에게 교사를 모방하여 큰 공을 마음대로 굴려 보라고 한다.
- 수행되면 영아 스스로 큰 공을 마음대로 굴려 보라고 한다.
- 수행되면 영아의 특성에 맞는 적절한 강화제를 제공한다.

방법 ❷

- 교사가 영아와 마주 보고 앉아서 큰 공을 마음대로 굴리는 시범을 보인다.
- 영아에게 교사를 모방하여 큰 공을 마음대로 굴려 보라고 한다.
- 모방하지 못하면 교사가 다른 교사와 영아를 마주 앉게 한 후 교사는 영아의 뒤에 앉아 영아의 두 손을 잡고 큰 공을 마음대로 굴려 준다.
- 교사가 영아에게 손으로 공을 쥐게 해 준 후 큰 공을 마음대로 굴려 보라고 한다.
- 굴리지 못하면 교사가 영아의 손을 잡고 큰 공을 마음대로 굴리는 동작을 반복해 준 후 영아에게 굴려 보라고 한다.

• 도움을 점차 줄여 간다.

• 수행되면 영아 스스로 큰 공을 마음대로 굴려 보라고 한다.

☞ 공 굴리기는 소근육 증진뿐만 아니라 다양한 효과, 즉 눈과 손의 협응력, 유연성, 협동심, 민첩성, 순발력을 키울 수 있다.

56 봉에 다섯 개의 고리 끼우기

2~3세

목표 | 봉에 다섯 개의 고리를 끼울 수 있다.

자료 | 봉, 고리 다섯 개, 강화제

방법 ❶

• 봉에 한 개의 고리 끼우기는 앞 단계에서 수행하였으므로 확인한 후 시행한다.

• 교사가 봉에 다섯 개의 고리를 끼우는 시범을 보인다.

• 영아에게 교사를 모방하여 봉에 다섯 개의 고리를 끼워 보라고 한다.

• 수행되면 영아 스스로 봉에 다섯 개의 고리를 끼워 보라고 한다.

• 수행되면 영아의 특성에 맞는 적절한 강화제를 제공한다.

방법 ❷

• 봉에 한 개의 고리 끼우기는 앞 단계에서 수행하였으므로 확인한 후 시행한다.

• 교사가 봉에 두 개의 고리를 끼우는 시범을 보인다.

• 영아에게 교사를 모방하여 봉에 두 개의 고리를 끼워 보라고 한다.

• 모방하지 못하면 교사가 영아의 손을 잡고 봉에 두개의 고리를 끼워 준다.

• 교사가 영아의 손을 고리에 대 준 후 봉에 두 개의 고리를 끼워 보라고 한다.

• 도움을 점차 줄여 간다.

- 수행되면 영아 스스로 봉에 두 개의 고리를 끼워 보라고 한다.
- 수행되면 교사가 봉에 세 개의 고리를 끼우는 시범을 보인다.
- 영아에게 교사를 모방하여 봉에 세 개의 고리를 끼워 보라고 한다.
- 끼우지 못하면 봉에 두개의 고리를 끼운 것과 같은 방법으로 지도한다.
- 수행되면 영아 스스로 봉에 고리 세 개를 끼워 보라고 한다.
- 수행되면 나머지 고리를 끼우는 것도 두개의 고리를 끼운 것과 같은 방법으로 지도한다.
- 수행되면 영아의 특성에 맞는 적절한 강화제를 제공한다.

57 메추리알판에 점토 채우기

2~3세

목표 | 메추리알판에 점토를 채울 수 있다.

자료 | 메추리알판, 점토, 강화제

방법 ❶

- 교사가 손으로 메추리알판에 점토를 채우는 시범을 보인다.
- 영아에게 교사를 모방하여 손으로 메추리알판에 점토를 채워 보라고 한다.
- 수행되면 영아 스스로 메추리알판에 점토를 채워 보라고 한다.
- 수행되면 영아의 특성에 맞는 적절한 강화제를 제공한다.

방법 ❷

- 교사가 손으로 점토를 떼는 시범을 보인다.
- 영아에게 교사를 모방하여 손으로 점토를 떼어 보라고 한다.
- 모방하지 못하면 교사가 영아의 손을 잡고 점토를 떼어 준다.
- 교사가 영아의 손에 점토를 쥐어 준 후 영아에게 점토를 떼어 보라고 한다.

- 도움을 점차 줄여 간다.
- 수행되면 영아 스스로 점토를 떼어 보라고 한다.
- 수행되면 교사가 손으로 점토를 떼어 메추리알판에 채우는 시범을 보인다.
- 영아에게 교사를 모방하여 손으로 점토를 떼어 메추리알판에 채워 보라고 한다.
- 모방하지 못하면 교사가 영아에게 점토를 떼게 한 후 영아의 손을 잡고 메추리알판에 점토를 채워 준다.
- 교사가 영아에게 점토를 떼게 한 후 영아의 손을 잡고 메추리알판에 점토의 1/2을 채워 주고 나머지는 영아에게 채워 보라고 한다.
- 수행되면 교사가 영아에게 점토를 떼게 한 후 영아의 손을 잡고 메추리알판에 점토의 1/3을 채워 주고 나머지는 영아에게 채워 보라고 한다.
- 도움을 점차 줄여 간다.
- 수행되면 영아 스스로 점토를 떼어 메추리알판에 채워 보라고 한다.
- 수행되면 영아의 특성에 맞는 적절한 강화제를 제공한다.

☞ 시판되고 있는 점토(미니클레이) 대신 밀가루 반죽을 사용해도 무방하며, 메추리알판이 없을 경우 계란판에 점토나 밀가루 반죽을 채우도록 지도해도 된다. 그러나 계란판을 사용할 경우 계란판을 다 채우는 것이 영아에게 무리일 수 있으므로 교사가 1/2 정도를 채워 주고 나머지를 영아에게 채우도록 하면 된다.

58 다섯 개의 블록 쌓기 (2~3세)

목표 | 다섯 개의 블록을 쌓을 수 있다.

자료 | 블록 다섯 개, 강화제

방법 ❶

- 두 개의 블록 쌓기는 앞 단계에서 수행하였으므로 확인한 후 시행한다.
- 교사가 다섯 개의 블록을 제시한 후 순서대로 쌓는 시범을 보인다.
- 영아에게 교사를 모방하여 다섯 개의 블록을 순서대로 쌓아 보라고 한다.
- 수행되면 영아 스스로 다섯 개의 블록을 순서대로 쌓아 보라고 한다.
- 수행되면 영아의 특성에 맞는 적절한 강화제를 제공한다.

방법 ❷

- 두 개의 블록 쌓기는 앞 단계에서 수행하였으므로 확인한 후 시행한다.
- 교사가 세 개의 블록을 제시한 후 순서대로 쌓는 시범을 보인다.
- 영아에게 교사를 모방하여 세 개의 블록을 순서대로 쌓아 보라고 한다.
- 모방하지 못하면 교사가 영아의 손을 잡고 세 개의 블록을 순서대로 쌓아 준다.
- 수행되면 교사가 세 개의 블록을 가리키며 영아에게 순서대로 쌓아 보라고 한다.
- 도움을 점차 줄여 간다.
- 수행되면 영아 스스로 세 개의 블록을 쌓아 보라고 한다.
- 수행되면 교사가 네 개의 블록을 제시한 후 순서대로 쌓는 시범을 보인다.
- 영아에게 교사를 모방하여 네 개의 블록을 순서대로 쌓아 보라고 한다.
- 모방하지 못하면 블록 세 개를 쌓은 것과 같은 방법으로 지도한다.
- 수행되면 교사가 다섯 개의 블록을 제시한 후 순서대로 쌓는 시범을 보인다.
- 영아에게 교사를 모방하여 다섯 개의 블록을 순서대로 쌓아 보라고 한다.
- 모방하지 못하면 세 개의 블록을 쌓은 것과 같은 방법으로 지도한다.
- 도움을 점차 줄여 간다.
- 수행되면 영아 스스로 다섯 개의 블록을 순서대로 쌓아 보라고 한다.
- 수행되면 영아의 특성에 맞는 적절한 강화제를 제공한다.

방법 ❸

- 두 개의 블록 쌓기는 앞 단계에서 수행하였으므로 확인한 후 시행한다.
- 교사가 네 개의 블록을 제시한 후 그 위에 한 개의 블록을 쌓는 시범을 보인다.
- 영아에게 교사를 모방하여 네 개의 블록 위에 한 개의 블록을 쌓아 보라고 한다.
- 모방하지 못하면 교사가 영아의 손을 잡고 네 개의 블록 위에 한 개의 블록을 쌓아 준다.
- 교사가 한 개의 블록을 가리키며 영아에게 네 개의 블록 위에 쌓아 보라고 한다.
- 도움을 점차 줄여 간다.
- 수행되면 영아 스스로 네 개의 블록 위에 한 개의 블록을 쌓아 보라고 한다.
- 수행되면 교사가 세 개의 블록을 제시한 후 그 위에 두 개의 블록을 쌓는 시범을 보인다.
- 영아에게 교사를 모방하여 세 개의 블록 위에 두 개의 블록을 쌓아 보라고 한다.
- 모방하지 못하면 네 개의 블록 위에 한 개의 블록을 쌓은 것과 같은 방법으로 지도한다.
- 수행되면 교사가 두 개의 블록을 제시한 후 그 위에 세 개의 블록을 쌓는 시범을 보인다.
- 영아에게 교사를 모방하여 두 개의 블록 위에 세 개의 블록을 쌓아 보라고 한다.
- 모방하지 못하면 네 개의 블록 위에 한 개의 블록을 쌓은 것과 같은 방법으로 지도한다.
- 나머지 블록을 쌓는 것도 네 개의 블록 위에 한 개의 블록을 쌓은 것과 같은 방법으로 지도한다.
- 도움을 점차 줄여 간다.
- 수행되면 영아 스스로 블록 다섯 개를 순서대로 쌓아 보라고 한다.
- 수행되면 영아의 특성에 맞는 적절한 강화제를 제공한다.

☞ 블록 대신 두루마리 휴지, 상자, 컵 다섯 개로 쌓기를 지도해도 무방하다.

☞ 블록이나 두루마리 휴지 등을 쌓은 후 무너뜨리는 놀이를 해도 영아가 흥미로워한다.

☞ 방법 ❷는 점진법(앞에서 순서대로 진행하는 방법), 방법 ❸은 후진법(뒤에서 순서대로 진행하는 방법, 즉 거꾸로 진행하는 방법)이므로 영아의 특성에 맞게 지도하면 된다. 일반적으로 후진법이 성취감을 쉽게 느낄 수 있어 교육현장에서 많이 활용되고 있는 방법이다.

○ 지도 순서

교사가 두 개의 블록 위에 한 개의 블록을
쌓는 시범 보이기

교사를 모방하여 블록 쌓기

다섯 개의 블록 쌓기

수행되면 강화제 제공하기

59 양손에 물건 쥐고 부딪치기

2~3세

목표 | 양손에 물건을 쥐고 부딪치게 할 수 있다.

자료 | 블록 두 개, 장난감 각각 두 개, 강화제

방법 ❶

- 양손으로 두 개의 물건 잡기는 앞 단계에서 수행하였으므로 확인한 후 시행한다.
- 교사가 양손에 물건을 쥐고 부딪치게 하는 시범을 보인다.
- 영아에게 교사를 모방하여 양손에 물건을 쥐고 부딪치게 해 보라고 한다.
- 수행되면 영아 스스로 양손에 물건을 쥐고 부딪치게 해 보라고 한다.
- 수행되면 영아의 특성에 맞는 적절한 강화제를 제공한다.

방법 ❷

- 양손으로 두 개의 물건 잡기는 앞 단계에서 수행하였으므로 확인한 후 시행한다.
- 교사가 예를 들어 양손에 블록을 쥐고 부딪치게 하는 시범을 보인다.
- 영아에게 교사를 모방하여 양손에 블록을 쥐고 부딪치게 해 보라고 한다.
- 모방하지 못하면 교사가 영아의 양손을 잡고 블록을 부딪치게 해 준다.
- 교사가 영아의 한 손을 잡고 다른 손에 쥔 블록과 부딪칠 수 있도록 해 준 후 영아에게 블록을 부딪치게 해 보라고 한다.
- 수행되면 교사가 영아의 양손에 잡은 블록을 가까이 대 준 후 영아에게 부딪치게 해 보라고 한다.
- 모방하지 못하면 교사가 영아의 양손을 잡고 블록을 부딪치게 하는 동작을 반복해 준다.
- 교사가 양손의 블록을 부딪치게 하는 동작을 보여 주며 영아에게 양손에 블록을

쥐고 부딪치게 해 보라고 한다.

- 도움을 점차 줄여 간다.
- 수행되면 영아 스스로 양손에 블록을 쥐고 부딪치게 해 보라고 한다.
- 수행되면 다른 물건(예: 숟가락)들도 양손에 쥐고 부딪치게 해 보라고 한다.
- 수행되면 영아의 특성에 맞는 적절한 강화제를 제공한다.

60 수직선 긋기 2~3세

목표 | 수직선 긋기를 할 수 있다.

자료 | 도화지 또는 연습장, 색연필 또는 연필, 스티커, 수직선과 관련된 그림, 강화제

방법 ❶

- 교사가 도화지(연습장)에 색연필(연필)로 수직선을 긋는 시범을 보인다.
- 영아에게 교사를 모방하여 수직선을 그어 보라고 한다.
- 수행되면 영아 스스로 수직선을 그어 보라고 한다.
- 수행되면 영아의 특성에 맞는 적절한 강화제를 제공한다.

방법 ❷

- 교사가 위, 아랫점 사이에 점선이 그어져 있는 도화지(연습장)를 제시한다.
- 교사가 점 사이에 그어진 점선을 따라 색연필(연필)로 수직선 긋는 시범을 보인다.
- 영아에게 교사를 모방하여 점 사이에 그어진 점선을 따라 색연필로 수직선을 그어 보라고 한다.
- 긋지 못하면 교사가 영아의 손을 잡고 점 사이에 그어진 점선을 따라 색연필로 수직선을 그어 준다.
- 교사가 윗점에 영아의 손을 대 준 후 "위에서 아래로 죽~죽 ♬ 그어 보아요 ♬"라

고 말하면서 영아에게 점 사이에 그어진 점선을 따라 색연필로 수직선을 그어 보라고 한다.

- 도움을 점차 줄여 간다.
- 수행되면 영아 스스로 점 사이에 그어진 점선을 따라 색연필로 수직선을 그어 보라고 한다.
- 수행되면 교사가 위, 아랫점만 찍혀 있는 도화지(연습장)를 제시한다.
- 교사가 위, 아랫점을 연결하여 수직선을 긋는 시범을 보인다.
- 영아에게 교사를 모방하여 위, 아랫점을 연결하여 수직선을 그어 보라고 한다.
- 긋지 못하면 교사가 영아의 손을 잡고 위, 아랫점을 연결하여 수직선을 그어 준다.
- 교사가 윗점에 영아의 손을 대 준 후 영아에게 수직선을 그어 보라고 한다.
- 도움을 점차 줄여 간다.
- 수행되면 영아 스스로 위, 아랫점을 연결하여 수직선을 그어 보라고 한다.
- 수행되면 교사가 윗점만 찍혀 있는 도화지(연습장)를 제시한다.
- 교사가 윗점에서 시작하여 수직선 긋는 것을 시범 보인다.
- 영아에게 교사를 모방하여 윗점에서 시작하여 수직선을 그어 보라고 한다.
- 긋지 못하면 교사가 영아의 손을 잡고 윗점에서 시작하여 수직선을 그어 준다.
- 교사가 윗점에 영아의 손을 대 준 후 영아에게 수직선을 그어 보라고 하고 하단 수직선 마치는 위치를 짚어 준다.
- 수행되면 교사가 윗점에 영아의 손을 대 준 후 영아에게 수직선을 그어 보라고 한다.
- 도움을 점차 줄여 간다.
- 수행되면 영아 스스로 윗점에서 시작하여 수직선을 그어 보라고 한다.
- 수행되면 교사가 빈 도화지를 제시한 후 수직선 긋는 시범을 보인다.
- 영아에게 교사를 모방하여 수직선을 그어 보라고 한다.
- 수행되면 영아 스스로 수직선을 그어 보라고 한다.
- 수행되면 영아의 특성에 맞는 적절한 강화제를 제공한다.

방법 ❸

- 교사가 비가 오는 장면의 그림을 제시한 후 "비가 주~룩 주~룩 ♬ 오네요 ♬"라고 노래를 부르며 점선을 따라 수직선 긋는 시범을 보인다.
- 영아에게 교사를 모방하여 점선을 따라 수직선을 그어 보라고 한다.
- 긋지 못하면 교사가 영아의 손을 잡고 점선을 따라 수직선을 그어 준다.
- 교사가 수직선의 2/3를 그어 준 후 나머지를 영아에게 그어 보라고 한다.
- 수행되면 교사가 수직선의 1/2를 그어 준 후 나머지를 영아에게 그어 보라고 한다.
- 수행되면 교사가 수직선의 1/3을 그어 준 후 나머지를 영아에게 그어 보라고 한다.
- 수행되면 교사가 영아에게 "위에서 아래로 죽~죽 ♬그어 보아요 ♬"라고 말하면서 영아에게 수직선을 그어 보라고 한다.
- 도움을 점차 줄여 간다.
- 수행되면 영아 스스로 수직선을 그어 보라고 한다.
- 수행되면 꽃 그림과 낚싯배에서 고기 낚는 모습의 그림도 같은 방법으로 지도한다.
- 수행되면 영아의 특성에 맞는 적절한 강화제를 제공한다.

☞ 교사가 영아와 마주 보고 앉아서 시범을 보일 경우에는 교사가 아래에서 위로 수직선을 그어 주어야 영아가 혼돈(영아가 보는 방향에서 위에서 아래로 긋기)하지 않으므로 각별히 주의해야 한다.

☞ 점 대신 스티커를 사용해도 되고 아랫점에는 영아가 좋아하는 강화제(예: 초콜릿)를 놓아 주면 영아가 좀 더 흥미를 가지고 쉽게 습득한다. 그리고 수직선을 긋고 난 후 아랫점에 놓인 강화제를 영아가 보상으로 먹을 수 있게 하면 효과적이다.

☞ 수직선 긋기가 수행된 후 그림들을 이용하여 수직선 긋기 놀이를 하면 영아가 수직선을 그으면서 즐겁게 활동할 수 있고 성취감을 느낄 수 있다.

○ 지도 순서

교사가 수직선 긋는 방법 시범 보이기

교사를 모방하여 점선 따라 수직선 긋기

긋지 못하면 교사가 영아의 손을 잡고
수직선 그어 주기

점선 따라 수직선 긋기
(하단에 강화제 놓아 주기 가능)

두 점을 그려 준 후 수직선 긋기

윗점만 찍어 준 후 수직선 긋기
(교사가 아랫점 짚어 주기 가능)

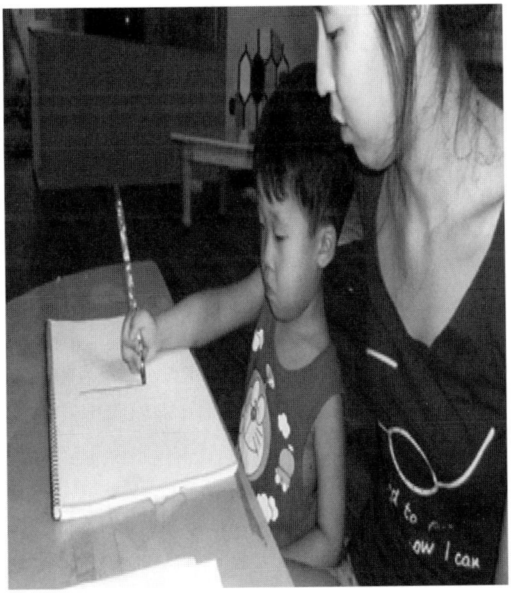

영아 스스로 수직선 긋기

수행되면 강화제 제공

스스로

2~3
세

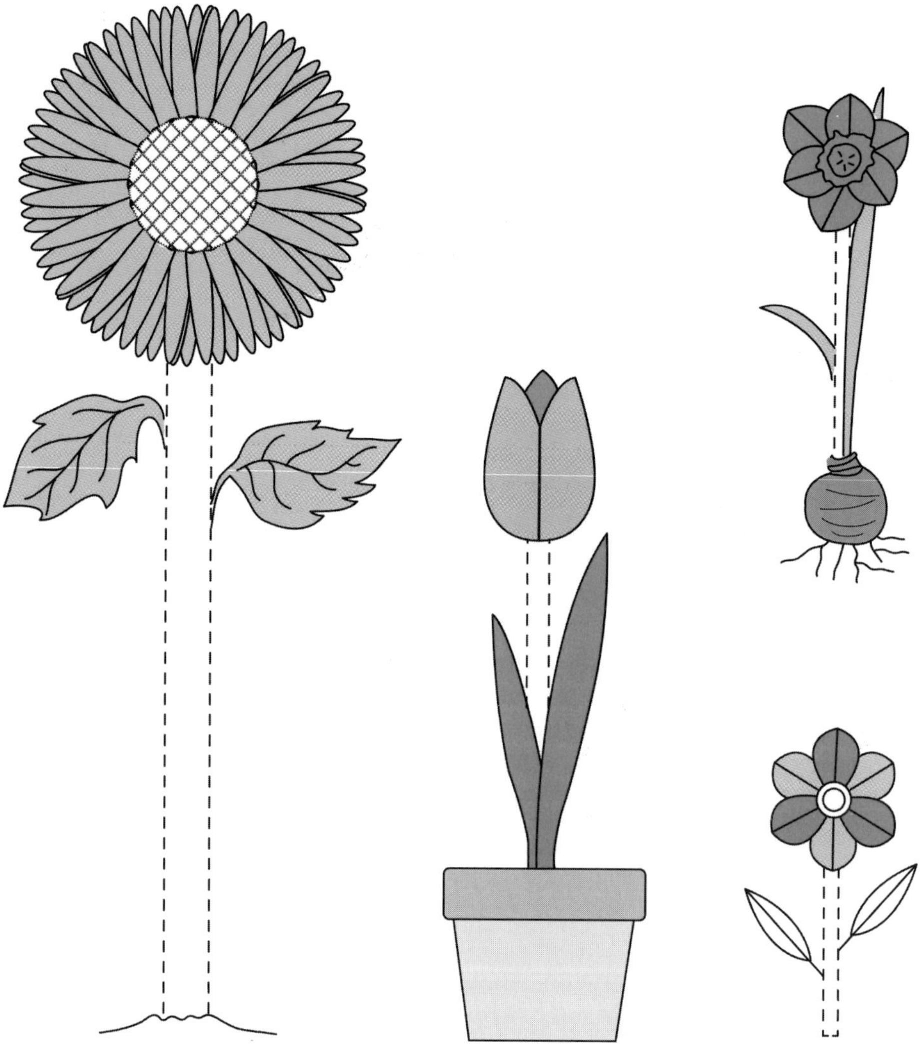

2~3
세

61 모루로 마구 찍기

2~3세

목표 | 모루로 마구 찍을 수 있다.

자료 | 모루, 물감, 스케치북, 종이류, 강화제

방법 ❶

- 교사가 모루에 물감을 묻혀 종이에 마구 찍는 시범을 보인다.
- 영아에게 교사를 모방하여 모루에 물감을 묻혀 종이에 마구 찍어 보라고 한다.
- 수행되면 영아 스스로 모루에 물감을 묻혀 종이에 마구 찍어 보라고 한다.
- 수행되면 영아의 특성에 맞는 적절한 강화제를 제공한다.

방법 ❷

- 교사가 모루를 쥐는 시범을 보인다.
- 영아에게 교사를 모방하여 모루를 쥐어 보라고 한다.
- 쥐지 못하면 교사가 영아의 손을 잡고 모루를 쥐어 준다.
- 교사가 영아의 손을 모루에 대 준 후 영아에게 모루를 쥐어 보라고 한다.
- 수행되면 교사가 영아의 손을 모루 가까이 대 준 후 영아에게 모루를 쥐어 보라고 한다.
- 수행되면 교사가 모루를 가리키며 영아에게 모루를 쥐어 보라고 한다.
- 도움을 점차 줄여 간다.
- 수행되면 영아 스스로 모루를 쥐어 보라고 한다.
- 수행되면 교사가 모루에 물감을 묻히는 시범을 보인다.
- 영아에게 교사를 모방하여 모루에 물감을 묻혀 보라고 한다.
- 모방하지 못하면 교사가 영아 스스로 모루를 쥐게 한 후 영아의 손을 잡고 물감을 묻혀 준다.

- 교사가 영아의 손을 잡고 모루를 물감에 찍는 동작을 반복해 준 후 영아에게 모루를 물감에 묻혀 보라고 한다.
- 도움을 점차 줄여 간다.
- 수행되면 영아 스스로 모루에 물감을 묻혀 보라고 한다.
- 수행되면 교사가 모루에 물감을 묻혀 종이에 마구 찍는 시범을 보인다.
- 영아에게 교사를 모방하여 모루에 물감을 묻혀 종이에 마구 찍어 보라고 한다.
- 모방하지 못하면 교사가 영아에게 모루를 쥐어 물감을 묻히라고 한 후 영아의 손을 잡고 종이에 마구 찍어 준다.
- 모방하지 못하면 교사가 영아의 손을 잡고 모루로 종이에 마구 찍는 동작을 반복해 준 후 영아에게 모루로 마구 찍어 보라고 한다.
- 도움을 점차 줄여 간다.
- 수행되면 영아 스스로 모루에 물감을 묻혀 종이에 마구 찍어 보라고 한다.
- 수행되면 영아의 특성에 맞는 적절한 강화제를 제공한다.

62 수평선 긋기

2~3세

목표 | 수평선 긋기를 할 수 있다.

자료 | 도화지 또는 연습장, 색연필 또는 연필, 스티커, 수평선과 관련된 그림, 강화제

방법 ❶

- 교사가 도화지(연습장)에 색연필(연필)로 수평선을 긋는 시범을 보인다.
- 영아에게 교사를 모방하여 수평선을 그어 보라고 한다.
- 수행되면 영아 스스로 수평선을 그어 보라고 한다.
- 수행되면 영아의 특성에 맞는 적절한 강화제를 제공한다.

방법 ❷

- 교사가 왼쪽과 오른쪽 점 사이에 점선이 그어져 있는 도화지(연습장)를 제시한다.
- 교사가 왼쪽과 오른쪽 점 사이에 그어진 점선을 따라 색연필(연필)로 수평선을 긋는 시범을 보인다.
- 영아에게 교사를 모방하여 왼쪽과 오른쪽 점 사이에 그어진 점선을 따라 색연필로 수평선을 그어 보라고 한다.
- 긋지 못하면 교사가 영아의 손을 잡고 점 사이에 그어진 점선을 따라 색연필로 수평선을 그어 준다.
- 교사가 왼쪽 점에 영아의 손을 대 준 후 "옆으로, 옆으로 죽~죽 ♬ 그어 보아요 ♬"라고 말하면서 영아에게 점 사이에 그어진 점선을 따라 색연필로 수평선을 그어 보라고 한다.
- 도움을 점차 줄여 간다.
- 수행되면 영아 스스로 왼쪽과 오른쪽 점 사이에 그어진 점선을 따라 색연필로 수평선을 그어 보라고 한다.
- 수행되면 교사가 왼쪽과 오른쪽 점만 찍혀 있는 도화지(연습장)를 제시한다.
- 교사가 왼쪽과 오른쪽 점을 연결하여 수평선을 긋는 시범을 보인다.
- 영아에게 교사를 모방하여 왼쪽과 오른쪽 점을 연결하여 수평선을 그어 보라고 한다.
- 긋지 못하면 교사가 영아의 손을 잡고 왼쪽과 오른쪽 점을 연결하여 수평선을 그어 준다.
- 교사가 왼쪽 점에 영아의 손을 대 준 후 영아에게 수평선을 그어 보라고 한다.
- 도움을 점차 줄여 간다.
- 수행되면 영아 스스로 왼쪽과 오른쪽 점을 연결하여 수평선을 그어 보라고 한다.
- 수행되면 교사가 왼쪽 점만 찍혀 있는 도화지(연습장)를 제시한다.
- 교사가 왼쪽 점에서 시작하여 수평선을 긋는 시범을 보인다.
- 영아에게 교사를 모방하여 왼쪽 점에서 시작하여 수평선을 그어 보라고 한다.

- 긋지 못하면 교사가 영아의 손을 잡고 왼쪽 점에서 시작하여 수평선을 그어 준다.
- 교사가 왼쪽 점에 영아의 손을 대 준 후 영아에게 수평선을 그어 보라고 하고 오른쪽 수평선 마치는 위치를 짚어 준다.
- 수행되면 교사가 왼쪽 점에 영아의 손을 대 준 후 영아에게 수평선을 그어 보라고 한다.
- 도움을 점차 줄여 간다.
- 수행되면 영아 스스로 왼쪽 점에서 시작하여 수평선을 그어 보라고 한다.
- 수행되면 교사가 빈 도화지를 제시한 후 수평선을 긋는 시범을 보인다.
- 영아에게 교사를 모방하여 수평선을 그어 보라고 한다.
- 수행되면 영아 스스로 수평선을 그어 보라고 한다.
- 수행되면 영아의 특성에 맞는 적절한 강화제를 제공한다.

방법 ❸

- 교사가 사다리 그림을 제시한 후 "옆으로 죽~죽 ♬그어 보아요 ♬"라고 노래를 부르며 점선을 따라 수평선을 긋는 시범을 보인다.
- 영아에게 교사를 모방하여 점선을 따라 수평선을 그어 보라고 한다.
- 긋지 못하면 교사가 영아의 손을 잡고 점선을 따라 수평선을 그어 준다.
- 긋지 못하면 교사가 수평선의 2/3를 그어 준 후 나머지를 영아에게 그어 보라고 한다.
- 수행되면 교사가 수평선의 1/2을 그어 준 후 나머지를 영아에게 그어 보라고 한다.
- 수행되면 교사가 수평선의 1/3을 그어 준 후 나머지를 영아에게 그어 보라고 한다.
- 수행되면 교사가 영아에게 "옆으로, 옆으로 죽~죽 ♬그어 보아요 ♬"라고 말하면서 영아에게 수평선을 그어 보라고 한다.
- 도움을 점차 줄여 간다.

- 수행되면 영아 스스로 수평선을 그어 보라고 한다.
- 수행되면 기찻길 그림과 지붕에 사다리가 있는 그림도 같은 방법으로 지도한다.
- 수행되면 영아의 특성에 맞는 적절한 강화제를 제공한다.

☞ 교사가 영아와 마주 보고 앉아서 시범을 보일 경우는 오른쪽에서 왼쪽으로 수평선을 그어 주어야 영아가 혼돈하지 않으므로 각별히 주의해야 한다.

☞ 왼쪽에서 오른쪽으로 긋기 지도 시 손에 가려 오른쪽 점이 안 보일 경우 영아의 특성에 따라 오른쪽 점에서 왼쪽 점을 긋도록 지도해도 무방하다.

☞ 점 대신 스티커를 사용해도 되고 오른쪽 점에는 강화제(예: 초콜릿)를 놓아 주면 영아가 쉽게 습득한다. 그리고 수행되면 오른쪽 점에 놓인 강화제를 영아가 보상으로 먹을 수 있게 하면 효과적이다.

☞ 수평선 긋기가 수행된 후 그림들을 이용하여 수평선 긋기 놀이를 하면 영아가 수평선을 그으면서 즐겁게 활동할 수 있고 성취감을 느낄 수 있다.

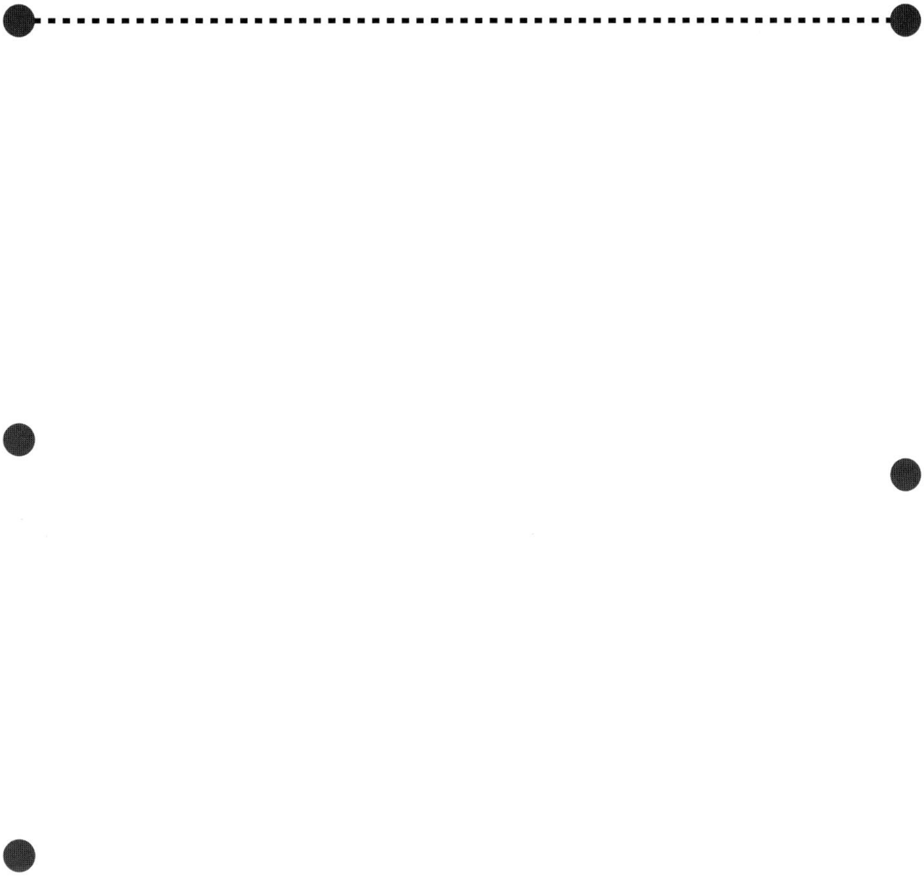

스스로

2~3 세

2~3
세

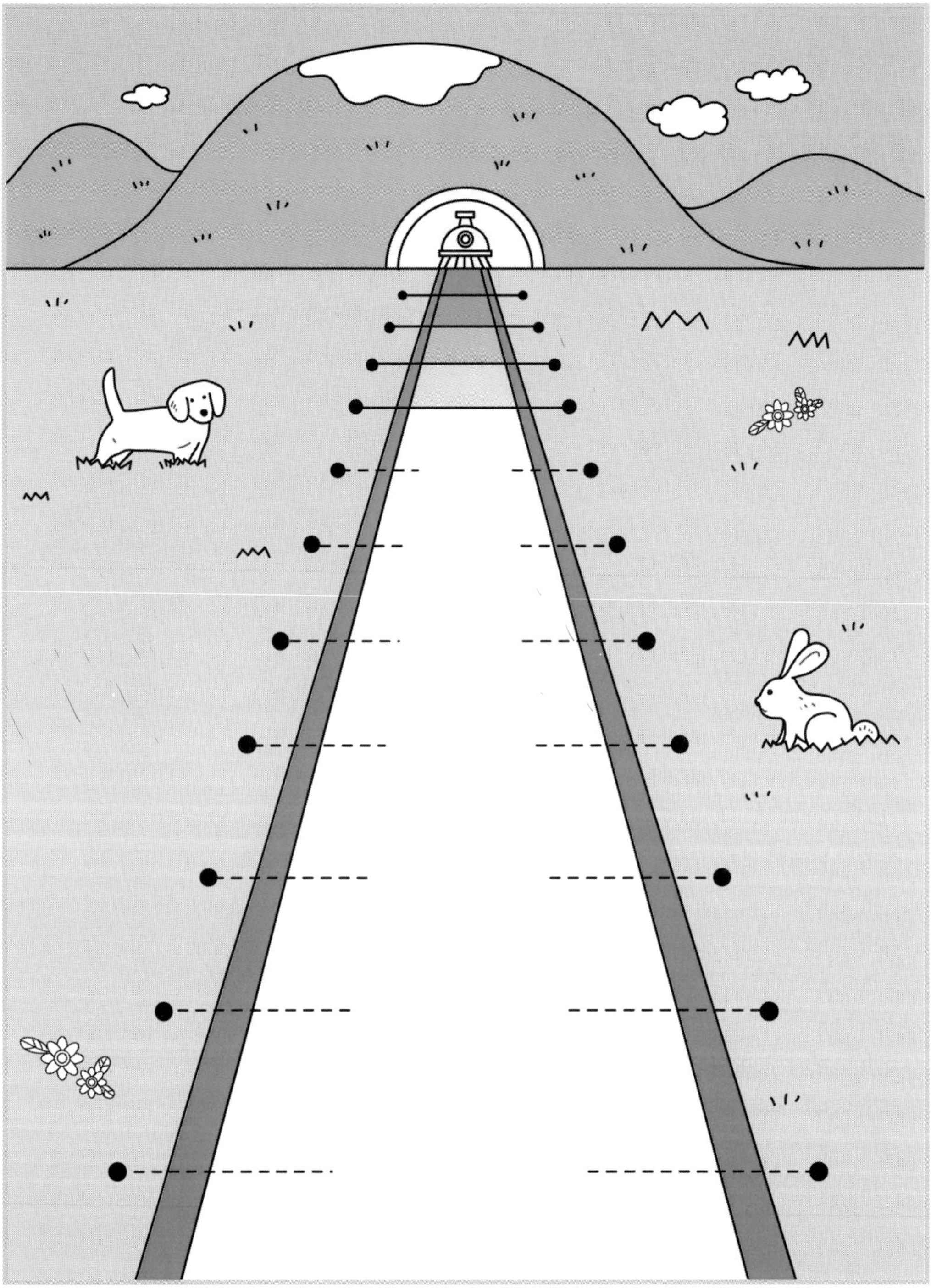

63 고무줄 바지에 공 넣기

2~3세

목표 | 고무줄 바지에 공을 넣을 수 있다.

자료 | 작은 공들, 큰 고무줄 바지, 강화제

방법 ❶

- 교사가 큰 고무줄 바지를 입고 바지 속에 공을 넣는 시범을 보인다.
- 영아에게 교사를 모방하여 교사가 입은 바지 속으로 공을 넣어 보라고 한다.
- 수행되면 영아 스스로 교사가 입은 바지 속으로 공을 넣어 보라고 한다.
- 수행되면 영아의 특성에 맞는 적절한 강화제를 제공한다.

방법 ❷

- 교사가 큰 고무줄 바지를 입고 바지 속에 공을 넣는 시범을 보인다.
- 영아에게 교사를 모방하여 교사가 입은 바지 속으로 공을 넣어 보라고 한다.
- 모방하지 못하면 교사가 영아의 손을 잡고 교사가 입은 바지 속으로 공을 넣어 준다.
- 교사가 영아에게 공을 쥐어 준 후 영아에게 교사가 입은 바지 속으로 공을 넣어 보라고 한다.
- 수행되면 교사가 공을 가리키며 영아에게 공을 쥐라고 한 후 교사가 입은 바지 속으로 공을 넣어 보라고 한다.
- 공을 넣지 못하면 교사가 영아의 손을 잡고 교사가 입은 바지 속으로 공을 넣는 동작을 반복해 준 후 영아에게 공을 넣어 보라고 한다.
- 도움을 점차 줄여 간다.
- 수행되면 영아 스스로 교사가 입은 바지 속으로 공을 넣어 보라고 한다.
- 수행되면 영아의 특성에 맞는 적절한 강화제를 제공한다.

☞ 공 넣기는 소근육뿐만 아니라 눈과 손의 협응력 및 유연성과 민첩성을 기를 수 있어 영아들에게 유용한 놀이이다.

☞ 큰 고무줄 바지 대신 교사가 앞치마를 오므려 주어 앞치마에 공을 넣게 해도 무방하다.

☞ 영아에게 고무줄 바지를 입혀 주어 자신이 입은 옷에 공을 넣도록 하여 뚱뚱한 모습이 되도록 한 후 교사가 굴리기 놀이를 시켜 주어도 영아가 무척 흥미롭게 과제를 수행할 수 있다.

64 큰 붓으로 마구 그리기

2~3세

목표 | 큰 붓으로 마구 그리기를 할 수 있다.

자료 | 큰 붓, 전지, 물감, 강화제

방법 ❶

- 교사가 큰 붓에 물감을 묻혀 전지에 마구 그리는 시범을 보인다.
- 영아에게 교사를 모방하여 큰 붓에 물감을 묻혀 전지에 마구 그려 보라고 한다.
- 수행되면 영아 스스로 큰 붓에 물감을 묻혀 전지에 마구 그려 보라고 한다.
- 수행되면 영아의 특성에 맞는 적절한 강화제를 제공한다.

방법 ❷

- 교사가 큰 붓에 물감을 묻히는 시범을 보인다.
- 영아에게 교사를 모방하여 큰 붓에 물감을 묻혀 보라고 한다.
- 모방하지 못하면 교사가 영아의 손을 잡고 큰 붓에 물감을 묻혀 준다.
- 교사가 영아의 손에 큰 붓을 쥐어 준 후 물감 가까이 대 준 다음 물감을 묻혀 보라고 한다.
- 수행되면 교사가 영아의 손에 큰 붓을 쥐어 준 후 물감을 가리키며 영아에게 물감을 묻혀 보라고 한다.
- 도움을 점차 줄여 간다.
- 수행되면 영아 스스로 큰 붓에 물감을 묻혀 보라고 한다.
- 수행되면 교사가 큰 붓에 물감을 묻혀 전지에 마구 그리는 시범을 보인다.
- 영아에게 교사를 모방하여 큰 붓에 물감을 묻혀 전지에 마구 그려 보라고 한다.
- 모방하지 못하면 교사가 영아 스스로 큰 붓에 물감을 묻혀 보라고 한 후 영아의 손을 잡고 전지에 마구 그려 준다.

- 마구 그리지 못하면 교사가 영아의 손을 잡고 마구 그리는 동작을 반복해 준다.
- 교사가 영아에게 큰 붓에 물감을 묻혀 보라고 한 후 영아의 손을 전지에 대 준 다음 마구 그려 보라고 한다.
- 도움을 점차 줄여 간다.
- 수행되면 영아 스스로 큰 붓에 물감을 묻혀 전지에 마구 그려 보라고 한다.
- 수행되면 영아의 특성에 맞는 적절한 강화제를 제공한다.

65 조립하는 장난감을 뺐다 끼우기 2~3세

목표 | 조립하는 장난감을 뺐다 끼울 수 있다.

자료 | 레고, 강화제

방법 ❶

- 교사가 조립하는 장난감을 뺐다 끼우는 시범을 보인다.
- 영아에게 교사를 모방하여 조립하는 장난감을 뺐다 끼워 보라고 한다.
- 수행되면 영아 스스로 조립하는 장난감을 뺐다 끼워 보라고 한다.
- 수행되면 영아의 특성에 맞는 적절한 강화제를 제공한다.

방법 ❷

- 교사가 예를 들어 레고를 끼워 놓은 후 빼는 시범을 보인다.
- 영아에게 교사를 모방하여 레고를 빼 보라고 한다.
- 모방하지 못하면 교사가 영아의 손을 잡고 레고를 빼 준다.
- 교사가 영아의 손을 레고를 뺄 수 있도록 대 준 후 영아에게 레고를 빼 보라고 한다.
- 빼지 못하면 교사가 영아의 손을 잡고 레고를 빼는 동작을 반복해 준다.
- 도움을 점차 줄여 간다.

- 수행되면 영아 스스로 레고를 빼 보라고 한다.
- 수행되면 교사가 레고를 끼우는 시범을 보인다.
- 영아에게 교사를 모방하여 레고를 끼워 보라고 한다.
- 모방하지 못하면 교사가 영아의 손을 잡고 레고를 끼워 준다.
- 교사가 영아의 손을 레고를 끼울 수 있도록 대 준 후 영아에게 레고를 끼워 보라고 한다.
- 끼우지 못하면 교사가 영아의 손을 잡고 레고를 끼우는 동작을 반복해 준다.
- 도움을 점차 줄여 간다.
- 수행되면 영아 스스로 레고를 끼워 보라고 한다.
- 수행되면 교사가 레고를 뺐다 끼우는 시범을 보인다.
- 영아에게 교사를 모방하여 레고를 뺐다 끼워 보라고 한다.
- 수행되면 영아 스스로 레고를 뺐다 끼워 보라고 한다.
- 수행되면 다른 조립하는 장난감도 레고를 뺐다 끼우는 것과 같은 방법으로 지도한다.
- 수행되면 영아의 특성에 맞는 적절한 강화제를 제공한다.

66 스펀지로 비누 거품 내기 2~3세

목표 | 스펀지로 비누 거품을 낼 수 있다.

자료 | 스펀지, 영아용 보디클렌저 또는 비누, 물, 쟁반 또는 그릇, 강화제

방법 ❶

- 교사가 스펀지에 영아용 보디클렌저나 비누를 묻혀 쟁반(그릇)에 담아 제시한다.
- 교사가 "조물조물~♬ 주물주물~♬ 조물조물~♬"이라고 노래를 부르며 손으로 스펀지를 조물조물 주물러 비누 거품을 내는 시범을 보인다.

- 영아에게 교사를 모방하여 손으로 스펀지를 조물조물 주물러 비누 거품을 내어 보라고 한다.
- 수행되면 영아 스스로 스펀지를 손으로 조물조물 주물러 비누 거품을 내어 보라고 한다.
- 수행되면 영아의 특성에 맞는 적절한 강화제를 제공한다.

방법 ❷

- 교사가 스펀지에 영아용 보디클렌저나 비누를 묻혀 쟁반(그릇)에 담아 제시한다.
- 교사가 "조물조물~♬ 주물주물~♬ 조물조물~♬"이라고 노래를 부르며 손으로 스펀지를 조물조물 주물러 비누 거품을 내는 시범을 보인다.
- 영아에게 교사를 모방하여 손으로 스펀지를 조물조물 주물러 비누 거품을 내어 보라고 한다.
- 모방하지 못하면 교사가 영아의 손을 잡고 스펀지를 조물조물 주물러 비누 거품을 내어 준다.
- 교사가 영아의 손을 잡고 스펀지를 조물조물 주물러 주다가 영아에게 스펀지를 조물조물 주물러 비누 거품을 내어 보라고 한다.
- 주무르지 못하면 교사가 영아의 손을 잡고 스펀지를 조물조물 주물러 비누 거품을 내는 동작을 반복해 준다.
- 교사가 영아의 손을 스펀지에 대 준 후 영아에게 스펀지를 조물조물 주물러 비누 거품을 내어 보라고 한다.
- 도움을 점차 줄여 간다.
- 수행되면 영아 스스로 스펀지를 조물조물 주물러 비누 거품을 내어 보라고 한다.
- 수행되면 영아의 특성에 맞는 적절한 강화제를 제공한다.

☞ 스펀지로 거품을 내는 중간중간 거품 묻은 스펀지를 영아의 뺨에 대 주어 감촉을 느끼게 하면 오감을 자극할 수 있다.

67 두 조각 퍼즐로 모양 맞추기

2~3세

목표 | 두 조각 퍼즐로 모양을 맞출 수 있다.

자료 | 두 조각 퍼즐, 강화제

방법 ❶

- 교사가 두 조각 퍼즐로 모양(세모, 네모, 요철 등)을 맞추는 시범을 보인다.
- 영아에게 교사를 모방하여 두 조각 퍼즐로 모양을 맞추어 보라고 한다.
- 수행되면 영아 스스로 두 조각 퍼즐로 모양을 맞추어 보라고 한다.
- 수행되면 영아의 특성에 맞는 적절한 강화제를 제공한다.

방법 ❷

- 교사가 예를 들어 한 조각을 제시한 후 한 조각을 맞추어 네모를 만드는 시범을 보인다.
- 영아에게 교사를 모방하여 제시된 한 조각에 한 조각을 맞추어 네모를 만들어 보라고 한다.
- 모방하지 못하면 교사가 영아의 손을 잡고 제시된 한 조각에 한 조각을 맞추어 네모를 만들어 준다.
- 교사가 제시된 한 조각에 맞추어야 할 조각을 가리키며 영아에게 네모를 만들어 보라고 한다.
- 만들지 못하면 제시된 한 조각에 한 조각을 맞추어 네모를 만드는 동작을 반복해 준다.
- 도움을 점차 줄여 간다.
- 수행되면 영아 스스로 제시된 한 조각에 한 조각을 맞추어 네모를 만들어 보라고 한다.

- 수행되면 교사가 두 조각 퍼즐로 네모를 맞추는 시범을 보인다.
- 영아에게 교사를 모방하여 두 조각 퍼즐로 네모를 맞추어 보라고 한다.
- 모방하지 못하면 교사가 영아의 손을 잡고 두 조각을 맞추어 네모를 만들어 준다.
- 도움을 점차 줄여 간다.
- 수행되면 영아 스스로 두 조각을 맞추어 네모를 만들어 보라고 한다.
- 수행되면 영아의 특성에 맞는 적절한 강화제를 제공한다.

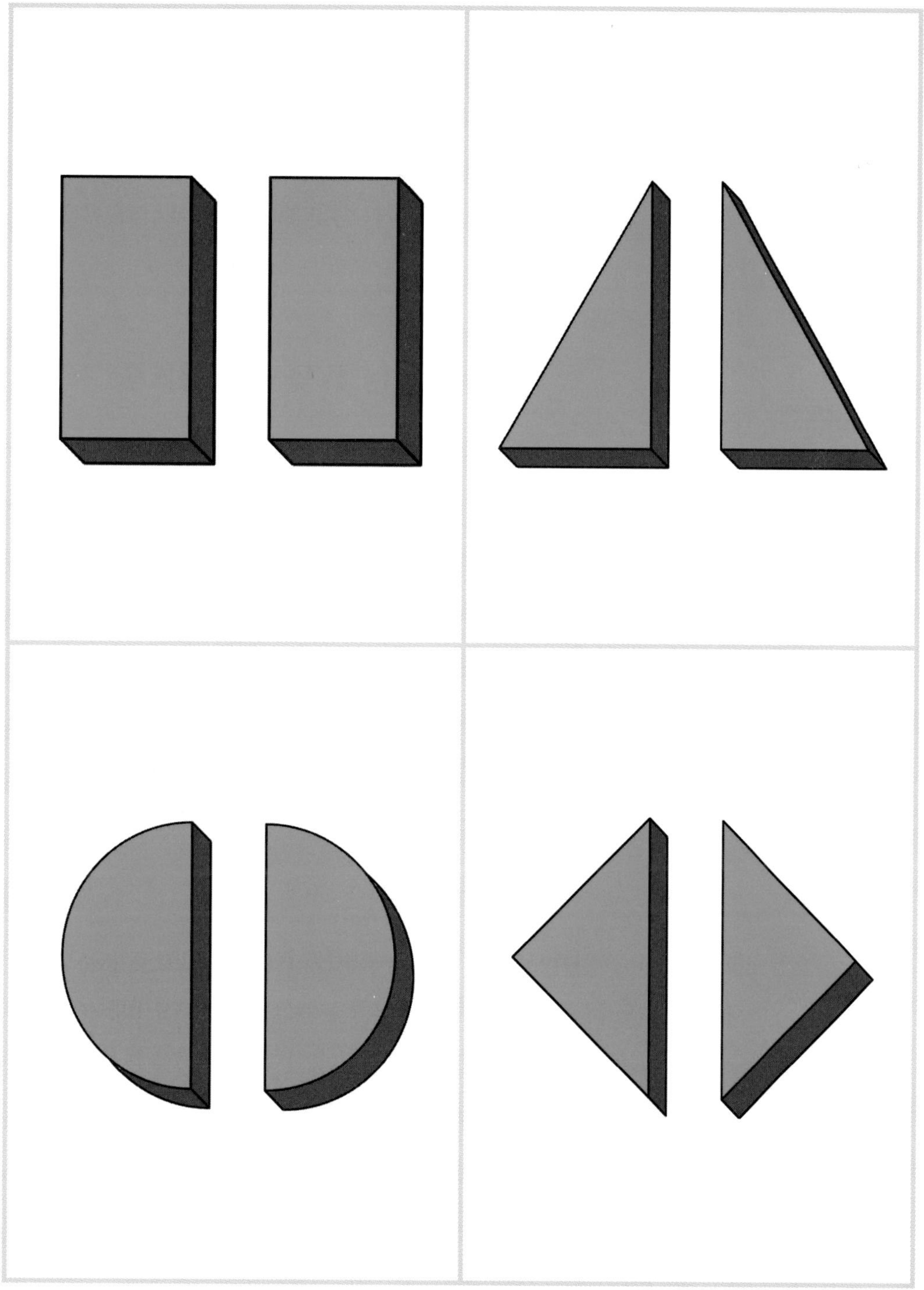

2~3
세

68 모루 마음대로 구부리기

2~3세

목표 | 모루를 마음대로 구부릴 수 있다.

자료 | 모루, 강화제

방법 ❶

- 교사가 손으로 모루를 마음대로 구부리는 시범을 보인다.
- 영아에게 교사를 모방하여 손으로 모루를 마음대로 구부려 보라고 한다.
- 수행되면 영아 스스로 손으로 모루를 마음대로 구부려 보라고 한다.
- 수행되면 영아의 특성에 맞는 적절한 강화제를 제공한다.

방법 ❷

- 교사가 손으로 모루를 마음대로 구부리는 시범을 보인다.
- 영아에게 교사를 모방하여 손으로 모루를 마음대로 구부려 보라고 한다.
- 모방하지 못하면 교사가 영아의 손을 잡고 모루를 마음대로 구부려 준다.
- 교사가 영아의 손을 잡고 모루를 마음대로 구부려 주다가 영아에게 모루를 마음대로 구부려 보라고 한다.
- 구부리지 못하면 교사가 영아의 손을 잡고 모루를 마음대로 구부리는 동작을 반복해 준다.
- 교사가 영아의 손에 모루를 가까이 대 준 후 영아에게 모루를 마음대로 구부려 보라고 한다.
- 도움을 점차 줄여 간다.
- 수행되면 영아 스스로 모루를 마음대로 구부려 보라고 한다.
- 수행되면 영아의 특성에 맞는 적절한 강화제를 제공한다.

69 손과 손, 발과 발 짝 맞추기

2~3세

목표 | 손과 손, 발과 발을 짝 맞출 수 있다.

자료 | 강화제

방법 ❶

- 교사가 교사의 손을 영아의 손과 맞대어 짝 맞추는 시범을 보인다.
- 영아에게 교사를 모방하여 영아의 손을 교사의 손과 맞대어 짝 맞추어 보라고 한다.
- 수행되면 영아 스스로 영아의 손을 교사의 손과 맞대어 짝 맞추어 보라고 한다.
- 수행되면 교사가 교사의 발을 영아의 발과 맞대어 짝 맞추는 시범을 보인다.
- 영아에게 교사를 모방하여 영아의 발을 교사의 발과 맞대어 짝 맞추어 보라고 한다.
- 수행되면 영아 스스로 영아의 발을 교사의 발과 맞대어 짝 맞추어 보라고 한다.
- 수행되면 영아의 특성에 맞는 적절한 강화제를 제공한다.

방법 ❷

- 교사가 교사의 손을 영아의 손과 맞대어 짝 맞추는 시범을 보인다.
- 영아에게 교사를 모방하여 영아의 손을 교사의 손과 맞대어 짝 맞추어 보라고 한다.
- 모방하지 못하면 교사가 영아의 손을 잡고 교사의 손에 맞대 준다.
- 교사가 영아의 손을 잡고 교사의 손 앞에 대 준 후 영아에게 교사의 손과 맞대어 짝 맞추어 보라고 한다.
- 짝 맞추지 못하면 교사가 영아의 손을 잡고 교사의 손과 맞대어 짝 맞추는 동작을 반복해 준다.

- 교사가 손을 펼친 후 영아의 손을 가리키며 영아에게 교사의 손과 맞대어 짝 맞추어 보라고 한다.
- 도움을 점차 줄여 간다.
- 수행되면 영아 스스로 교사의 손과 맞대어 짝 맞추어 보라고 한다.
- 수행되면 교사가 교사의 발을 영아의 발과 맞대어 짝 맞추는 시범을 보인다.
- 영아에게 교사를 모방하여 영아의 발을 교사의 발과 맞대어 짝 맞추어 보라고 한다.
- 모방하지 못하면 교사가 영아의 발을 잡고 교사의 발에 맞대 준다.
- 교사가 영아의 발을 잡고 교사의 발 앞에 대 준 후 영아에게 교사의 발과 맞대어 짝 맞추어 보라고 한다.
- 짝 맞추지 못하면 교사가 영아의 발을 잡고 교사의 발과 맞대어 짝 맞추는 동작을 반복해 준다.
- 교사가 발을 내민 후 영아의 발을 가리키며 영아에게 교사의 발과 맞대어 짝 맞추어 보라고 한다.
- 도움을 점차 줄여 간다.
- 수행되면 영아 스스로 교사의 발과 맞대어 짝 맞추어 보라고 한다.
- 수행되면 영아의 특성에 맞는 적절한 강화제를 제공한다.

☞ 영아의 손과 손, 영아의 발과 발을 짝 맞추게 지도해도 된다.

70 손가락으로 물감 찍어 마구 그리기 2~3세

목표 | 손가락으로 물감을 찍어 마구 그릴 수 있다.

자료 | 물감, 물, 갤판(팔레트) 또는 접시, 도화지 또는 스케치북, 강화제

방법 ❶

- 교사가 물감을 짜서 갤판(팔레트) 또는 접시에 담아 제시한다.
- 교사가 손가락으로 물감을 찍어 도화지나 스케치북에 마구 그리는 시범을 보인다.
- 영아에게 교사를 모방하여 손가락으로 물감을 찍어 도화지나 스케치북에 마구 그려 보라고 한다.
- 수행되면 영아 스스로 손가락으로 물감을 찍어 도화지나 스케치북에 마구 그려 보라고 한다.
- 수행되면 영아의 특성에 맞는 적절한 강화제를 제공한다.

방법 ❷

- 교사가 물감을 짜서 갤판(팔레트) 또는 접시에 담아 제시한다.
- 교사가 손가락으로 물감을 찍는 시범을 보인다.
- 영아에게 교사를 모방하여 손가락으로 물감을 찍어 보라고 한다.
- 모방하지 못하면 교사가 영아의 손가락을 잡고 물감을 찍어 준다.
- 교사가 영아의 손가락을 잡고 물감 가까이 대 준 후 영아에게 물감을 찍어 보라고 한다.
- 찍지 못하면 교사가 영아의 손가락을 잡고 물감을 찍는 동작을 반복해 준다.
- 도움을 점차 줄여 간다.
- 수행되면 영아 스스로 손가락으로 물감을 찍어 보라고 한다.
- 수행되면 교사가 손가락으로 물감을 찍어 도화지나 스케치북에 마구 그리는 시범을 보인다.
- 교사가 영아에게 스스로 손가락으로 물감을 찍어 도화지나 스케치북에 마구 그려 보라고 한다.
- 모방하지 못하면 교사가 영아에게 손가락으로 물감을 찍어 보라고 한 후 영아의 손가락을 잡고 도화지나 스케치북에 마구 그려 준다.

- 교사가 영아에게 손가락으로 물감을 찍어 보라고 한 후 영아의 손가락을 도화지나 스케치북 가까이 대 준 다음 영아에게 마구 그려 보라고 한다.
- 마구 그리지 못하면 교사가 영아의 손가락을 잡고 마구 그리는 동작을 반복해 준다.
- 도움을 점차 줄여 간다.
- 수행되면 영아 스스로 손가락으로 물감을 찍어 도화지나 스케치북에 마구 그려 보라고 한다.
- 수행되면 영아의 특성에 맞는 적절한 강화제를 제공한다.

71 리본 막대 흔들기 2~3세

목표 | 리본 막대를 손으로 흔들 수 있다.

자료 | 리본 막대, 강화제

방법 ❶

- 교사가 리본 막대를 손으로 흔드는 시범을 보인다.
- 영아에게 교사를 모방하여 리본 막대를 손으로 흔들어 보라고 한다.
- 수행되면 영아 스스로 리본 막대를 손으로 흔들어 보라고 한다.
- 수행되면 영아의 특성에 맞는 적절한 강화제를 제공한다.

방법 ❷

- 교사가 리본 막대를 손으로 흔드는 시범을 보인다.
- 영아에게 교사를 모방하여 리본 막대를 손으로 흔들어 보라고 한다.
- 모방하지 못하면 교사가 영아의 손을 잡고 리본 막대를 흔들어 준다.
- 수행되면 교사가 영아의 손목을 잡고 리본 막대를 흔들어 준다.

- 수행되면 교사가 영아의 손에 리본 막대를 쥐어 준 후 영아에게 흔들어 보라고 한다.
- 리본 막대를 흔들지 못하면 교사가 영아의 손을 잡고 리본 막대를 흔드는 동작을 반복해 준다.
- 교사가 리본 막대를 흔드는 동작을 보여 주며 영아에게 손으로 리본 막대를 흔들어 보라고 한다.
- 수행되면 교사가 리본 막대를 가리키며 영아에게 손으로 리본 막대를 흔들어 보라고 한다.
- 도움을 점차 줄여 간다.
- 수행되면 영아 스스로 리본 막대를 손으로 흔들어 보라고 한다.
- 수행되면 영아의 특성에 맞는 적절한 강화제를 제공한다.

☞ 리본 막대는 시판되고 있으며, 구입이 용이하지 않으면 나무젓가락에 리본 테이프를 묶은 후 길게 늘어뜨려 사용하면 된다. 리본 테이프가 없을 경우 막대에 긴 스카프를 묶어 사용해도 무방하다.

72 스크래치 그림 그리기 2~3세

목표 | 스크래치 그림을 그릴 수 있다.

자료 | 검은 마분지, 크레파스, 나무젓가락, 강화제

방법 ❶

- 교사가 검은 마분지에 다양한 색깔의 크레파스로 색칠을 한 후 그 위에 다시 여러 가지 색깔의 크레파스로 덧칠을 한 종이를 영아에게 제시한다.
- 교사가 검은 마분지에 나무젓가락으로 마음대로 선을 긋거나 끼적이는 시범을 보

인다.

- 영아에게 교사를 모방하여 검은 마분지에 나무젓가락으로 마음대로 선을 긋거나 끼적여 보라고 한다.
- 수행되면 영아 스스로 검은 마분지에 나무젓가락으로 마음대로 선을 긋거나 끼적여 보라고 한다.
- 수행되면 영아의 특성에 맞는 적절한 강화제를 제공한다.

방법 ❷

- 교사가 검은 마분지에 다양한 색깔의 크레파스로 색칠을 한 후 그 위에 다시 여러 가지 색깔의 크레파스로 덧칠을 한 종이를 영아에게 제시한다.
- 교사가 나무젓가락을 주먹으로 쥐는 시범을 보인다.
- 영아에게 교사를 모방하여 나무젓가락을 주먹으로 쥐어 보라고 한다.
- 모방하지 못하면 교사가 영아의 손을 잡고 나무젓가락을 주먹으로 쥐어 준다.
- 쥐지 못하면 교사가 영아의 손을 잡고 나무젓가락을 주먹으로 쥐는 동작을 반복해 준다.
- 교사가 영아의 손을 나무젓가락에 대 준 후 영아에게 나무젓가락을 주먹으로 쥐어 보라고 한다.
- 도움을 점차 줄여 간다.
- 수행되면 영아 스스로 나무젓가락을 주먹으로 쥐어 보라고 한다.
- 수행되면 교사가 검은 마분지에 나무젓가락으로 마음대로 선을 긋거나 끼적이는 시범을 보인다.
- 영아에게 교사를 모방하여 검은 마분지에 나무젓가락으로 마음대로 선을 긋거나 끼적여 보라고 한다.
- 모방하지 못하면 교사가 영아의 손을 잡고 검은 마분지에 나무젓가락으로 마음대로 선을 긋거나 끼적여 준다.
- 끼적이지 못하면 교사가 영아의 손을 잡고 검은 마분지에 나무젓가락으로 마음대

로 선을 긋거나 끼적이는 동작을 반복해 준다.

- 교사가 나무젓가락을 검은 마분지에 대 준 후 영아에게 마음대로 선을 긋거나 끼적여 보라고 한다.
- 도움을 점차 줄여 간다.
- 수행되면 영아 스스로 나무젓가락으로 마음대로 선을 긋거나 끼적여 보라고 한다.
- 수행되면 영아의 특성에 맞는 적절한 강화제를 제공한다.

73 비닐 주물러 소리 내기 2~3세

목표 | 비닐을 주물러 소리를 낼 수 있다.

자료 | 다양한 비닐, 강화제

방법 ❶

- 교사가 "조물조물 ♬ 주물주물 ♬ 조물조물 ♬"이라고 노래를 부르며 비닐을 주물러 소리를 내는 시범을 보인다.
- 영아에게 교사를 모방하여 비닐을 주물러 소리를 내어 보라고 한다.
- 수행되면 영아 스스로 비닐을 조물조물 주물러 소리를 내어 보라고 한다.
- 수행되면 영아 스스로 다양한 비닐을 조물조물 주물러 소리를 내어 보라고 한다.
- 수행되면 영아의 특성에 맞는 적절한 강화제를 제공한다.

방법 ❷

- 교사가 "조물조물 ♬ 주물주물 ♬ 조물조물 ♬"이라고 노래를 부르며 비닐을 주물러 소리를 내는 시범을 보인다.
- 영아에게 교사를 모방하여 비닐을 주물러 소리를 내어 보라고 한다.

- 모방하지 못하면 교사가 영아의 손을 잡고 비닐을 주물러 소리를 내어 준다.
- 교사가 영아의 손을 잡고 비닐을 주물러 주다가 영아에게 비닐을 주물러 소리를 내어 보라고 한다.
- 주무르지 못하면 교사가 영아의 손을 잡고 비닐을 주물러 소리를 내는 동작을 반복해 준다.
- 교사가 영아의 손을 비닐을 쥐어 준 후 영아에게 비닐을 주물러 소리를 내어 보라고 한다.
- 도움을 점차 줄여 간다.
- 수행되면 영아 스스로 비닐을 주물러 소리를 내어 보라고 한다.
- 수행되면 다양한 비닐을 주물러 소리 내는 것도 같은 방법으로 지도한다.
- 수행되면 영아의 특성에 맞는 적절한 강화제를 제공한다.

74 포크로 마구 끼적이기

2~3세

목표 | 포크로 마구 끼적이기를 할 수 있다.

자료 | 플라스틱 또는 나무포크, 쌀, 밀가루 또는 소금 등, 쟁반, 강화제

방법 ❶

- 교사가 쟁반에 쌀이나 밀가루, 소금 등을 깔아 영아에게 제시한다.
- 교사가 포크로 쌀이나 밀가루, 소금 등에 끼적이기를 하는 시범을 보인다.
- 영아에게 교사를 모방하여 쌀이나 밀가루, 소금 등에 끼적이기를 해 보라고 한다.
- 수행되면 영아 스스로 쌀이나 밀가루, 소금 등에 끼적이기를 해 보라고 한다.
- 수행되면 영아의 특성에 맞는 적절한 강화제를 제공한다.

방법 ❷

- 교사가 예를 들어 쟁반에 밀가루를 깔아 영아에게 제시한다.
- 교사가 포크로 밀가루에 끼적이기를 하는 시범을 보인다.
- 영아에게 교사를 모방하여 포크로 밀가루에 끼적이기를 해 보라고 한다.
- 끼적이지 못하면 교사가 포크를 쥔 영아의 손을 잡고 밀가루에 끼적이기를 해 준다.
- 교사가 포크를 쥔 영아의 손을 밀가루에 대 준 후 영아에게 끼적이기를 해 보라고 한다.
- 끼적이지 못하면 교사가 영아의 손을 잡고 밀가루에 끼적이는 동작을 반복해 준다.
- 도움을 점차 줄여 간다.
- 수행되면 영아 스스로 밀가루에 끼적이기를 해 보라고 한다.
- 수행되면 다른 것(예: 쌀, 소금 등)에 끼적이는 것도 밀가루에 끼적이는 것과 같은 방법으로 지도한다.
- 수행되면 영아의 특성에 맞는 적절한 강화제를 제공한다.

☞ 포크 대신 손가락으로 쌀이나 밀가루, 소금 등에 끼적이기를 지도한 후 포크로 지도하면 효율적이다.

☞ 포크로 쌀이나 밀가루, 소금 등에 끼적이기를 지도하면 소근육 증진뿐만 아니라 창의력도 발달시킬 수 있다.

75 큰 스티커 마구 붙이기

2~3세

목표 | 큰 스티커를 마구 붙일 수 있다.

자료 | 큰 스티커, 도화지 또는 종이류, 강화제

방법 ❶

- 교사가 큰 스티커를 뗀 후 종이에 큰 스티커를 마구 붙이는 시범을 보인다.
- 영아에게 교사를 모방하여 큰 스티커를 뗀 후 종이에 큰 스티커를 마구 붙여 보라고 한다.
- 수행되면 영아 스스로 큰 스티커를 뗀 후 종이에 큰 스티커를 마구 붙여 보라고 한다.
- 수행되면 영아의 특성에 맞는 적절한 강화제를 제공한다.

방법 ❷

- 교사가 큰 스티커를 떼는 시범을 보인다.
- 영아에게 교사를 모방하여 큰 스티커를 떼어 보라고 한다.
- 모방하지 못하면 교사가 영아의 손을 잡고 큰 스티커를 떼어 준다.
- 떼지 못하면 교사가 영아의 손을 잡고 큰 스티커를 떼는 동작을 반복해 준다.
- 교사가 큰 스티커를 살짝 떼어 준 후 영아에게 큰 스티커를 떼어 보라고 한다.
- 도움을 점차 줄여 간다.
- 수행되면 영아 스스로 큰 스티커를 떼어 보라고 한다.
- 수행되면 교사가 큰 스티커를 떼서 종이에 마구 붙이는 시범을 보인다.
- 교사가 영아에게 스스로 큰 스티커를 뗀 후 교사를 모방하여 종이에 큰 스티커를 마구 붙여 보라고 한다.
- 모방하지 못하면 교사가 영아 스스로 큰 스티커를 떼게 한 후 영아의 손을 잡고

종이에 스티커를 마구 붙여 준다.

- 교사가 종이의 아무 곳에나 스티커를 붙일 위치를 짚어 주며 영아에게 큰 스티커를 마구 붙여 보라고 한다.
- 도움을 점차 줄여 간다.
- 수행되면 영아 스스로 큰 스티커를 떼서 종이에 마구 붙여 보라고 한다.
- 수행되면 영아의 특성에 맞는 적절한 강화제를 제공한다.

☞ 큰 스티커를 종이에 마구 붙이는 것을 먼저 지도한 후 큰 스티커를 떼는 방법을 지도해도 된다.

76 젓가락으로 마구 지휘하기 2~3세

목표 | 젓가락으로 마구 지휘를 할 수 있다.

자료 | 나무젓가락, 강화제

방법 ❶

- 교사가 영아에게 익숙한 동요나 좋아하는 동요 중 빠른 노래, 느린 노래 등 각기 박자가 다른 노래를 준비해 놓는다.
- 교사가 음악을 틀어 놓고 나무젓가락으로 마구 지휘를 하는 시범을 보인다.
- 영아에게 교사를 모방하여 나무젓가락으로 마구 지휘를 해 보라고 한다.
- 수행되면 영아 스스로 나무젓가락으로 마구 지휘를 해 보라고 한다.
- 수행되면 영아의 특성에 맞는 적절한 강화제를 제공한다.

방법 ❷

- 교사가 영아에게 익숙한 동요나 좋아하는 동요 중 빠른 노래, 느린 노래 등 각기

박자가 다른 노래를 준비해 놓는다.

- 교사가 음악을 틀어 놓고 나무젓가락으로 마구 지휘를 하는 시범을 보인다.
- 영아에게 교사를 모방하여 나무젓가락으로 마구 지휘를 해 보라고 한다.
- 모방하지 못하면 교사가 영아의 손을 잡고 나무젓가락으로 마구 지휘를 해 준다.
- 교사가 영아의 손을 나무젓가락에 대 준 후 영아에게 마구 지휘를 해 보라고 한다.
- 하지 못하면 교사가 영아의 손을 잡고 마구 지휘를 하는 동작을 반복해 준다.
- 도움을 점차 줄여 간다.
- 수행되면 영아 스스로 나무젓가락으로 마구 지휘를 해 보라고 한다.
- 수행되면 영아의 특성에 맞는 적절한 강화제를 제공한다.

☞ 쇠젓가락은 위험하므로 반드시 나무젓가락을 사용하도록 하고 안전사고에 유의하도록 한다.

☞ 젓가락으로 마구 지휘하기는 소근육 증진뿐만 아니라 음감도 키울 수 있다.

77 색연필 굴리기

2~3세

목표 | 색연필을 굴릴 수 있다.

자료 | 색연필, 강화제

방법 ❶

- 교사가 손으로 색연필을 '또르르' 굴리는 시범을 보인다.
- 영아에게 교사를 모방하여 손으로 색연필을 '또르르' 굴려 보라고 한다.
- 수행되면 영아 스스로 손으로 색연필을 '또르르' 굴려 보라고 한다.

• 수행되면 영아의 특성에 맞는 적절한 강화제를 제공한다.

방법 ❷

• 교사가 손으로 색연필을 '또르르' 굴리는 시범을 보인다.
• 영아에게 교사를 모방하여 손으로 색연필을 '또르르' 굴려 보라고 한다.
• 모방하지 못하면 교사가 영아의 손을 잡고 색연필을 '또르르' 굴려 준다.
• 교사가 영아에게 색연필을 잡게 한 후 영아의 손을 잡고 색연필을 '또르르' 굴려 준다.
• 교사가 영아에게 색연필을 잡게 한 후 영아에게 색연필을 '또르르' 굴려 보라고 한 다음 교사가 같이 살짝 밀어 준다.
• 도움을 점차 줄여 간다.
• 수행되면 영아 스스로 손으로 색연필을 '또르르' 굴려 보라고 한다.
• 수행되면 영아의 특성에 맞는 적절한 강화제를 제공한다.

☞ 영아의 상태에 따라 목적지를 정하고 누가 빨리 도착점까지 굴리는지 내기를 해도 된다.

78 꽂기판에서 꽂기 3~5개 빼기 2~3세

목표 | 꽂기판에서 꽂기를 3~5개 뺄 수 있다.

자료 | 꽂기판, 꽂기 열 개, 강화제

방법 ❶

• 한 개의 꽂기를 빼는 것은 앞 단계에서 수행하였으므로 확인한 후 시행한다.
• 교사가 꽂기판에서 꽂기를 3~5개 빼는 시범을 보인다.
• 영아에게 교사를 모방하여 꽂기판에서 꽂기를 3~5개 빼 보라고 한다.

- 수행되면 영아 스스로 꽂기판에서 꽂기를 3~5개 빼 보라고 한다.
- 수행되면 영아의 특성에 맞는 적절한 강화제를 제공한다.

방법 ❷

- 한 개의 꽂기를 빼는 것은 앞 단계에서 수행하였으므로 확인한 후 시행한다.
- 교사가 꽂기판에서 꽂기를 3~5개 빼는 시범을 보인다.
- 영아에게 교사를 모방하여 꽂기판에서 꽂기를 3~5개 빼 보라고 한다.
- 모방하지 못하면 교사가 영아의 손을 잡고 꽂기판에서 꽂기를 3~5개 빼 준다.
- 교사가 영아의 손에 꽂기를 잡게 해 준 후 영아에게 꽂기를 3~5개 빼 보라고 한다.
- 빼지 못하면 교사가 영아의 손을 잡고 꽂기를 3~5개 빼는 동작을 반복해 준다.
- 수행되면 교사가 영아의 손을 꽂기에 대 준 후 꽂기를 3~5개 빼 보라고 한다.
- 교사가 영아의 손을 꽂기 가까이 대 준 후 영아에게 꽂기를 3~5개 빼 보라고 한다.
- 도움을 점차 줄여 간다.
- 수행되면 영아 스스로 꽂기판에서 꽂기를 3~5개 빼 보라고 한다.
- 수행되면 영아의 특성에 맞는 적절한 강화제를 제공한다.

79 거울에 비누 거품 끼적이기 2~3세

목표 | 거울에 비누 거품으로 끼적이기를 할 수 있다.

자료 | 거울, 목욕용 바스 또는 영아용 보디클렌저, 거품기, 물, 통(그릇), 강화제

방법 ❶

- 교사가 거품기로 비누 거품을 가득 내어 통(그릇)에 담아 제시한다.

- 교사가 손에 비누 거품을 잔뜩 묻힌 후 욕실 거울에 거품으로 끼적이는 시범을 보인다.
- 영아에게 교사를 모방하여 손에 비누 거품을 잔뜩 묻힌 후 욕실 거울에 거품으로 끼적이기를 해 보라고 한다.
- 수행되면 영아 스스로 손에 비누 거품을 잔뜩 묻힌 후 욕실 거울에 거품으로 끼적이기를 해 보라고 한다.
- 수행되면 영아의 특성에 맞는 적절한 강화제를 제공한다.

방법 ❷

- 교사가 거품기로 비누 거품을 가득 내어 통(그릇)에 담아 제시한다.
- 교사가 손에 비누 거품을 잔뜩 묻힌 후 욕실 거울에 거품으로 끼적이는 시범을 보인다.
- 영아에게 교사를 모방하여 손에 비누 거품을 잔뜩 묻힌 후 욕실 거울에 거품으로 끼적이기를 해 보라고 한다.
- 모방하지 못하면 교사가 영아의 손을 잡고 비누 거품을 잔뜩 묻힌 후 욕실 거울에 거품으로 끼적이기를 해 준다.
- 교사가 영아의 손에 거품을 잔뜩 묻혀 준 후 영아에게 욕실 거울에 거품으로 끼적이기를 해 보라고 한다.
- 끼적이지 못하면 교사가 영아의 손을 잡고 욕실 거울에 거품으로 끼적이는 동작을 반복해 준다.
- 교사가 영아의 손을 비누 거품에 대 준 후 영아에게 욕실 거울에 거품으로 끼적이기를 해 보라고 한다.
- 도움을 점차 줄여 간다.
- 수행되면 영아 스스로 비누 거품을 손에 잔뜩 묻힌 후 욕실 거울에 거품으로 끼적이기를 해 보라고 한다.
- 수행되면 영아의 특성에 맞는 적절한 강화제를 제공한다.

☞ 욕실에서 하기 어려운 경우 집에 있는 거울을 활용하여 편한 장소에서 비누 거품으로 끼적거리기를 지도하면 된다.

☞ 중간중간 거품을 영아의 뺨에 대 주어 감촉을 느끼게 해 주면 오감을 자극할 수 있다.

☞ 욕실에서 목욕을 할 때 지도하면 여러 모로 편리하다. 이때 비누 거품을 거울뿐만 아니라 영아의 각 신체에 묻혀 주어 감촉을 느끼도록 해 주면 효과적이다.

80 크레파스 꺼냈다가 제자리에 꽂기 2~3세

목표 | 크레파스를 꺼냈다가 제자리에 다시 꽂을 수 있다.

자료 | 크레파스, 강화제

방법 ❶

- 교사가 크레파스를 한 개씩 꺼냈다가 제자리에 다시 꽂는 시범을 보인다.
- 영아에게 교사를 모방하여 크레파스를 한 개씩 꺼냈다가 제자리에 다시 꽂아 보라고 한다.
- 수행되면 영아 스스로 크레파스를 한 개씩 꺼냈다가 제자리에 다시 꽂아 보라고 한다.
- 수행되면 영아의 특성에 맞는 적절한 강화제를 제공한다.

방법 ❷

- 교사가 예를 들어 크레파스 한 개를 꺼내는 시범을 보인다.
- 영아에게 교사를 모방하여 크레파스 한 개를 꺼내어 보라고 한다.
- 모방하지 못하면 교사가 영아의 손을 잡고 크레파스 한 개를 꺼내어 준다.

- 교사가 영아의 손을 크레파스에 대 준 후 영아에게 크레파스 한 개를 꺼내어 보라고 한다.
- 꺼내지 못하면 교사가 영아의 손을 잡고 크레파스 한 개를 꺼내는 동작을 반복해 준다.
- 교사가 크레파스 한 개를 가리키며 영아에게 꺼내어 보라고 한다.
- 도움을 점차 줄여 간다.
- 수행되면 영아 스스로 크레파스 한 개를 꺼내어 보라고 한다.
- 수행되면 교사가 꺼낸 크레파스를 제자리에 다시 꽂는 시범을 보인다.
- 영아에게 교사를 모방하여 꺼낸 크레파스를 제자리에 다시 꽂아 보라고 한다.
- 모방하지 못하면 교사가 영아의 손을 잡고 꺼낸 크레파스를 제자리에 다시 꽂아 준다.
- 교사가 영아의 손에 크레파스를 쥐어 준 후 영아에게 크레파스를 제자리에 다시 꽂아 보라고 한다.
- 꽂지 못하면 교사가 영아의 손을 잡고 크레파스를 제자리에 꽂는 동작을 반복해 준다.
- 교사가 영아의 손에 크레파스를 대 준 후 영아에게 크레파스를 제자리에 다시 꽂아 보라고 한다.
- 도움을 점차 줄여 간다.
- 수행되면 영아 스스로 꺼낸 크레파스를 제자리에 다시 꽂아 보라고 한다.
- 수행되면 교사가 크레파스를 한 개씩 꺼냈다가 제자리에 다시 꽂는 시범을 보인다.
- 영아에게 교사를 모방하여 크레파스를 한 개씩 꺼냈다가 제자리에 다시 꽂아 보라고 한다.
- 수행되면 크레파스를 여러 개 꺼냈다가 제자리에 다시 꽂는 것도 같은 방법으로 지도한다.
- 수행되면 영아의 특성에 맞는 적절한 강화제를 제공한다.

81 포크로 부드러운 음식 찍어 먹기

2~3세

목표 | 포크로 부드러운 음식을 찍어 먹을 수 있다.

자료 | 포크, 접시, 부드러운 음식, 강화제

방법 ❶

- 교사가 무르기가 적당한 음식을 영아가 한 번에 포크로 찍을 수 있을 정도의 크기로 준비하여 제시한다.
- 교사가 "바나나를 찍어 ♬ 쏙~쏙~먹어요 ♬ 맛있게 ♬ 먹어요 ♬"라고 노래를 부르며 포크로 부드러운 음식(예: 바나나)을 찍어 먹는 시범을 보인다.
- 영아에게 교사를 모방하여 포크로 부드러운 음식을 찍어 먹어 보라고 한다.
- 수행되면 영아 스스로 포크로 부드러운 음식을 찍어 먹어 보라고 한다.
- 수행되면 영아의 특성에 맞는 적절한 강화제를 제공한다.

방법 ❷

- 교사가 무르기가 적당한 음식을 영아가 한 번에 포크로 찍을 수 있을 정도의 크기로 준비하여 제시한다.
- 교사가 손으로 포크를 쥐는 시범을 보인다.
- 영아에게 교사를 모방하여 손으로 포크를 쥐어 보라고 한다.
- 모방하지 못하면 교사가 영아의 손을 잡고 포크를 쥐어 준다.
- 교사가 영아의 손을 포크에 대 준 후 영아에게 포크를 쥐어 보라고 한다.
- 교사가 포크를 가리키며 영아에게 포크를 쥐어 보라고 한다.
- 도움을 점차 줄여 간다.
- 수행되면 영아 스스로 포크를 쥐어 보라고 한다.
- 수행되면 교사가 예를 들어 "바나나를 찍어 ♬ 쏙~쏙~먹어요 ♬ 맛있게 ♬ 먹어

요 ♬"라고 노래를 부르며 포크로 바나나를 찍어 먹는 시범을 보인다.

- 영아에게 교사를 모방하여 포크로 바나나를 찍어 먹어 보라고 한다.
- 모방하지 못하면 교사가 영아에게 스스로 포크를 쥐라고 한 후 영아의 손을 잡고 포크로 바나나를 찍어 입으로 가져다준다.
- 교사가 영아에게 스스로 포크를 쥐라고 한 다음 포크를 바나나에 대 준 후 영아에게 바나나를 찍어 먹어 보라고 한다.
- 수행되면 교사가 바나나를 가리키며 영아에게 바나나를 찍어 먹어 보라고 한다.
- 도움을 점차 줄여 간다.
- 수행되면 영아 스스로 포크로 바나나를 찍어 먹어 보라고 한다.
- 수행되면 포크로 다른 부드러운 음식을 찍어 먹는 것도 바나나를 찍어 먹는 것과 같은 방법으로 지도한다.
- 수행되면 영아의 특성에 맞는 적절한 강화제를 제공한다.

☞ 포크로 부드러운 음식 찍어 먹기는 소근육 발달 증진뿐만 아니라 음식을 입에 넣는 과정에서 눈과 손의 협응력을 키울 수 있는 활동이다.

☞ 포크로 부드러운 음식 찍기 먹기가 수행되면 좀 더 단단한 음식을 포크로 찍어 먹는 것도 같은 방법으로 지도하면 된다.

82 물속 구슬 잡기 2~3세

목표 | 물속에 있는 구슬을 잡을 수 있다.

자료 | 물, 구슬, 통, 강화제

방법 ❶

- 교사가 "구슬을 ♬ 잡으러 강으로 ♬ 갈까요 ♬ 구슬을 ♬ 잡으러 물속으로 ♬ 가~요 ♬"라고 노래를 부르며 물속에 담긴 구슬을 잡는 시범을 보인다.
- 영아에게 교사를 모방하여 물속에 담긴 구슬을 잡아 보라고 한다.
- 수행되면 영아 스스로 물속에 담긴 구슬을 잡아 보라고 한다.
- 수행되면 영아의 특성에 맞는 적절한 강화제를 제공한다.

방법 ❷

- 교사가 "구슬을 ♬ 잡으러 강으로 ♬ 갈까요 ♬ 구슬을 ♬ 잡으러 물속으로 ♬ 가~요 ♬"라고 노래를 부르며 물속에 담긴 구슬을 잡는 시범을 보인다.
- 영아에게 교사를 모방하여 물속에 담긴 구슬을 잡아 보라고 한다.
- 모방하지 못하면 교사가 영아의 손을 잡고 물속에 담긴 구슬을 잡아 준다.
- 교사가 영아의 손을 물속에 넣어 준 후 영아에게 구슬을 잡아 보라고 한다.
- 잡지 못하면 교사가 영아의 손을 잡고 물속에 담긴 구슬을 잡는 동작을 반복한 후 영아에게 구슬을 잡아 보라고 한다.
- 도움을 점차 줄여 간다.
- 수행되면 영아 스스로 물속에 담긴 구슬을 잡아 보라고 한다.
- 수행되면 영아의 특성에 맞는 적절한 강화제를 제공한다.

☞ 구슬잡기 놀이를 통해 소근육을 자연스럽게 증진시킬 수 있다. 물에 다양한 색깔의 물감을 풀어 주거나 비누 거품 물에 구슬을 넣고 지도하면 심미감을 증진시킬 수 있을 뿐만 아니라 영아가 흥미로워할 수 있으므로 효과적이다.

☞ 시판되고 있는 가루 개구리 알 키우기를 사서 물을 붓고 기다리면 점점 커지기 때문에 이것을 활용하여 잡아 보게 해도 효과적이다. 시중(예:다이소 등)에서 쉽게 구입할 수 있다.

83 미역 촉감 놀이

2~3세

목표 | 미역 촉감 놀이를 할 수 있다.

자료 | 자른 미역, 물, 통, 강화제

방법 ❶

- 교사가 미리 자른 미역을 통에 담아 물을 부어 불려 놓는다.
- 교사가 "미끌미끌 ♬ 미역 놀이 ♬ 미끌미끌 ♬ 미역 놀이 ♬"라고 노래를 부르며 통에 담겨 있는 미역을 손으로 조물조물 주무르는 시범을 보인다.
- 영아에게 교사를 모방하여 미역을 손으로 조물조물 주물러 보라고 한다.
- 수행되면 영아 스스로 미역을 손으로 조물조물 주물러 보라고 한다.
- 수행되면 영아의 특성에 맞는 적절한 강화제를 제공한다.

방법 ❷

- 교사가 미리 자른 미역을 통에 담아 물을 부어 불려 놓는다.
- 교사가 "미끌미끌 ♬ 미역 놀이 ♬ 미끌미끌 ♬ 미역 놀이 ♬"라고 노래를 부르며 통에 담겨 있는 미역을 손으로 조물조물 주무르는 시범을 보인다.
- 영아에게 교사를 모방하여 손으로 미역을 조물조물 주물러 보라고 한다.
- 모방하지 못하면 교사가 영아의 손을 잡고 미역을 조물조물 주물러 준다.
- 교사가 영아의 손을 잡고 미역을 조물조물 주물러 주다가 영아에게 미역을 조물조물 주물러 보라고 한다.
- 주무르지 못하면 교사가 영아의 손을 잡고 미역을 조물조물 주무르는 동작을 반복해 준다.
- 교사가 영아의 손을 미역에 대 준 후 영아에게 미역을 조물조물 주물러 보라고 한다.

- 도움을 점차 줄여 간다.
- 수행되면 영아 스스로 미역을 조물조물 주물러 보라고 한다.
- 수행되면 영아의 특성에 맞는 적절한 강화제를 제공한다.

84 비누 거품 만들기 2~3세

목표 | 거품기로 비누 거품을 만들 수 있다.

자료 | 거품기, 영아용 보디클렌저 또는 목욕용 바스, 물, 통(그릇), 강화제

방법 ❶

- 교사가 통에 물과 영아용 보디클렌저를 적당한 비율로 섞은 후 거품기와 같이 제시한다.
- 교사가 거품기를 한 방향으로 계속 돌려 거품을 내는 시범을 보인다.
- 영아에게 교사를 모방하여 거품기를 한 방향으로 계속 돌려 거품을 내어 보라고 한다.
- 수행되면 영아 스스로 거품기를 한 방향으로 계속 돌려 거품을 내어 보라고 한다.
- 수행되면 영아의 특성에 맞는 적절한 강화제를 제공한다.

방법 ❷

- 교사가 통에 물과 영아용 보디클렌저를 적당한 비율로 섞은 후 거품기와 같이 제시한다.
- 교사가 거품기를 한 손으로 잡는 시범을 보인다.
- 영아에게 교사를 모방하여 거품기를 한 손으로 잡아 보라고 한다.
- 모방하지 못하면 교사가 영아의 손을 잡고 거품기를 한 손으로 잡아 준다.
- 교사가 영아의 손을 거품기 가까이 대 준 후 영아에게 거품기를 한 손으로 잡아

보라고 한다.

- 잡지 못하면 교사가 영아의 손을 잡고 거품기를 잡는 동작을 반복해 준다.
- 교사가 거품기를 가리키며 영아에게 거품기를 한 손으로 잡아 보라고 한다.
- 도움을 점차 줄여 간다.
- 수행되면 영아 스스로 거품기를 한 손으로 잡아 보라고 한다.
- 수행되면 교사가 거품기를 한 방향으로 계속 돌려 거품을 내는 시범을 보인다.
- 영아에게 교사를 모방하여 거품기를 한 방향으로 계속 돌려 거품을 내어 보라고 한다.
- 모방하지 못하면 교사가 영아의 손을 잡고 거품기를 한 방향으로 계속 돌려 거품을 내어 준다.
- 거품기를 돌리지 못하면 교사가 영아의 손을 잡고 거품기를 돌리는 동작을 반복해 준다.
- 교사가 영아에게 스스로 거품기를 한 손으로 잡으라고 한 후 영아의 손을 잡고 거품기를 돌려 주다가 영아에게 돌려 보라고 한다.
- 도움을 점차 줄여 간다.
- 수행되면 영아 스스로 거품기를 한 방향으로 계속 돌려 거품을 내어 보라고 한다.
- 수행되면 영아의 특성에 맞는 적절한 강화제를 제공한다.

85 복잡한 롤러코스터의 구슬 움직이기 2~3세

목표 | 복잡한 롤러코스터의 구슬을 움직일 수 있다.

자료 | 복잡한 롤러코스터, 강화제

방법 ❶

- 단순한 롤러코스터의 구슬을 움직이는 것은 앞 단계에서 수행하였으므로 확인한

후 시행한다.

- 교사가 복잡한 롤러코스터의 구부러진 레일을 따라 구슬을 움직이는 시범을 보인다.
- 영아에게 교사를 모방하여 복잡한 롤러코스터의 구부러진 레일을 따라 구슬을 움직여 보라고 한다.
- 수행되면 영아 스스로 복잡한 롤러코스터의 구부러진 레일을 따라 구슬을 움직여 보라고 한다.
- 수행되면 영아의 특성에 맞는 적절한 강화제를 제공한다.

방법 ❷

- 단순한 롤러코스터의 구슬을 움직이는 것은 앞 단계에서 수행하였으므로 확인한 후 시행한다.
- 교사가 복잡한 롤러코스터의 구부러진 레일을 따라 구슬을 움직이는 시범을 보인다.
- 영아에게 교사를 모방하여 복잡한 롤러코스터의 구부러진 레일을 따라 구슬을 움직여 보라고 한다.
- 모방하지 못하면 교사가 영아의 손을 잡고 복잡한 롤러코스터의 구부러진 레일을 따라 구슬을 움직여 준다.
- 교사가 영아에게 구슬을 잡아 보라고 한 후 영아의 손을 잡고 복잡한 롤러코스터의 구부러진 레일을 따라 구슬을 움직여 준다.
- 구슬을 움직이지 못하면 교사가 영아의 손을 잡고 복잡한 롤러코스터의 구부러진 레일을 따라 구슬을 움직이는 동작을 반복해 준다.
- 도움을 점차 줄여 간다.
- 수행되면 영아 스스로 복잡한 롤러코스터의 구부러진 레일을 따라 구슬을 움직여 보라고 한다.
- 수행되면 영아의 특성에 맞는 적절한 강화제를 제공한다.

☞ 영아와 마주 보고 지도할 경우 교사가 왼손을 사용해야 영아가 볼 때 오른손이 되므로 교사가 손을 사용하는 방향을 영아 입장에서 고려해야 한다.

☞ 롤러코스터는 구부러진 레일을 따라 여러 가지 모양의 구슬들을 움직일 수 있도록 제작된 교구로 다음 사진처럼 다양한 종류가 있다. 롤러코스터는 영유아들이 다양한 모양과 컬러로 이루어진 구슬을 이동시키면서 소근육뿐만 아니라 공간 개념, 수 개념, 다양한 모양, 색깔, 방향 전환 등을 지도할 수 있어 유용하게 활용할 수 있다.

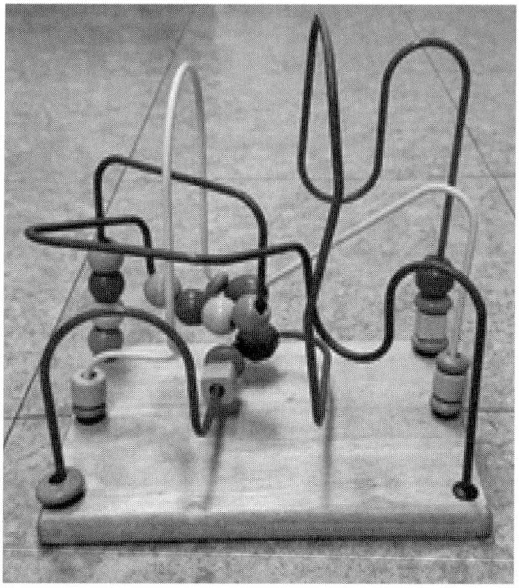

86 꽂기판에 꽂기 1~3개 꽂기

2~3세

목표 | 꽂기판에 꽂기를 1~3개 꽂을 수 있다.

자료 | 꽂기판, 꽂기 여섯 개, 강화제

방법 ❶

- 교사가 꽂기판에 꽂기를 1~3개 꽂는 시범을 보인다.
- 영아에게 교사를 모방하여 꽂기판에 꽂기를 1~3개 꽂아 보라고 한다.
- 수행되면 영아 스스로 꽂기판에 꽂기를 1~3개 꽂아 보라고 한다.
- 수행되면 영아의 특성에 맞는 적절한 강화제를 제공한다.

2~3 세

방법 ❷

- 교사가 꽂기판에 꽂기를 한 개 꽂는 시범을 보인다.
- 영아에게 교사를 모방하여 꽂기판에 꽂기를 한 개 꽂아 보라고 한다.
- 모방하지 못하면 교사가 영아의 손을 잡고 꽂기판에 꽂기를 한 개 꽂아 준다.
- 교사가 영아의 손에 꽂기를 잡게 해 준 후 영아에게 꽂기를 한 개 꽂아 보라고 한다.
- 꽂지 못하면 교사가 영아의 손을 잡고 꽂기를 한 개 꽂는 동작을 반복해 준다.
- 수행되면 교사가 영아의 손을 꽂기에 대 준 후 꽂기를 한 개 꽂아 보라고 한다.
- 수행되면 교사가 영아의 손을 꽂기 가까이 대 준 후 꽂기를 한 개 꽂아 보라고 한다.
- 도움을 점차 줄여 간다.
- 수행되면 영아 스스로 꽂기판에 꽂기를 한 개 꽂아 보라고 한다.
- 수행되면 교사가 꽂기판에 꽂기를 2~3개 꽂는 시범을 보인다.
- 영아에게 교사를 모방하여 꽂기판에 꽂기를 2~3개 꽂아 보라고 한다.

- 모방하지 못하면 꽂기판에 꽂기를 한 개 꽂는 것과 같은 방법으로 지도한다.
- 수행되면 영아 스스로 꽂기판에 꽂기를 2~3개 꽂아 보라고 한다.
- 수행되면 영아의 특성에 맞는 적절한 강화제를 제공한다.

87 나무망치로 말뚝 다섯 개 두드려 넣기 3~4세

목표 | 나무망치로 말뚝 다섯 개를 두드려 끼워 넣을 수 있다.

자료 | 말뚝판, 말뚝 열 개, 나무망치 두 개, 강화제

방법 ❶

- 교사가 말뚝판에 나무망치로 말뚝 다섯 개를 두드려 끼워 넣는 시범을 보인다.
- 유아에게 교사를 모방하여 나무망치로 말뚝 다섯 개를 두드려 끼워 넣어 보라고 한다.
- 수행되면 유아 스스로 나무망치로 말뚝 다섯 개를 두드려 끼워 넣어 보라고 한다.
- 수행되면 유아의 특성에 맞는 적절한 강화제를 제공한다.

방법 ❷

- 교사가 말뚝판에 나무망치로 말뚝 한 개를 두드려 끼워 넣는 시범을 보인다.
- 유아에게 교사를 모방하여 나무망치로 말뚝 한 개를 두드려 끼워 넣어 보라고 한다.
- 모방하지 못하면 교사가 유아의 손을 잡고 나무망치로 말뚝 한 개를 두드려 끼워 넣어 준다.
- 교사가 유아의 손에 나무망치를 쥐어 준 후 말뚝 위에 대 준 다음 유아에게 말뚝

한 개를 두드려 끼워 넣어 보라고 한다.

- 수행되면 유아 스스로 나무망치를 손에 쥐라고 한 후 유아에게 말뚝 한 개를 두드려 끼워 넣어 보라고 한다.
- 도움을 점차 줄여 간다.
- 수행되면 유아 스스로 나무망치로 말뚝 한 개를 두드려 끼워 넣어 보라고 한다.
- 수행되면 교사가 나무망치로 말뚝 두 개를 두드려 끼워 넣는 시범을 보인다.
- 유아에게 교사를 모방하여 나무망치로 말뚝 두 개를 두드려 끼워 넣어 보라고 한다.
- 모방하지 못하면 나무망치로 말뚝 한 개를 두드려 끼워 넣는 것과 같은 방법으로 지도한다.
- 수행되면 나머지 말뚝을 나무망치로 두드려 끼워 넣는 것도 같은 방법으로 지도한다.
- 수행되면 유아 스스로 나무망치로 말뚝 다섯 개를 두드려 끼워 넣어 보라고 한다.
- 수행되면 유아의 특성에 맞는 적절한 강화제를 제공한다.

방법 ❸

- 교사가 말뚝 네 개가 끼워져 있는 말뚝판을 제시한 후 나무망치로 말뚝 한 개를 두드려 끼워 넣는 시범을 보인다.
- 유아에게 교사를 모방하여 나무망치로 말뚝 한 개를 두드려 끼워 넣어 보라고 한다.
- 모방하지 못하면 교사가 유아의 손을 잡고 나무망치로 말뚝 한 개를 두드려 끼워 넣어 보라고 한다.
- 수행되면 교사가 말뚝 세 개가 끼워져 있는 말뚝판을 제시한 후 나무망치로 말뚝 두 개를 두드려 끼워 넣는 시범을 보인다.
- 유아에게 교사를 모방하여 나무망치로 말뚝 두 개를 두드려 끼워 넣어 보라고 한다.
- 모방하지 못하면 나무망치로 말뚝 한 개를 두드려 끼워 넣는 것과 같은 방법으로

지도한다.

- 수행되면 유아의 특성에 맞는 적절한 강화제를 제공한다.

88 가위로 마구 오리기

3~4세

목표 | 가위로 종이를 마구 오릴 수 있다.

자료 | 가위, 종이(색종이), 강화제

방법 ❶

- 교사가 유아의 옆에 앉아 가위로 종이를 마구 오리는 시범을 보인다.
- 유아에게 교사를 모방하여 가위로 종이를 마구 오려 보라고 한다.
- 수행되면 유아 스스로 가위로 종이를 마구 오려 보라고 한다.
- 수행되면 유아의 특성에 맞는 적절한 강화제를 제공한다.

방법 ❷

- 교사가 유아의 옆에 앉아 가위의 구멍에 오른손의 엄지와 검지를 넣어 가위를 잡는 시범을 보인다.
- 유아에게 교사를 모방하여 가위의 구멍에 오른손의 엄지와 검지를 넣어 가위를 잡아 보라고 한다.
- 모방하지 못하면 교사가 가위의 구멍에 유아의 오른손 엄지와 검지를 넣어 주어 가위를 잡게 해 준다.
- 교사가 가위의 구멍에 유아의 오른손 엄지를 넣어 준 후 유아에게 검지를 넣어 보라고 한다.
- 수행되면 교사가 유아에게 스스로 가위 구멍에 오른손 검지를 넣어 보라고 한 후 남은 구멍에 교사를 모방하여 엄지를 넣어 보라고 한다.

- 수행되면 교사가 가위의 구멍을 가리키며 유아에게 오른손 엄지와 검지를 넣어 보라고 한다.
- 도움을 점차 줄여 간다.
- 수행되면 유아 스스로 가위 구멍에 오른손의 엄지와 검지를 넣어 보라고 한다.
- 수행되면 교사가 왼손으로 종이를 잡는 시범을 보인다.
- 유아에게 교사를 모방하여 왼손으로 종이를 잡아 보라고 한다.
- 모방하지 못하면 교사가 유아의 왼손을 잡고 종이를 잡아 준다.
- 교사가 종이를 가리키며 유아에게 왼손으로 종이를 잡아 보라고 한다.
- 수행되면 유아 스스로 오른손에는 가위를, 왼손으로는 종이를 잡아 보라고 한다.
- 수행되면 교사가 유아의 옆에 앉아 가위로 종이를 마구 오리는 시범을 보인다.
- 유아에게 교사를 모방하여 가위로 종이를 마구 오려 보라고 한다.
- 모방하지 못하면 교사가 유아의 손을 잡고 가위로 종이를 마구 오려 준다.
- 교사가 종이를 잡고 있는 유아의 손을 가위에 대 준 후 유아에게 종이를 마구 오려 보라고 한다.
- 오리지 못하면 교사가 유아의 손을 잡고 가위로 종이를 마구 오리는 동작을 반복해 준다.
- 교사가 종이를 가리키며 유아에게 가위로 마구 오려 보라고 한다.
- 도움을 점차 줄여 간다.
- 수행되면 유아 스스로 가위로 종이를 마구 오려 보라고 한다.
- 수행되면 유아의 특성에 맞는 적절한 강화제를 제공한다.

☞ 유아와 마주 보고 지도할 경우 유아가 바라보는 방향에서 손(교사가 왼손을 사용해야 유아가 볼 때 오른손이 됨)을 사용해야 하므로 유의하도록 한다.

☞ 가위는 유아들이 사용해도 안전한 가위를 사용하도록 해야 하며 교사가 주의 깊게 지켜보도록 한다.

89 동그라미 그리기

3~4세

목표 | 동그라미를 그릴 수 있다.

자료 | 도화지 또는 스케치북, 색연필 또는 연필, 동그라미와 관련된 그림, 강화제

방법 ❶

- 교사가 도화지에 색연필로 동그라미를 그리는 시범을 보인다.
- 유아에게 교사를 모방하여 동그라미를 그려 보라고 한다.
- 수행되면 유아 스스로 동그라미를 그려 보라고 한다.
- 수행되면 유아의 특성에 맞는 적절한 강화제를 제공한다.

방법 ❷

- 교사가 도화지에 색연필로 동그라미를 그리는 시범을 보인다.
- 유아에게 교사를 모방하여 동그라미를 그려 보라고 한다.
- 동그라미를 그리지 못하면 교사가 "동글동글 동~글 ♬ 동그~라미 ♬"라고 노래를 부르며 유아의 손을 잡고 동그라미를 그려 준다.
- 교사가 동그라미에 점선을 찍어 준 후 유아에게 점선을 따라 동그라미를 그려 보라고 한다.
- 수행되면 교사가 동그라미의 2/3만 점선을 찍어 준 후 유아에게 동그라미를 그려 보라고 한다.
- 수행되면 교사가 동그라미의 1/2만 점선을 찍어 준 후 유아에게 동그라미를 그려 보라고 한다.
- 수행되면 교사가 동그라미의 1/3만 점선을 찍어 준 후 유아에게 동그라미를 그려 보라고 한다.
- 수행되면 교사가 동그라미의 시작점만 찍어 준 후 유아에게 동그라미를 그려 보

라고 한다.

- 수행되면 유아 스스로 동그라미를 그려 보라고 한다.
- 수행되면 유아의 특성에 맞는 적절한 강화제를 제공한다.

방법 ❸

- 교사가 도화지에 색연필로 동그라미를 그리는 시범을 보인다.
- 유아에게 교사를 모방하여 동그라미를 그려 보라고 한다.
- 모방하지 못하면 교사가 동그라미의 2/3를 그려 준 후 나머지는 유아에게 완성하게 한다.
- 수행되면 교사가 동그라미의 1/2만 그려 준 후 나머지는 유아에게 완성하게 한다.
- 수행되면 교사가 동그라미의 1/3만 그려 준 후 나머지는 유아에게 완성하게 한다.
- 수행되면 교사가 동그라미의 시작점만 찍어 준 후 유아에게 동그라미를 그려 보라고 한다.
- 도움을 점차 줄여 간다.
- 수행되면 유아 스스로 동그라미를 그려 보라고 한다.
- 수행되면 유아의 특성에 맞는 적절한 강화제를 제공한다.

방법 ❹

- 교사가 자동차 그림을 제시하고 "동글동글 동~글 ♬ 동그~라미 ♬"라고 노래를 부르며 자동차 바퀴의 점선을 따라 동그라미를 그리는 시범을 보인다.
- 유아에게 교사를 모방하여 점선을 따라 동그라미를 그려 보라고 한다.
- 그리지 못하면 교사가 유아의 손을 잡고 동그라미를 그려 준다.
- 교사가 유아에게 "동글동글 동~글 ♬ 동그~라미 ♬ 그려 보아요 ♬"라고 말하면서 유아에게 동그라미를 그려 보라고 한다.

• 도움을 점차 줄여 간다.

• 수행되면 유아 스스로 자동차 바퀴의 점선을 따라 동그라미를 그려 보라고 한다.

• 수행되면 다른 그림들도 자동차 바퀴를 지도한 것과 같은 방법으로 지도한다.

• 수행되면 유아의 특성에 맞는 적절한 강화제를 제공한다.

☞ 동그라미 그리기가 수행된 후 다양한 그림들을 이용하여 동그라미 그리기 놀이를 하면 유아가 즐겁게 활동할 수 있고 성취감을 느낄 수 있어 효과적이다.

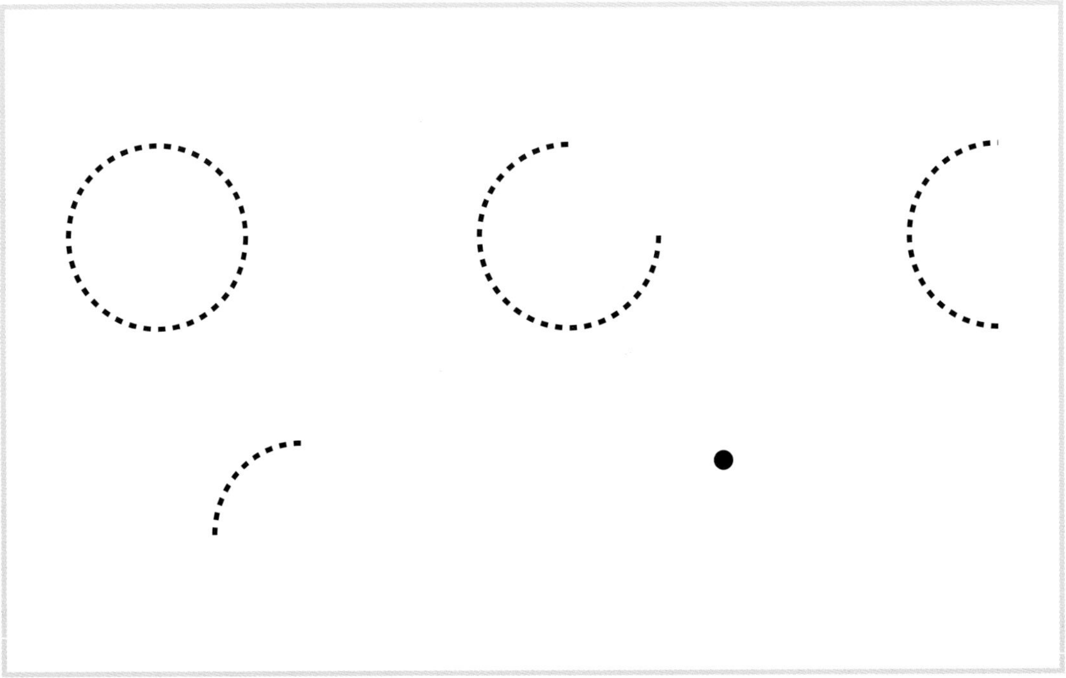

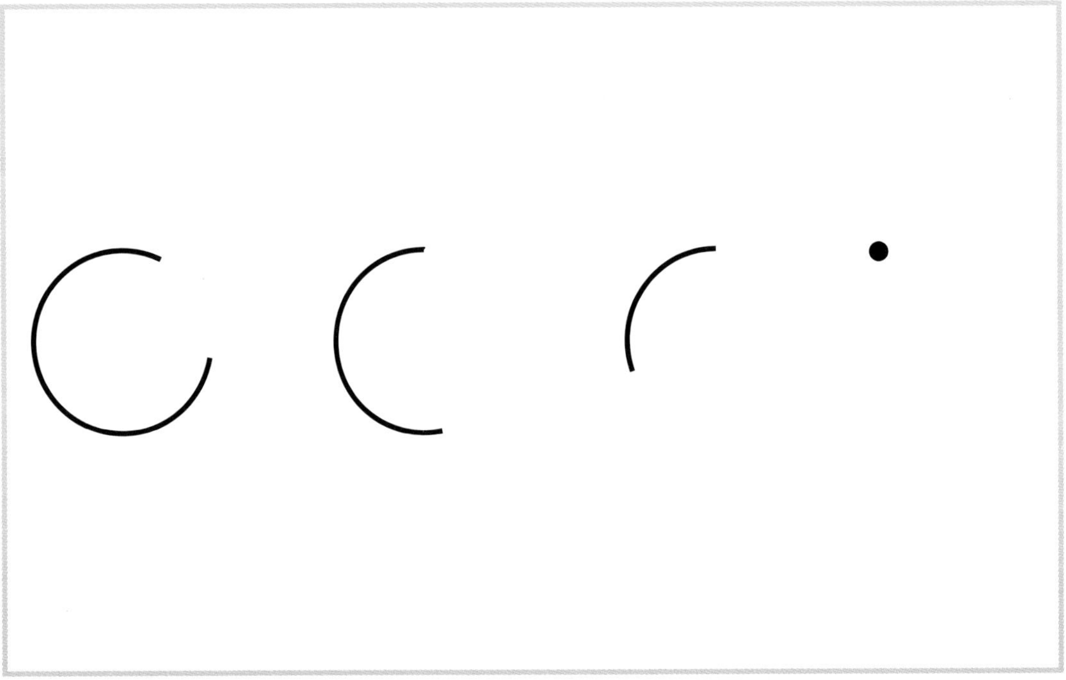

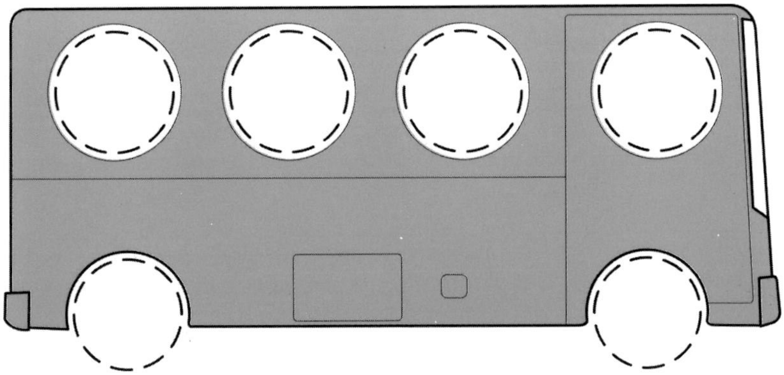

3~4
세

3~4
세

90 큰 구슬 세 개 꿰기

3~4세

목표 | 큰 구슬 세 개를 꿸 수 있다.

자료 | 다양한 색깔의 큰 구슬, 끈, 강화제

방법 ❶

- 교사가 끈에 큰 구슬 세 개를 꿰는 시범을 보인다.
- 유아에게 교사를 모방하여 끈에 큰 구슬 세 개를 꿰어 보라고 한다.
- 수행되면 유아 스스로 끈에 큰 구슬 세 개를 꿰어 보라고 한다.
- 수행되면 유아의 특성에 맞는 적절한 강화제를 제공한다.

방법 ❷

- 교사가 유아의 옆에 앉아 오른손의 엄지와 검지로 구슬 끈을 쥐는 시범을 보인다.
- 유아에게 교사를 모방하여 오른손의 엄지와 검지로 구슬 끈을 쥐어 보라고 한다.
- 모방하지 못하면 교사가 유아의 오른손 엄지와 검지를 잡아 구슬 끈을 쥐어 준다.
- 유아가 엄지와 검지로 구슬 끈을 쥐지 못하면 교사가 유아의 손을 잡고 구슬 끈을 쥐는 동작을 반복해 준다.
- 도움을 점차 줄여 간다.
- 수행되면 유아 스스로 오른손의 엄지와 검지로 구슬 끈을 쥐어 보라고 한다.
- 수행되면 교사가 왼손의 엄지와 검지로 큰 구슬을 잡는 시범을 보인다.
- 유아에게 교사를 모방하여 왼손의 엄지와 검지로 큰 구슬을 잡아 보라고 한다.
- 모방하지 못하면 교사가 유아의 왼손 엄지와 검지로 큰 구슬을 잡아 준다.
- 잡지 못하면 교사가 유아의 손을 잡고 큰 구슬을 잡는 동작을 반복해 준다.
- 도움을 점차 줄여 간다.
- 수행되면 유아 스스로 왼손의 엄지와 검지로 큰 구슬을 잡아 보라고 한다.

- 수행되면 유아 스스로 오른손으로 끈을 쥐고 왼손으로는 큰 구슬을 잡아 보라고 한다.
- 수행되면 교사가 오른손으로 끈을 쥐고 왼손으로는 큰 구슬을 잡아 큰 구슬 한 개를 꿰는 시범을 보인다.
- 유아에게 교사를 모방하여 큰 구슬 한 개를 꿰어 보라고 한다.
- 모방하지 못하면 교사가 유아의 손을 잡고 큰 구슬 한 개를 꿰어 준다.
- 꿰지 못하면 교사가 유아의 손을 잡고 큰 구슬 구멍으로 끈을 끼우는 동작을 반복해 준다.
- 교사가 큰 구슬 구멍에 맞추어 끈을 대 준 후 유아에게 구멍으로 끈을 꿰어 보라고 한다.
- 수행되면 교사가 큰 구슬 구멍을 가리키며 유아에게 구멍으로 끈을 꿰어 보라고 한다.
- 도움을 점차 줄여 간다.
- 수행되면 유아 스스로 큰 구슬 한 개를 꿰어 보라고 한다.
- 수행되면 교사가 큰 구슬 두 개를 끼우는 시범을 보인다.
- 유아에게 교사를 모방하여 큰 구슬 두 개를 꿰어 보라고 한다.
- 끼우지 못하면 큰 구슬 한 개를 꿰는 것과 같은 방법으로 지도한다.
- 수행되면 교사가 큰 구슬 세 개를 꿰는 시범을 보인 후 유아에게 교사를 모방하여 큰 구슬 세 개를 꿰어 보라고 한다.
- 수행되면 유아 스스로 큰 구슬 세 개를 꿰어 보라고 한다.
- 수행되면 유아의 특성에 맞는 적절한 강화제를 제공한다.

☞ 유아와 마주 보고 지도할 경우 교사가 유아가 바라보는 방향에서 손(교사가 왼손을 사용해야 유아가 볼 때 오른손이 됨)을 사용해야 하므로 유의하도록 한다.

☞ 시중에서 판매하는 구슬 꿰기를 구입하여 사용하면 편리하고 다양한 용도로 활용할 수

있다. 구슬 꿰기는 소근육 증진뿐만 아니라 눈과 손의 협응력 및 집중력을 기를 수 있고 색의 구분 능력도 함양 시킬 수 있다.

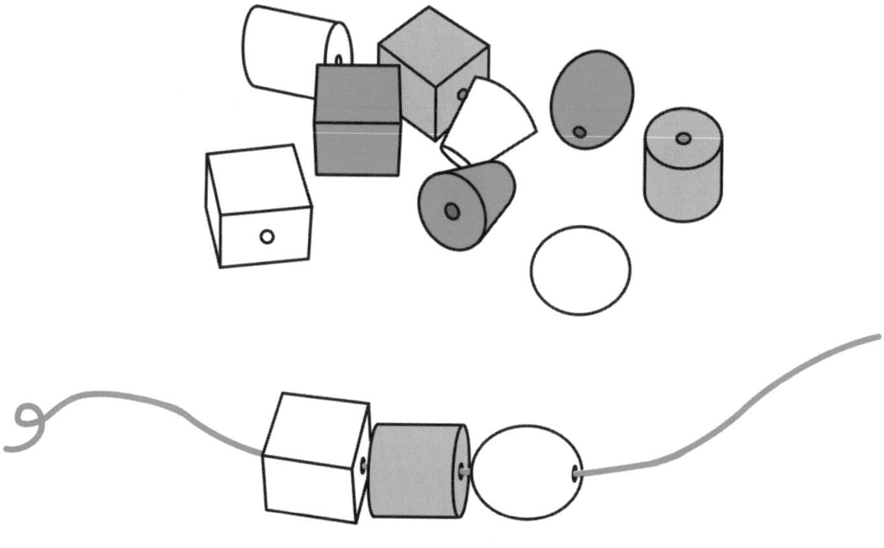

○ 지도 방법

큰 구슬 꿰는 시범 보이기

유아의 손을 잡고 큰 구슬 꿰기

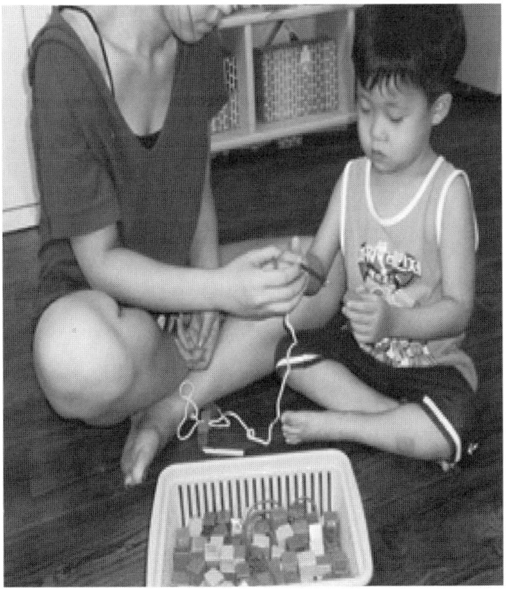

유아 스스로 끈은 오른손에,
큰 구슬은 왼손에 쥐게 하기

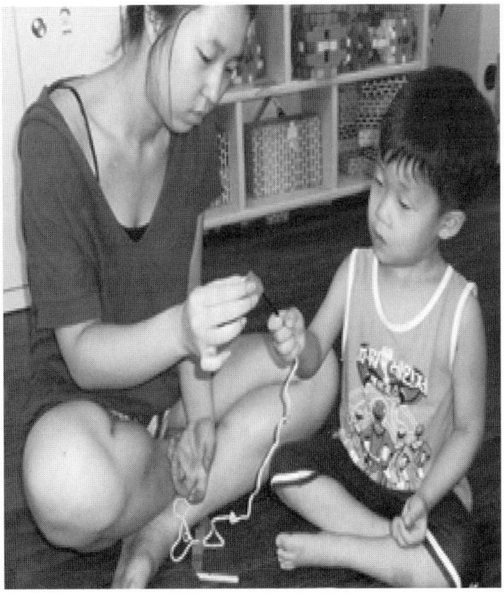

교사가 큰 구슬을 잡아 준 후 유아에게
구멍으로 끈을 끼우도록 하기

91 여러 개의 블록으로 기차 만들기

3~4세

목표 | 여러 개의 블록으로 기차를 만들 수 있다.

자료 | 여러 개의 블록, 강화제

방법 ❶

- 교사가 여러 개의 블록을 나란히 연결하여 기차를 만드는 시범을 보인다.
- 유아에게 교사를 모방하여 여러 개의 블록을 나란히 연결하여 기차를 만들어 보라고 한다.
- 수행되면 유아 스스로 여러 개의 블록을 나란히 연결하여 기차를 만들어 보라고 한다.
- 수행되면 유아의 특성에 맞는 적절한 강화제를 제공한다.

방법 ❷

- 교사가 블록 한 개를 제시한 후 블록 옆에 블록 한 개를 나란히 놓는 시범을 보인다.
- 유아에게 교사를 모방하여 블록 옆에 블록 한 개를 나란히 놓아 보라고 한다.
- 모방하지 못하면 교사가 유아의 손을 잡고 블록 옆에 블록 한 개를 나란히 놓아 준다.
- 교사가 블록 옆을 가리키며 유아에게 블록 한 개를 나란히 놓아 보라고 한다.
- 도움을 점차 줄여 간다.
- 수행되면 유아 스스로 블록 옆에 블록 한 개를 나란히 놓아 보라고 한다.
- 수행되면 교사가 블록 두 개를 나란히 연결하는 시범을 보인다.
- 유아에게 교사를 모방하여 블록 두 개를 나란히 연결해 보라고 한다.
- 모방하지 못하면 교사가 유아의 손을 잡고 블록 두 개를 나란히 연결해 준다.

- 교사가 블록 두 개를 가리키며 유아에게 블록 두 개를 나란히 연결해 보라고 한다.
- 도움을 점차 줄여 간다.
- 수행되면 유아 스스로 블록 두 개를 나란히 연결해 보라고 한다.
- 수행되면 교사가 여러 개의 블록을 나란히 연결하여 기차를 만드는 시범을 보인다.
- 유아에게 교사를 모방하여 여러 개의 블록을 나란히 연결하여 기차를 만들어 보라고 한다.
- 모방하지 못하면 블록 두 개를 나란히 연결하는 것과 같은 방법으로 지도한다.
- 수행되면 유아 스스로 여러 개의 블록을 나란히 연결하여 기차를 만들어 보라고 한다.
- 수행되면 유아의 특성에 맞는 적절한 강화제를 제공한다.

92 색종이로 네모 접기

3~4세

목표 | 색종이를 반으로 접어 네모 모양을 만들 수 있다.

자료 | 색종이 한 묶음, 강화제

방법 ❶

- 교사가 유아 옆에 앉아 색종이를 반으로 접어 네모 모양을 만드는 시범을 보인다.
- 유아에게 교사를 모방하여 색종이를 반으로 접어 네모 모양을 만들어 보라고 한다.
- 수행되면 유아 스스로 색종이를 반으로 접어 네모 모양을 만들어 보라고 한다.
- 수행되면 유아의 특성에 맞는 적절한 강화제를 제공한다.

방법 ❷

- 교사가 유아의 옆에 앉아 색종이를 반으로 접어 네모 모양을 만드는 시범을 보

인다.

- 유아에게 교사를 모방하여 색종이를 반으로 접어 네모 모양을 만들어 보라고 한다.
- 접지 못하면 교사가 유아의 손을 잡고 색종이를 반으로 접어 네모 모양을 만들어 준다.
- 교사가 네모 모양의 1/2을 접어 준 후 유아에게 나머지 부분을 접어 네모 모양을 만들어 보라고 한다.
- 수행되면 교사가 색종이의 1/2에 선을 그어 준 후 손으로 짚어 주며 유아에게 반으로 접어 네모 모양을 만들어 보라고 한다.
- 수행되면 교사가 색종이의 1/2에 선을 그어 준 후 유아에게 반으로 접어 네모 모양을 만들어 보라고 한다.
- 수행되면 교사가 색종이의 반을 가리켜 주며 유아에게 반으로 접어 네모 모양을 만들어 보라고 한다.
- 도움을 점차 줄여 간다.
- 수행되면 유아 스스로 색종이를 반으로 접어 네모 모양을 만들어 보라고 한다.
- 수행되면 유아의 특성에 맞는 적절한 강화제를 제공한다.

93 주먹으로 연필 잡기

3~4세

목표 | 주먹으로 연필을 잡을 수 있다.

자료 | 연필, 강화제

방법 ❶

- 교사가 주먹으로 연필을 잡는 시범을 보인다.
- 유아에게 교사를 모방하여 주먹으로 연필을 잡아 보라고 한다.

• 수행되면 유아 스스로 주먹으로 연필을 잡아 보라고 한다.
• 수행되면 유아의 특성에 맞는 적절한 강화제를 제공한다.

방법 ❷

• 교사가 주먹으로 연필을 잡는 시범을 보인다.
• 유아에게 교사를 모방하여 주먹으로 연필을 잡아 보라고 한다.
• 모방하지 못하면 교사가 유아의 손을 잡고 연필을 잡아 준다.
• 교사가 유아의 손에 연필을 끼워 준 후 유아에게 주먹으로 연필을 잡아 보라고 한다.
• 교사가 유아의 손을 연필에 닿게 해 준 후 유아에게 주먹으로 연필을 잡아 보라고 한다.
• 교사가 연필을 가리키며 유아에게 주먹으로 연필을 잡아 보라고 한다.
• 도움을 점차 줄여 간다.
• 수행되면 유아 스스로 주먹으로 연필을 잡아 보라고 한다.
• 수행되면 유아의 특성에 맞는 적절한 강화제를 제공한다.

94 꽂기판에서 꽂기 7~10개 빼기 3~4세

목표 | 꽂기판에서 꽂기를 7~10개 뺄 수 있다.
자료 | 꽂기판, 꽂기 열 개, 강화제

방법 ❶

• 3~5개의 꽂기를 빼는 것은 앞 단계에서 수행하였으므로 확인한 후 시행한다.
• 교사가 꽂기판에서 꽂기를 7~10개 빼는 시범을 보인다.
• 유아에게 교사를 모방하여 꽂기판에서 꽂기를 7~10개 빼 보라고 한다.

- 수행되면 유아 스스로 꽂기판에서 꽂기를 7~10개 빼 보라고 한다.
- 수행되면 유아의 특성에 맞는 적절한 강화제를 제공한다.

방법 ❷

- 3~5개의 꽂기를 빼는 것은 앞 단계에서 수행하였으므로 확인한 후 시행한다.
- 교사가 꽂기판에서 꽂기를 7~10개 빼는 시범을 보인다.
- 유아에게 교사를 모방하여 꽂기판에서 꽂기를 7~10개 빼 보라고 한다.
- 모방하지 못하면 교사가 유아의 손을 잡고 꽂기판에서 꽂기를 7~10개 빼 준다.
- 교사가 유아의 손에 꽂기를 잡게 해 준 후 유아에게 꽂기를 7~10개 빼 보라고 한다.
- 수행되면 교사가 유아의 손을 꽂기를 잡을 수 있도록 꽂기에 대 준 후 꽂기를 7~10개 빼 보라고 한다.
- 빼지 못하면 교사가 유아의 손을 잡고 꽂기를 7~10개 빼는 동작을 반복해 준다.
- 교사가 유아의 손을 꽂기 가까이에 대 준 후 꽂기를 7~10개 빼 보라고 한다.
- 도움을 점차 줄여 간다.
- 수행되면 유아 스스로 꽂기판에서 꽂기를 7~10개 빼 보라고 한다.
- 수행되면 유아의 특성에 맞는 적절한 강화제를 제공한다.

95 수수깡 부러뜨리기 3~4세

목표 | 수수깡을 부러뜨릴 수 있다.

자료 | 다양한 색깔의 수수깡, 강화제

방법 ❶

- 교사가 수수깡을 손으로 쥔 후 부러뜨리는 시범을 보인다.

- 유아에게 교사를 모방하여 수수깡을 손으로 쥔 후 부러뜨려 보라고 한다.
- 수행되면 유아 스스로 수수깡을 손으로 쥔 후 부러뜨려 보라고 한다.
- 수행되면 유아의 특성에 맞는 적절한 강화제를 제공한다.

방법 ❷

- 교사가 수수깡을 쥐는 시범을 보인다.
- 유아에게 교사를 모방하여 수수깡을 쥐어 보라고 한다.
- 모방하지 못하면 교사가 유아의 손을 잡고 수수깡을 쥐어 준다.
- 교사가 유아의 손을 수수깡에 대 준 후 유아에게 수수깡을 쥐어 보라고 한다.
- 교사가 수수깡을 가리키며 유아에게 수수깡을 쥐어 보라고 한다.
- 도움을 점차 줄여 간다.
- 수행되면 유아 스스로 수수깡을 쥐어 보라고 한다.
- 수행되면 교사가 수수깡을 쥐고 부러뜨리는 시범을 보인다.
- 유아에게 교사를 모방하여 수수깡을 쥐고 부러뜨려 보라고 한다.
- 모방하지 못하면 교사가 유아에게 스스로 수수깡을 쥐라고 한 후 유아의 손을 잡고 수수깡을 부러뜨려 준다.
- 교사가 유아에게 스스로 수수깡을 쥐라고 한 후 수수깡을 부러뜨려 보라고 한다.
- 도움을 점차 줄여 간다.
- 수행되면 유아 스스로 수수깡을 쥐고 부러뜨려 보라고 한다.
- 수행되면 유아의 특성에 맞는 적절한 강화제를 제공한다.

☞ 수수깡은 문방구에서 쉽게 구입이 가능하다.

96 점토 주무르기

3~4세

목표 | 점토를 주무를 수 있다.

자료 | 점토, 강화제

방법 ❶

- 교사가 "주물주물 ♬ 말랑말랑 ♬ 조물조물 ♬"이라고 노래를 부르며 점토를 주무르는 시범을 보인다.
- 유아에게 교사를 모방하여 점토를 주물러 보라고 한다.
- 수행되면 유아 스스로 점토를 주물러 보라고 한다.
- 수행되면 유아의 특성에 맞는 적절한 강화제를 제공한다.

방법 ❷

- 교사가 "주물주물 ♬ 말랑말랑 ♬ 조물조물 ♬"이라고 노래를 부르며 점토를 주무르는 시범을 보인다.
- 유아에게 교사를 모방하여 점토를 주물러 보라고 한다.
- 모방하지 못하면 교사가 유아의 손을 잡고 점토를 주물러 준다.
- 교사가 유아의 손에 점토를 올려 준 후 유아의 손을 오므려 주고 유아에게 점토를 주물러 보라고 한다.
- 수행되면 유아에게 점토를 손에 잡아 보라고 한 후 교사가 손을 오므리는 동작과 펴는 동작을 보여 주며 "손 오므려요." "손 펴요."라고 반복적으로 말해 주면서 유아에게 점토를 주물러 보라고 한다.
- 수행되면 유아에게 점토를 손에 잡아 보라고 한 후 교사가 "손 오므려요." "손 펴요."라고 반복적으로 말해 주면서 유아에게 점토를 주물러 보라고 한다.
- 도움을 점차 줄여 간다.

- 수행되면 유아 스스로 점토를 주물러 보라고 한다.
- 수행되면 유아의 특성에 맞는 적절한 강화제를 제공한다.

97 여덟 개의 블록 쌓기

3~4세

목표 | 여덟 개의 블록을 쌓을 수 있다.

자료 | 블록 여덟 개, 컵 쌓기 블록, 강화제

방법 ❶

- 블록 다섯 개 쌓기는 앞 단계에서 수행하였으므로 확인한 후 시행한다.
- 교사가 블록 여덟 개를 제시한 후 순서대로 쌓는 시범을 보인다.
- 유아에게 교사를 모방하여 블록 여덟 개를 순서대로 쌓아 보라고 한다.
- 수행되면 유아 스스로 블록 여덟 개를 순서대로 쌓아 보라고 한다.
- 수행되면 유아의 특성에 맞는 적절한 강화제를 제공한다.

3~4세

방법 ❷

- 블록 다섯 개 쌓기는 앞 단계에서 수행하였으므로 확인한 후 시행한다.
- 교사가 블록 여섯 개를 제시한 후 순서대로 쌓는 시범을 보인다.
- 유아에게 교사를 모방하여 블록 여섯 개를 순서대로 쌓아 보라고 한다.
- 모방하지 못하면 교사가 유아의 손을 잡고 블록 여섯 개를 순서대로 쌓아 준다.
- 교사가 유아의 손목을 살짝 잡아 주며 유아에게 블록 여섯 개를 순서대로 쌓아 보라고 한다.
- 수행되면 교사가 블록 여섯 개를 가리키며 유아에게 블록 여섯 개를 순서대로 쌓아 보라고 한다.
- 도움을 점차 줄여 간다.

- 수행되면 유아 스스로 블록 여섯 개를 쌓아 보라고 한다.
- 수행되면 나머지 블록을 쌓는 것도 블록 여섯 개를 쌓은 것과 같은 방법으로 지도한다.
- 수행되면 유아 스스로 블록 여덟 개를 순서대로 쌓아 보라고 한다.
- 수행되면 유아의 특성에 맞는 적절한 강화제를 제공한다.

방법 ❸

- 블록 다섯 개 쌓기는 앞 단계에서 수행하였으므로 확인한 후 시행한다.
- 교사가 블록 일곱 개를 제시한 후 그 위에 블록 한 개를 쌓는 시범을 보인다.
- 유아에게 교사를 모방하여 일곱 개의 블록 위에 블록 한 개를 쌓아 보라고 한다.
- 모방하지 못하면 교사가 유아의 손을 잡고 일곱 개의 블록 위에 블록 한 개를 쌓아 준다.
- 교사가 유아의 손목을 살짝 잡아 주며 유아에게 일곱 개의 블록 위에 블록 한 개를 쌓아 보라고 한다.
- 수행되면 교사가 블록 한 개를 가리키며 유아에게 일곱 개의 블록 위에 블록 한 개를 쌓아 보라고 한다.
- 도움을 점차 줄여 간다.
- 수행되면 유아 스스로 일곱 개의 블록 위에 블록 한 개를 쌓아 보라고 한다.
- 수행되면 교사가 블록 여섯 개를 제시한 후 그 위에 블록 두 개를 쌓는 시범을 보인다.
- 유아에게 교사를 모방하여 여섯 개의 블록 위에 블록 두 개를 쌓아 보라고 한다.
- 모방하지 못하면 일곱 개의 블록 위에 블록 한 개를 쌓은 것과 같은 방법으로 지도한다.
- 수행되면 교사가 블록 다섯 개를 제시한 후 그 위에 블록 세 개를 쌓는 시범을 보인다.
- 유아에게 교사를 모방하여 다섯 개의 블록 위에 블록 세 개를 쌓아 보라고 한다.

• 도움을 점차 줄여 간다.
• 수행되면 유아 스스로 블록 여덟 개를 순서대로 쌓아 보라고 한다.
• 수행되면 유아의 특성에 맞는 적절한 강화제를 제공한다.

☞ 블록 대신 크기가 다른 상자나 크기가 다른 컵 등으로 지도해도 무방하다.

☞ 방법 ❷는 점진법(앞에서 순서대로 진행하는 방법), 방법 ❸은 후진법(뒤에서 순서대로 진행하는 방법, 즉 거꾸로 진행하는 방법)이므로 유아의 특성에 맞게 지도하면 된다.

98 십자 긋기

3~4세

목표 | 십자 긋기를 할 수 있다.
자료 | 도화지(스케치북), 색연필 또는 연필, 스티커, 십자 긋기와 관련된 그림, 강화제

방법 ❶

• 수직선이나 수평선을 긋는 것은 앞 단계에서 수행하였으므로 확인한 후 시행한다.
• 교사가 도화지(스케치북)에 색연필(연필)로 십자를 긋는 시범을 보인다.
• 유아에게 교사를 모방하여 도화지에 색연필로 십자를 그어 보라고 한다.
• 수행되면 유아 스스로 도화지에 색연필로 십자를 그어 보라고 한다.
• 수행되면 유아의 특성에 맞는 적절한 강화제를 제공한다.

방법 ❷

• 수직선이나 수평선을 긋는 것은 앞 단계에서 수행하였으므로 확인한 후 시행한다.

- 교사가 도화지(스케치북)에 색연필(연필)로 십자를 긋는 시범을 보인다.
- 유아에게 교사를 모방하여 도화지에 색연필로 십자를 그어 보라고 한다.
- 모방하지 못하면 교사가 위, 아래, 오른쪽, 왼쪽에 점을 찍고 점 사이에 점선을 그려 준 후 유아에게 십자를 그어 보라고 한다.
- 긋지 못하면 교사가 유아의 손을 잡고 점선을 따라 십자를 그어 준다.
- 교사가 점선을 손으로 가리키며 "위~에서 ♬ 아래로 ♬ 옆~으로 ♬ 옆~으로 죽 죽 죽 ♬"이라고 말해 주며 유아에게 십자를 그어 보라고 한다.
- 도움을 점차 줄여 간다.
- 수행되면 유아 스스로 점선을 따라 십자를 그어 보라고 한다.
- 수행되면 교사가 위, 아래는 점만 찍어 주고 오른쪽, 왼쪽 점 사이에는 점선을 찍어 준 후 유아에게 십자를 그어 보라고 한다.
- 긋지 못하면 교사가 유아의 손을 잡고 위, 아랫점을 연결하여 수직선을 그려 준 후 유아에게 오른쪽과 왼쪽 점을 연결하여 수평선을 그어 보라고 한다.
- 수행되면 교사가 위, 아래, 오른쪽, 왼쪽 점만 찍어 준 후 유아에게 십자를 그어 보라고 한다.
- 수행되면 교사가 위, 오른쪽, 왼쪽 점만 찍어 준 후 유아에게 십자를 그어 보라고 한다.
- 수행되면 교사가 위와 왼쪽에만 점만 찍어 준 후 유아에게 십자를 그어 보라고 한다.
- 수행되면 교사가 윗점만 찍어 준 후 유아에게 십자를 그어 보라고 한다.
- 수행되면 유아 스스로 십자를 그어 보라고 한다.
- 수행되면 유아의 특성에 맞는 적절한 강화제를 제공한다

방법 ❸

- 교사가 병원 그림을 제시하고 "위~에서 ♬ 아래로 ♬ 옆~으로 ♬ 옆~으로 죽 죽 죽 ♬"이라고 노래를 부르면서 점선을 따라 십자 긋기를 시범 보인다.

• 유아에게 점선을 따라 십자를 그어 보라고 한다.
• 긋지 못하면 교사가 유아의 손을 잡고 그어 준다.
• 교사가 시작 부분을 손으로 짚어 준 후 유아에게 "위~에서 ♬ 위~에서 아래로 ♬ 옆~으로 ♬ 옆~으로 죽 죽 죽 그어 보아요 ♬"라고 말하면서 유아에게 십자를 그어 보라고 한다.
• 수행되면 교사가 시작 부분을 손으로 짚어 주며 유아에게 십자를 그어 보라고 한다.
• 도움을 점차 줄여 간다.
• 수행되면 유아 스스로 십자를 그어 보라고 한다.
• 교회 그림도 같은 방법으로 지도한다
• 수행되면 유아의 특성에 맞는 적절한 강화제를 제공한다.

☞ 점 대신 스티커를 사용해도 되고 필요시 점에 강화제(예: 초콜릿)를 놓아 주면 유아가 쉽게 습득한다. 그리고 수행된 후 점에 놓인 강화제를 유아가 보상으로 먹을 수 있게 하면 효과적이다.

☞ 십자 긋기가 수행된 후 그림들을 이용하여 십자 긋기 놀이를 하면 유아가 십자를 그으면서 즐겁게 활동할 수 있고 성취감을 느낄 수 있다.

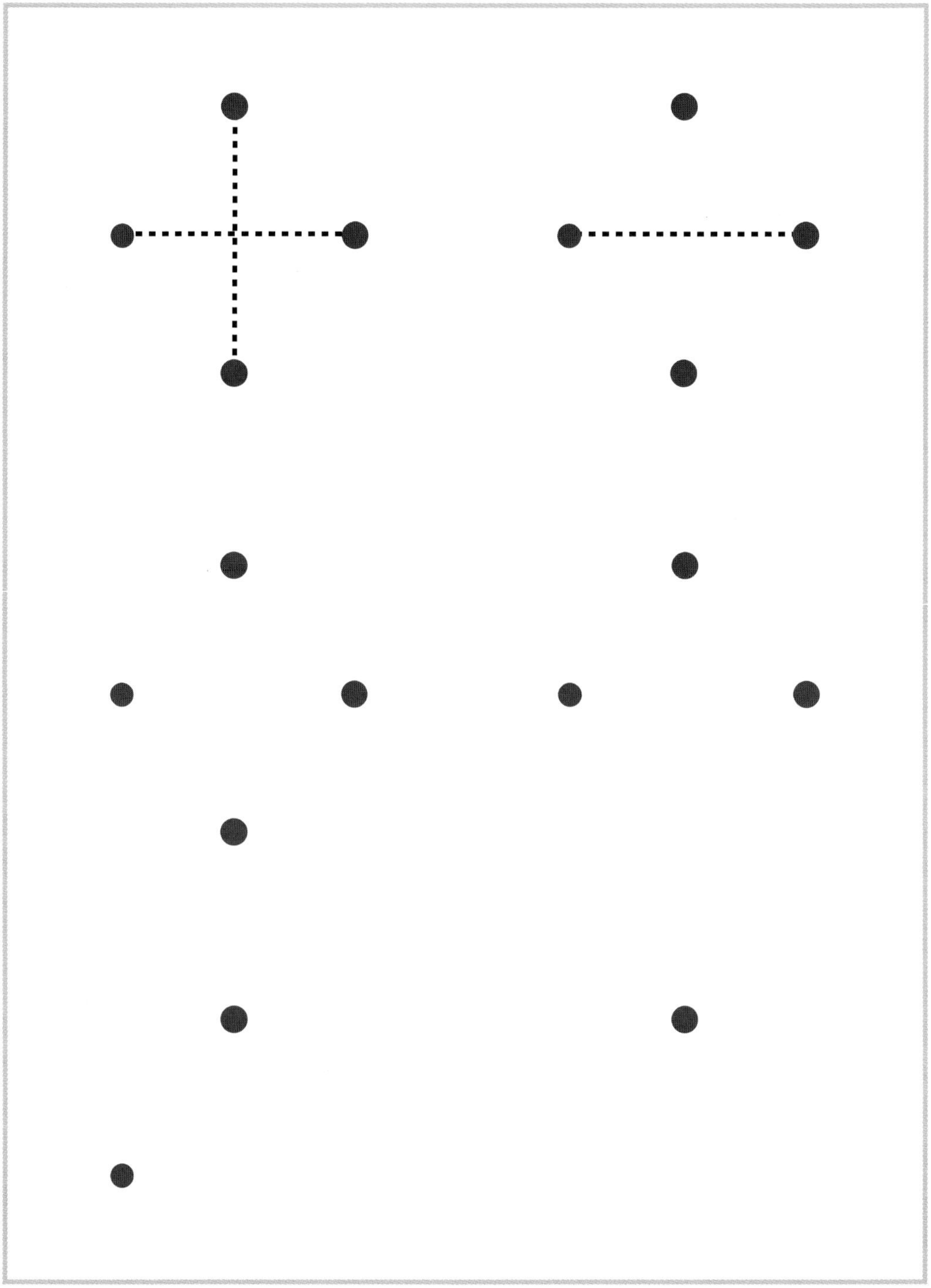

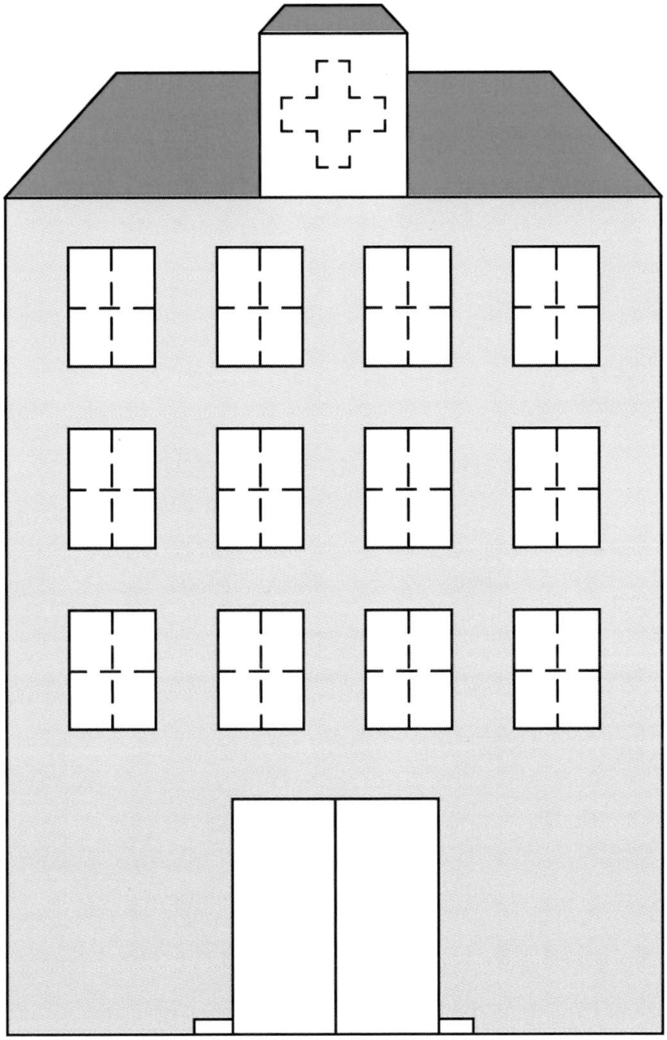

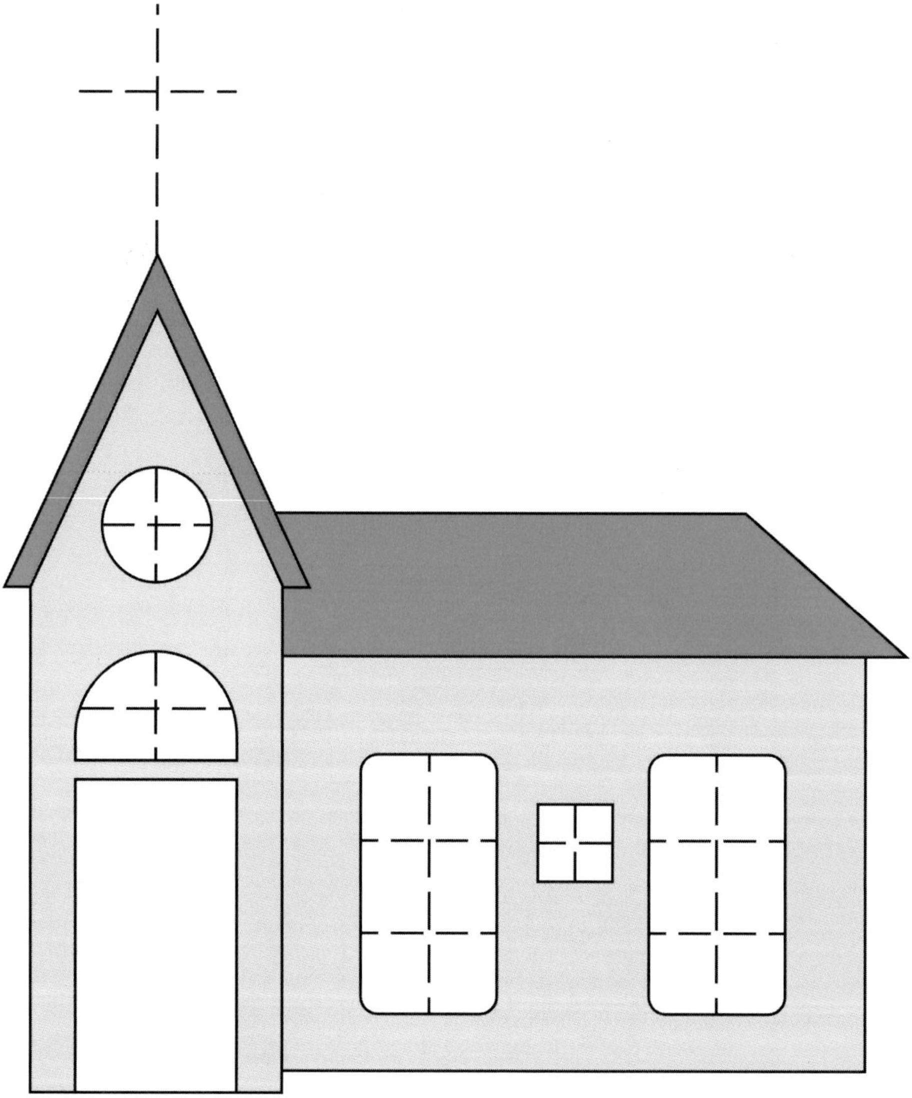

99 손도장 마구 찍기 3~4세

목표 | 손도장을 마구 찍을 수 있다.

자료 | 도화지, 인주, 그림자료, 강화제

방법 ❶

- 교사가 엄지손가락에 인주를 묻혀 도화지에 손도장을 마구 찍는 시범을 보인다.
- 유아에게 교사를 모방하여 엄지손가락에 인주를 묻혀 도화지에 손도장을 마구 찍어 보라고 한다.
- 수행되면 유아 스스로 엄지손가락에 인주를 묻혀 도화지에 손도장을 마구 찍어 보라고 한다.
- 수행되면 유아의 특성에 맞는 적절한 강화제를 제공한다.

방법 ❷

- 교사가 엄지손가락에 인주를 묻히는 시범을 보인다.
- 유아에게 교사를 모방하여 엄지손가락에 인주를 묻혀 보라고 한다.
- 모방하지 못하면 교사가 유아의 엄지손가락을 잡고 인주를 묻혀 준다.
- 교사가 유아의 엄지손가락을 인주에 대 준 후 유아에게 인주를 묻혀 보라고 한다.
- 묻히지 못하면 교사가 유아의 엄지손가락을 잡고 인주를 묻혀 주는 동작을 반복해 준다.
- 교사가 인주를 가리키며 유아에게 엄지손가락에 인주를 묻혀 보라고 한다.
- 도움을 점차 줄여 간다.
- 수행되면 유아 스스로 인주를 묻혀 보라고 한다.
- 수행되면 교사가 엄지손가락에 인주를 묻혀 도화지에 손도장을 마구 찍는 시범을 보인다.

- 유아에게 교사를 모방하여 엄지손가락에 인주를 묻혀 도화지에 손도장을 마구 찍어 보라고 한다.
- 모방하지 못하면 교사가 유아에게 스스로 엄지손가락에 인주를 묻혀 보라고 한 후 유아의 엄지손가락을 잡고 도화지에 손도장을 마구 찍어 준다.
- 교사가 도화지를 가리키며 유아에게 엄지손가락에 인주를 묻혀 손도장을 마구 찍어 보라고 한다.
- 도움을 점차 줄여 간다.
- 수행되면 유아 스스로 엄지손가락에 인주를 묻혀 도화지에 손도장을 마구 찍어 보라고 한다.
- 수행되면 유아의 특성에 맞는 적절한 강화제를 제공한다.

100 점토에 모양 찍기

3~4세

목표 | 점토에 모양을 찍을 수 있다.

자료 | 점토, 다양한 모양 틀, 캐릭터 모양을 찍어 내는 틀, 강화제

방법 ❶

- 교사가 다양한 모양 틀이나 캐릭터 모양을 찍어 내는 틀로 점토에 모양을 찍는 시범을 보인다.
- 유아에게 교사를 모방하여 다양한 모양 틀이나 캐릭터 모양을 찍어 내는 틀로 점토에 모양을 찍어 보라고 한다.
- 수행되면 유아 스스로 다양한 모양 틀이나 캐릭터 모양을 찍어 내는 틀로 점토에 모양을 찍어 보라고 한다.
- 수행되면 유아의 특성에 맞는 적절한 강화제를 제공한다.

방법 ❷

- 교사가 예를 들어 손으로 나비 모양의 틀을 잡는 시범을 보인다.
- 유아에게 교사를 모방하여 손으로 나비 모양의 틀을 잡아 보라고 한다.
- 모방하지 못하면 교사가 유아의 손을 잡고 나비 모양의 틀을 잡아 준다.
- 교사가 유아의 손을 나비 모양의 틀에 대 준 후 유아에게 나비 모양의 틀을 잡아 보라고 한다.
- 도움을 점차 줄여 간다.
- 수행되면 유아 스스로 나비 모양의 틀을 잡아 보라고 한다.
- 수행되면 교사가 나비 모양의 틀로 나비 모양을 찍는 시범을 보인다.
- 유아에게 교사를 모방하여 나비 모양의 틀로 나비 모양을 찍어 보라고 한다.
- 모방하지 못하면 교사가 유아에게 나비 모양의 틀을 잡아 보라고 한 후 유아의 손을 잡고 나비 모양을 찍어 준다.
- 교사가 유아에게 나비 모양의 틀을 잡아 보라고 한 후 유아의 손을 점토 위에 올려 준 다음 나비 모양을 찍어 보라고 한다.
- 수행되면 유아 스스로 나비 모양 틀을 손에 쥐라고 한 후 유아에게 점토에 나비 모양을 찍어 보라고 한다.
- 도움을 점차 줄여 간다.
- 수행되면 유아 스스로 나비 모양 틀로 점토에 나비 모양을 찍어 보라고 한다.
- 수행되면 유아 스스로 다양한 모양 틀이나 캐릭터 모양을 찍어 내는 틀로 점토에 모양을 찍어 보라고 한다.
- 수행되면 유아의 특성에 맞는 적절한 강화제를 제공한다.

☞ 완구점 등에서 시판되고 있는 점토와 캐릭터 모양 찍어 내는 틀을 사용하면 유아가 흥미롭게 점토에 모양을 찍어 내는 놀이를 할 수 있다. 점토 대신 밀가루 반죽에 색소를 사용하여 집에서 구할 수 있는 모양(예: 병뚜껑, 화장품 뚜껑 등)으로 지도해도 무방하다.

101 물풍선 굴리기

3~4세

목표 | 물풍선을 굴릴 수 있다.

자료 | 풍선, 물, 깔때기 또는 굵은 빨대, 강화제

방법 ❶

- 교사가 풍선에 깔때기나 굵은 빨대를 이용하여 물을 넣은 후 풍선을 불어 유아가 잡을 수 있는 크기의 물풍선을 제시한다.
- 교사가 물풍선을 손으로 잡아 굴리는 시범을 보인다.
- 유아에게 교사를 모방하여 물풍선을 손으로 잡아 굴려 보라고 한다.
- 수행되면 유아 스스로 물풍선을 손으로 잡아 굴려 보라고 한다.
- 수행되면 유아의 특성에 맞는 적절한 강화제를 제공한다.

방법 ❷

- 교사가 풍선에 깔때기나 굵은 빨대를 이용하여 물을 넣은 후 풍선을 불어 유아가 잡을 수 있는 크기의 물풍선을 제시한다.
- 교사가 물풍선을 손으로 잡아 굴리는 시범을 보인다.
- 유아에게 교사를 모방하여 물풍선을 손으로 잡아 굴려 보라고 한다.
- 모방하지 못하면 교사가 유아의 손을 잡고 물풍선을 굴려 준다.
- 교사가 유아의 손을 물풍선에 대 준 후 유아에게 물풍선을 굴려 보라고 한다.
- 굴리지 못하면 교사가 유아의 손을 잡고 물풍선을 굴리는 동작을 반복해 준다.
- 교사가 물풍선을 굴리는 동작을 보여 주며 유아에게 물풍선을 손으로 잡아 굴려 보라고 한다.
- 수행되면 교사가 물풍선을 가리키며 유아에게 물풍선을 손으로 잡아 굴려 보라고 한다.

- 도움을 점차 줄여 간다.
- 수행되면 유아 스스로 물풍선을 손으로 잡아 굴려 보라고 한다.
- 수행되면 유아의 특성에 맞는 적절한 강화제를 제공한다.

102 사선 긋기

3~4세

목표 | 사선 긋기를 할 수 있다.

자료 | 도화지 또는 스케치북, 연필 또는 색연필, 스티커, 사선 그림, 강화제

방법 ❶

- 교사가 예를 들어 색연필로 도화지에 사선을 긋는 시범을 보인다.
- 유아에게 교사를 모방하여 색연필로 도화지에 사선을 그어 보라고 한다.
- 수행되면 유아 스스로 색연필로 도화지에 사선을 그어 보라고 한다.
- 수행되면 유아의 특성에 맞는 적절한 강화제를 제공한다.

방법 ❷

- 교사가 사선이 되도록 점을 찍고 점과 점 사이의 점선을 따라 사선을 긋는 시범을 보인다.
- 교사가 사선이 되도록 점을 찍고 점과 점 사이에 점선을 그려 준 후 유아에게 교사를 모방하여 사선을 그어 보라고 한다.
- 긋지 못하면 교사가 유아의 손을 잡고 점선을 따라 사선을 그어 준다.
- 교사가 시작점을 손으로 짚어 준 후 유아에게 점선을 따라 사선을 그어 보라고 한다.
- 교사가 손으로 사선 긋는 흉내를 내면서 "이렇게 주~욱 ♬그어 보아요 ♬"라고 말해 주면서 유아에게 사선을 그어 보라고 한다.

- 도움을 점차 줄여 간다.
- 수행되면 유아 스스로 점선을 따라 사선을 그어 보라고 한다.
- 수행되면 교사가 사선이 되도록 점만 찍어 준 후 점을 연결하여 사선을 긋는 시범을 보인다.
- 유아에게 교사를 모방하여 점을 연결하여 사선을 그어 보라고 한다.
- 긋지 못하면 교사가 유아의 손을 잡고 점을 연결하여 사선을 그어 준다.
- 교사가 시작점을 손으로 짚어 주며 유아에게 점을 연결하여 사선을 그어 보라고 한다.
- 수행되면 유아 스스로 점을 연결하여 사선을 그어 보라고 한다.
- 수행되면 교사가 시작점만 제시한 후 사선을 긋는 시범을 보인다.
- 교사가 시작점만 제시한 후 유아에게 교사를 모방하여 사선을 그어 보라고 한다.
- 긋지 못하면 교사가 유아의 손을 잡고 시작점을 그어 준다.
- 교사가 시작점을 가리키며 유아에게 사선을 그어 보라고 한다.
- 수행되면 유아 스스로 사선을 그어 보라고 한다.
- 수행되면 유아의 특성에 맞는 적절한 강화제를 제공한다.

방법 ❸

- 교사가 사탕 그림을 제시한 후 "점선을 따라 죽~죽 ♬그어 보아요 ♬"라고 노래를 부르며 점선을 따라 사선을 긋는 시범을 보인다.
- 유아에게 교사를 모방하여 점선을 따라 사선을 그어 보라고 한다.
- 긋지 못하면 교사가 유아의 손을 잡고 점선을 따라 사선을 그어 준다.
- 긋지 못하면 교사가 사선의 2/3를 그어 준 후 나머지를 유아에게 그어 보라고 한다.
- 수행되면 교사가 사선의 1/2을 그어 준 후 나머지를 유아에게 그어 보라고 한다.
- 수행되면 교사가 사선의 1/3을 그어 준 후 나머지를 유아에게 그어 보라고 한다.
- 수행되면 교사가 유아에게 "점선을 따라 죽~죽 ♬ 그어 보아요 ♬"라고 말하면서

유아에게 사선을 그어 보라고 한다.

- 도움을 점차 줄여 간다.
- 수행되면 유아 스스로 사선을 그어 보라고 한다.
- 수행되면 다른 그림도 같은 방법으로 지도한다.
- 수행되면 유아의 특성에 맞는 적절한 강화제를 제공한다.

☞ 점 대신 스티커를 사용하거나 끝 점에 강화제(예: 초콜릿)를 놓고 지도하면 효과적이다. 수행되면 강화제를 유아가 보상으로 먹을 수 있도록 한다.

☞ 방법 ❸은 유아가 사선을 그으면서 즐겁게 활동할 수 있고 성취감을 느낄 수 있으므로 다양한 그림을 활용하여 사선을 긋게 하면 효과적이다.

3~4 세

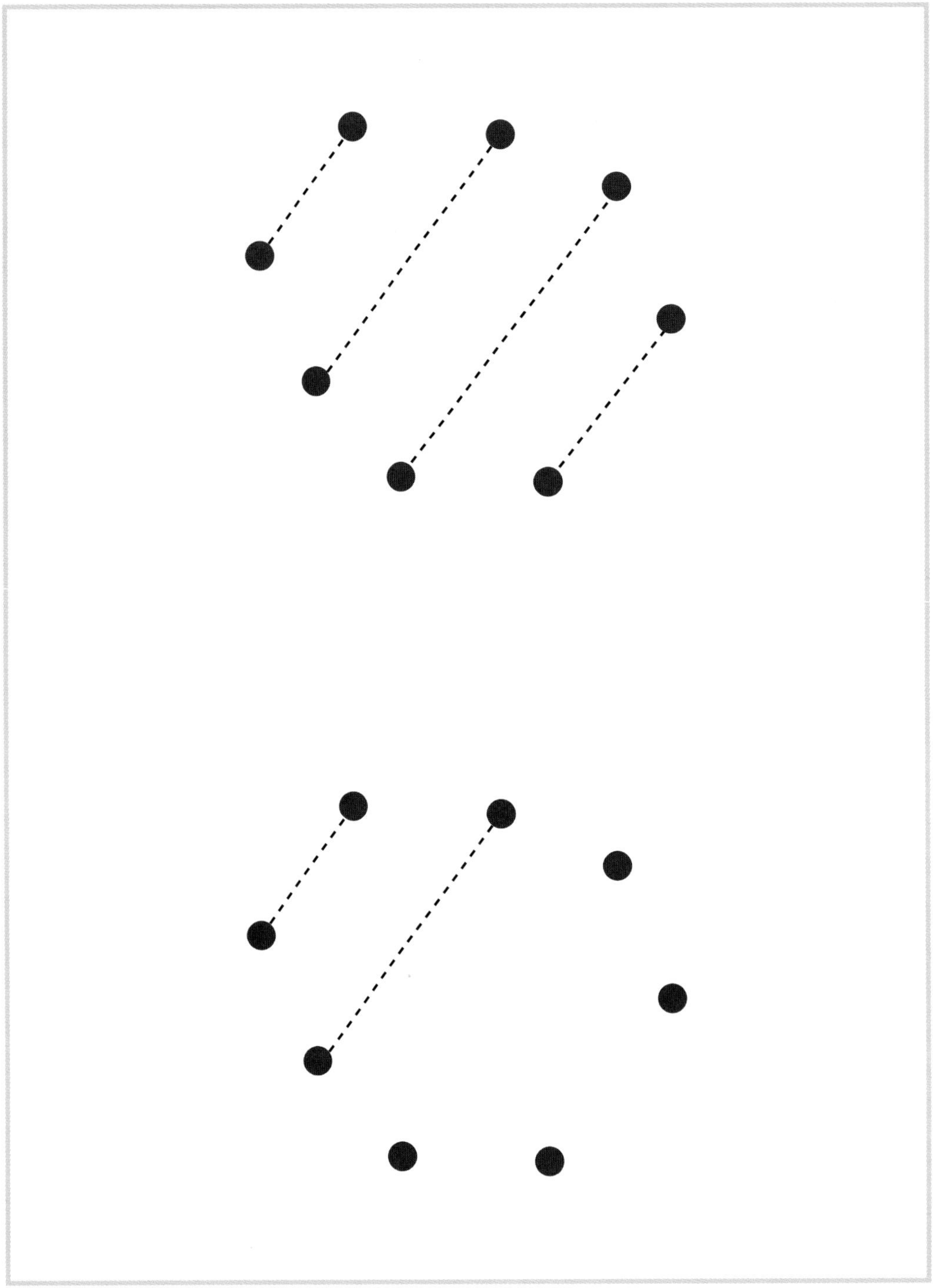

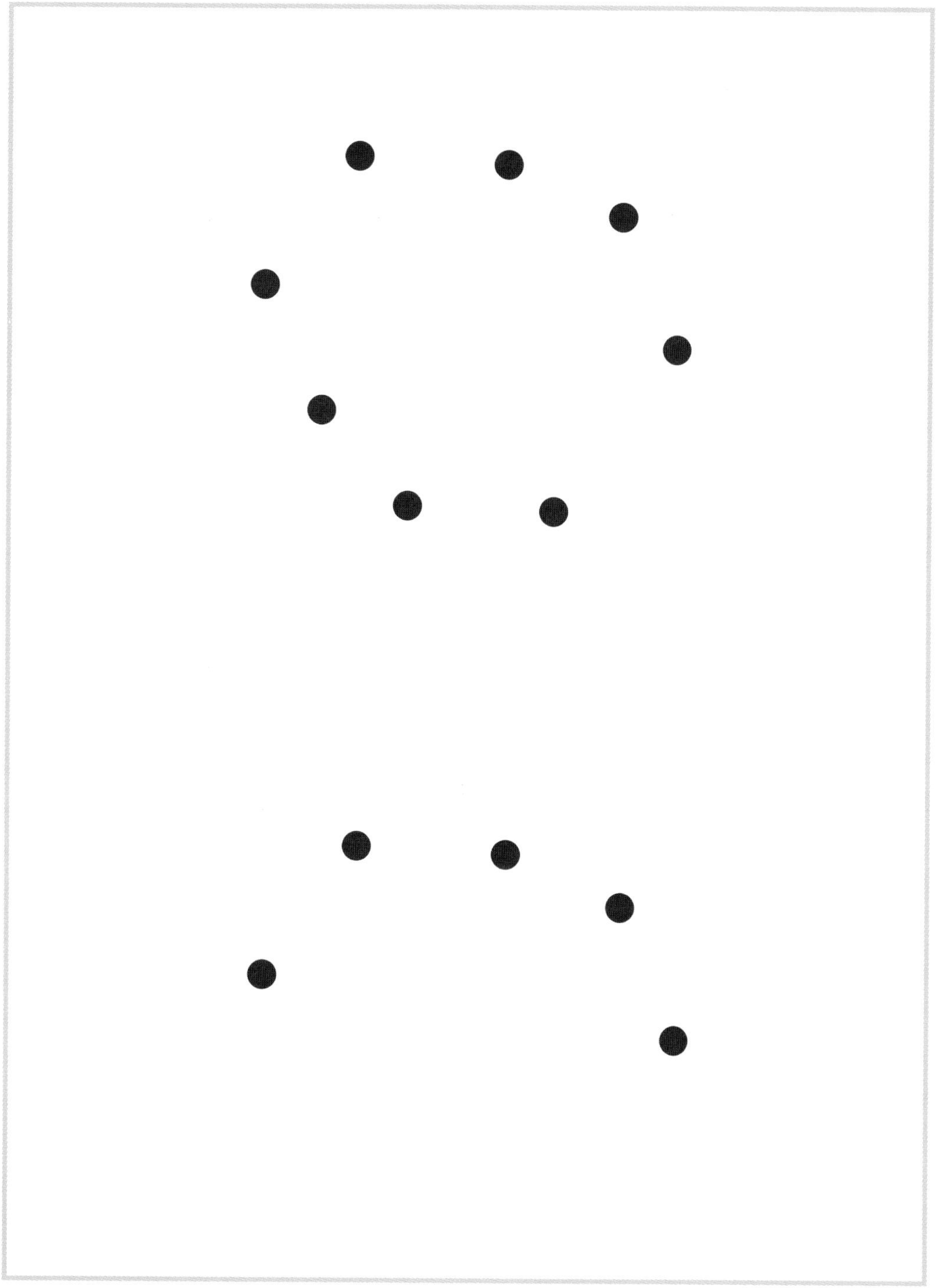

3~4 세

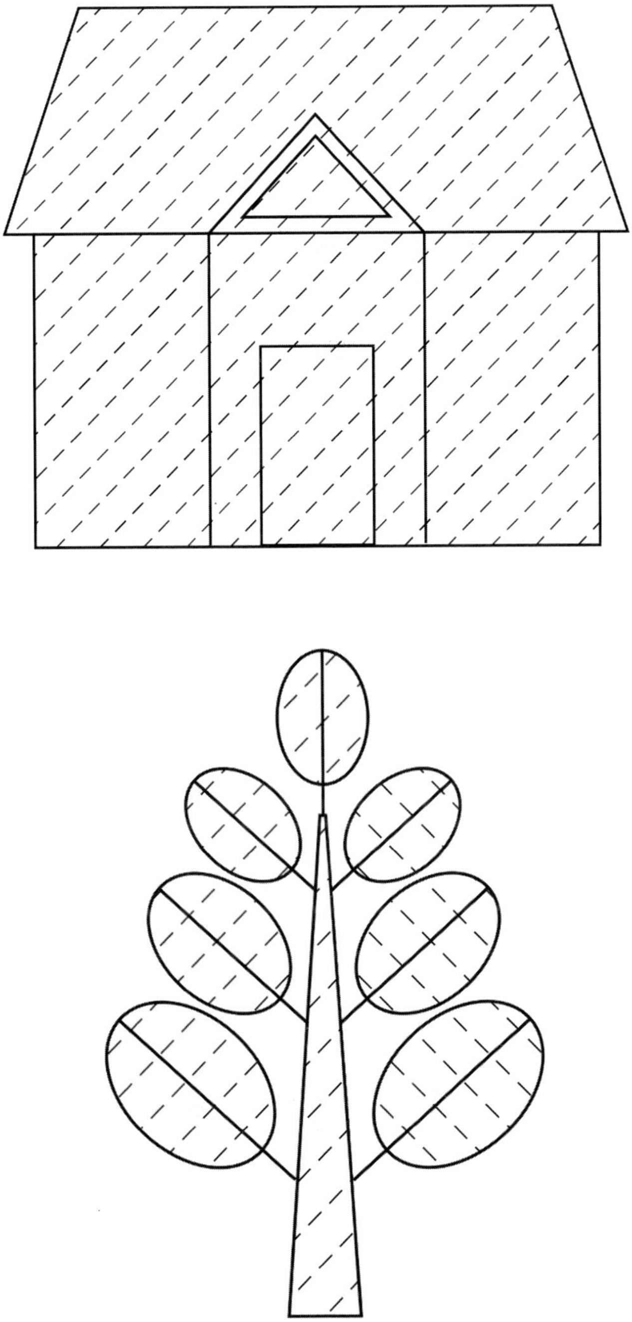

3~4
세

103 색종이 찢어서 풀로 붙이기

3~4세

목표 | 색종이를 찢어서 풀로 붙일 수 있다.

자료 | 색종이, 풀 , 도화지, 상자, 그림자료, 강화제

방법 ❶

- 종이 찢기는 앞 단계에서 수행하였으므로 확인한 후 시행한다.
- 교사가 예를 들어 색종이를 찢어서 풀을 칠한 후 상자에 붙이는 시범을 보인다.
- 유아에게 교사를 모방하여 색종이를 찢어서 풀을 칠한 후 상자에 붙여 보라고 한다.
- 수행되면 유아 스스로 색종이를 찢어서 풀을 칠한 후 상자에 붙여 보라고 한다.
- 수행되면 다른 그림에도 유아 스스로 색종이를 찢어서 풀을 칠한 후 붙여 보라고 한다.
- 수행되면 유아의 특성에 맞는 적절한 강화제를 제공한다.

방법 ❷

- 종이 찢기는 앞 단계에서 수행하였으므로 확인한 후 시행한다.
- 교사가 색종이에 풀을 칠하는 시범을 보인다.
- 유아에게 교사를 모방하여 색종이에 풀을 칠해 보라고 한다.
- 모방하지 못하면 교사가 유아의 손을 잡고 색종이에 풀을 칠해 준다.
- 교사가 유아의 손에 풀을 쥐어 준 후 색종이에 풀을 칠해 보라고 한다.
- 도움을 점차 줄여 간다.
- 수행되면 유아 스스로 색종이에 풀을 칠해 보라고 한다.
- 수행되면 교사가 예를 들어 색종이를 찢어서 풀을 칠한 후 그림에 붙이는 시범을 보인다.

- 유아에게 교사를 모방하여 색종이를 찢어서 풀을 칠한 후 그림에 붙여 보라고 한다.
- 모방하지 못하면 교사가 유아의 손을 잡고 색종이를 찢어서 풀을 칠한 후 그림에 붙여 준다.
- 교사가 유아에게 색종이를 찢어서 풀을 칠하라고 한 후 유아의 손을 잡고 그림에 붙여 준다.
- 교사가 유아에게 색종이를 찢어서 풀을 칠하라고 한 후 그림을 가리키며 유아에게 붙여 보라고 한다.
- 도움을 점차 줄여 간다.
- 수행되면 유아 스스로 색종이를 찢어서 풀을 칠한 후 그림에 붙여 보라고 한다.
- 수행되면 유아의 특성에 맞는 적절한 강화제를 제공한다.

☞ 종이를 붙이는 용지는 상자가 좀 더 수월하므로 상자에 붙이는 것을 지도한 후 그림에 붙이도록 하면 효과적이다.

104 휴지 심 도장 마구 찍기

3~4세

목표 | 휴지 심으로 도장을 마구 찍을 수 있다.

자료 | 휴지 심, 다양한 물감, 물, 나눔 접시(쟁반), 도화지 또는 그림자료, 강화제

방법 ❶

- 교사가 나눔 접시(쟁반)에 다양한 색깔의 물감을 희석하여 제시한다.
- 교사가 휴지 심의 1/2에 일정한 간격으로 선을 그은 후 잘라 놓는다(사진 참고).
- 교사가 나눔 접시에 담긴 물감을 휴지 심에 묻혀 도화지에 도장을 마구 찍는 시범을 보인다.
- 유아에게 교사를 모방하여 나눔 접시에 담긴 물감을 휴지 심에 묻힌 후 도화지에 도장을 마구 찍어 보라고 한다.
- 수행되면 유아 스스로 나눔 접시에 담긴 물감을 휴지 심에 묻힌 후 도화지에 도장을 마구 찍어 보라고 한다.
- 수행되면 유아의 특성에 맞는 적절한 강화제를 제공한다.

방법 ❷

- 교사가 나눔 접시(쟁반)에 다양한 색깔의 물감을 희석하여 제시한다.
- 교사가 휴지 심의 1/2에 일정한 간격으로 선을 그은 후 잘라 놓는다(사진 참고).
- 교사가 나눔 접시에 담긴 물감을 휴지 심에 묻히는 시범을 보인다.
- 유아에게 교사를 모방하여 나눔 접시에 담긴 물감을 휴지 심에 묻혀 보라고 한다.
- 모방하지 못하면 교사가 유아의 손을 잡고 휴지 심에 물감을 묻혀 준다.
- 교사가 유아에게 휴지 심을 잡으라고 한 후 휴지 심을 물감 가까이 대 준 다음 물감을 묻혀 보라고 한다.
- 묻히지 못하면 교사가 유아의 손을 잡고 휴지 심에 물감을 묻히는 동작을 반복해

준다.

- 교사가 유아에게 휴지 심을 잡으라고 한 후 물감을 가리키며 휴지 심에 물감을 묻혀 보라고 한다.
- 도움을 점차 줄여 간다.
- 수행되면 유아 스스로 휴지 심에 물감을 묻혀 보라고 한다.
- 수행되면 교사가 물감이 찍힌 휴지 심으로 마구 도장을 찍는 시범을 보인다.
- 유아에게 교사를 모방하여 물감이 찍힌 휴지 심으로 마구 도장을 찍어 보라고 한다.
- 모방하지 못하면 교사가 유아의 손을 잡고 물감이 찍힌 휴지 심으로 마구 도장을 찍어 준다.
- 찍지 못하면 교사가 유아에게 휴지 심에 물감을 찍으라고 한 후 유아의 손을 잡고 도장을 찍는 동작을 반복해 준다.
- 도움을 점차 줄여 간다.
- 수행되면 유아 스스로 휴지 심에 물감을 묻힌 후 도장을 마구 찍어 보라고 한다.
- 수행되면 유아의 특성에 맞는 적절한 강화제를 제공한다.

☞ 휴지 심에 물감을 묻히면 쉽게 망가지므로 다음 사진처럼 휴지 심을 같은 모양으로 여러 개 만들어 놓아야 한다.

☞ 휴지 심으로 도장을 마구 찍을 수 있도록 지도하는 것이므로 그림의 동그라미에 맞추어 찍지 않아도 무방하다.

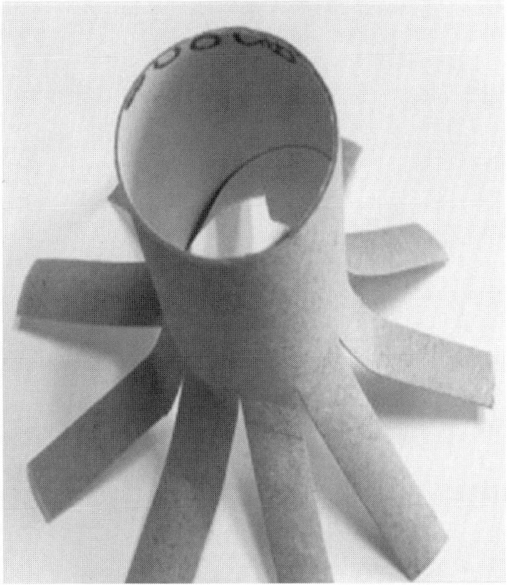
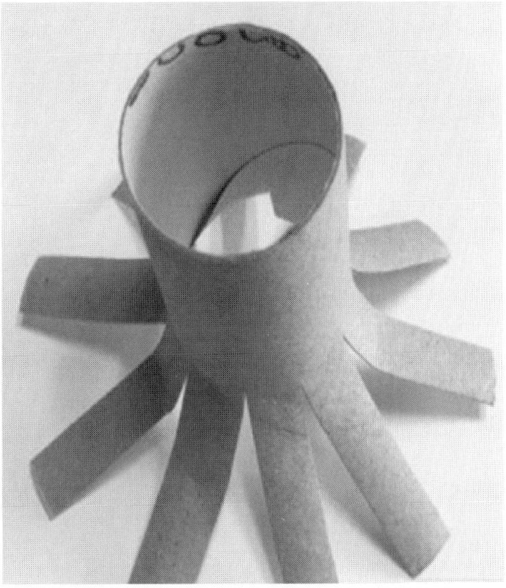
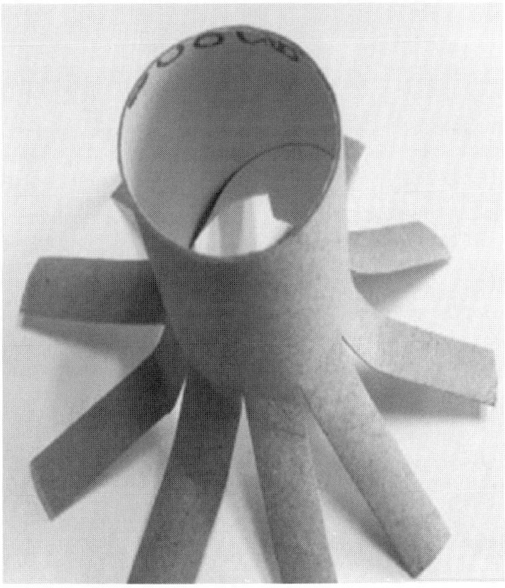
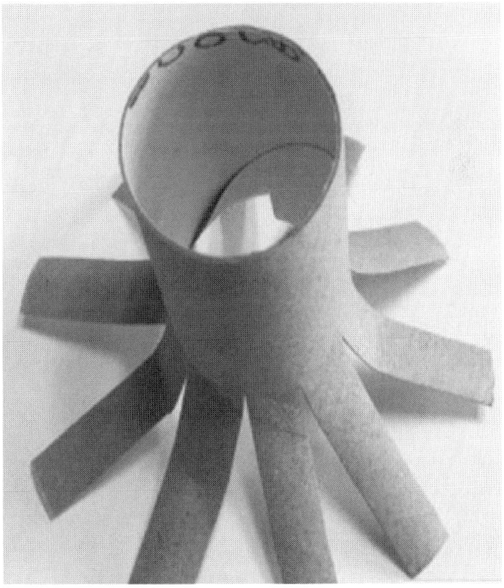

3~4
세

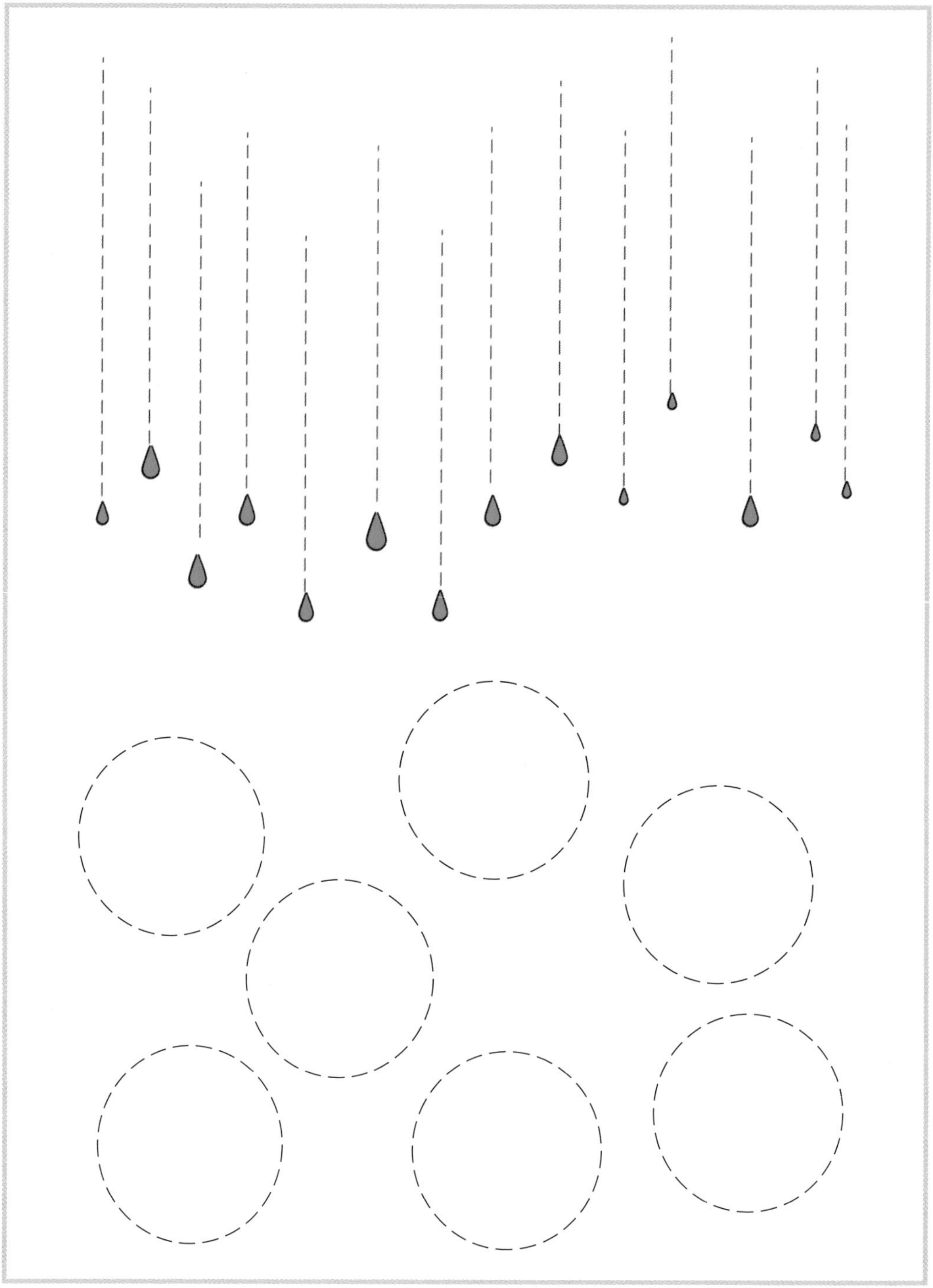

3~4 세

105 손가락을 순서대로 꼽기

3~4세

목표 | 손가락을 순서대로 꼽을 수 있다.

자료 | 강화제

방법 ❶

- 교사가 유아 옆에 앉아 손가락을 순서대로 꼽는 시범을 보인다.
- 유아에게 교사를 모방하여 손가락을 순서대로 꼽아 보라고 한다.
- 수행되면 유아 스스로 손가락을 순서대로 꼽아 보라고 한다.
- 수행되면 유아의 특성에 맞는 적절한 강화제를 제공한다.

방법 ❷

- 교사가 유아 옆에 앉아 엄지를 꼽는 시범을 보인다.
- 유아에게 교사를 모방하여 엄지를 꼽아 보라고 한다.
- 모방하지 못하면 교사가 유아의 엄지를 잡고 꼽아 준다.
- 유아가 엄지를 꼽지 못하면 교사가 유아의 엄지를 잡고 꼽아 주는 동작을 반복해 준다.
- 교사가 유아의 엄지를 짚어 주며 유아에게 엄지를 꼽아 보라고 한다.
- 수행되면 교사가 유아의 엄지를 가리키며 유아에게 엄지를 꼽아 보라고 한다.
- 도움을 점차 줄여 간다.
- 수행되면 유아 스스로 엄지를 꼽아 보라고 한다.
- 수행되면 교사가 검지를 꼽는 시범을 보인다.
- 유아에게 교사를 모방하여 검지를 꼽아 보라고 한다.
- 모방하지 못하면 엄지를 지도한 것과 같은 방법으로 지도한다.
- 수행되면 유아 스스로 엄지와 검지를 꼽아 보라고 한다.

- 수행되면 교사가 중지를 꼽는 시범을 보인다.
- 유아에게 교사를 모방하여 중지를 꼽아 보라고 한다.
- 모방하지 못하면 엄지를 지도한 것과 같은 방법으로 지도한다.
- 수행되면 나머지 손가락을 꼽는 것도 같은 방법으로 지도한다.
- 수행되면 교사가 손가락을 순서대로 꼽는 시범을 보인다.
- 유아에게 교사를 모방하여 손가락을 순서대로 꼽아 보라고 한다.
- 수행되면 교사가 손가락을 가리키며 유아에게 순서대로 꼽아 보라고 한다.
- 도움을 점차 줄여 간다.
- 수행되면 유아 스스로 손가락을 순서대로 꼽아 보라고 한다.
- 수행되면 유아의 특성에 맞는 적절한 강화제를 제공한다.

☞ 유아와 마주 보고 지도할 경우 교사가 손(교사가 왼손을 사용해야 유아가 볼 때 오른손이 됨) 사용에 유의하도록 한다.

106 도형 안에 스티커 붙이기 3～4세

목표 | 도형 안에 스티커를 붙일 수 있다.

자료 | 다양한 스티커, 마분지, 색연필, 강화제

방법 ❶

- 스티커를 마구 붙이는 것은 앞 단계에서 수행하였으므로 확인한 후 시행한다.
- 교사가 마분지에 도형을 그려 유아에게 제시한다.
- 교사가 도형 안에 스티커를 붙이는 시범을 보인다.
- 유아에게 교사를 모방하여 도형 안에 스티커를 붙여 보라고 한다.
- 수행되면 유아 스스로 도형 안에 스티커를 붙여 보라고 한다.

• 수행되면 유아의 특성에 맞는 적절한 강화제를 제공한다.

방법 ❷

• 스티커를 마구 붙이는 것은 앞 단계에서 수행하였으므로 확인한 후 시행한다.
• 교사가 마분지에 도형을 그려 유아에게 제시한다.
• 교사가 예를 들어 동그라미 안에 스티커를 붙이는 시범을 보인다.
• 유아에게 교사를 모방하여 동그라미 안에 스티커를 붙여 보라고 한다.
• 모방하지 못하면 교사가 유아의 손을 잡고 동그라미 안에 스티커를 붙여 준다.
• 교사가 유아의 손에 스티커에 대 준 후 유아에게 스티커를 떼어 동그라미 안에 붙여 보라고 한다.
• 붙이지 못하면 교사가 유아의 손을 잡고 스티커를 떼어 동그라미 안에 붙이는 동작을 반복해 준다.
• 교사가 동그라미 안에 스티커를 붙일 위치를 짚어 주며 유아에게 스티커를 붙여 보라고 한다.
• 도움을 점차 줄여 간다.
• 수행되면 유아 스스로 동그라미 안에 스티커를 붙여 보라고 한다.
• 수행되면 교사가 예를 들어 네모 안에 스티커를 붙이는 시범을 보인다.
• 유아에게 교사를 모방하여 네모 안에 스티커를 붙여 보라고 한다.
• 모방하지 못하면 동그라미 안에 스티커를 붙이는 것과 같은 방법으로 지도한다.
• 수행되면 다른 도형 안에 스티커를 붙이는 것도 같은 방법으로 지도한다.
• 수행되면 유아의 특성에 맞는 적절한 강화제를 제공한다.

107 계란 껍질 깨뜨리기

3~4세

목표 | 계란 껍질을 깨뜨릴 수 있다.

자료 | 계란 껍질, 장난감 망치, 비닐, 강화제

방법 ❶

- 교사가 비닐 위에 계란 껍질을 올려 제시한다.
- 교사가 장난감 망치로 계란 껍질을 깨뜨리는 시범을 보인다.
- 유아에게 교사를 모방하여 장난감 망치로 계란 껍질을 깨뜨려 보라고 한다.
- 수행되면 유아 스스로 장난감 망치로 계란 껍질을 깨뜨려 보라고 한다.
- 수행되면 유아의 특성에 맞는 적절한 강화제를 제공한다.

방법 ❷

- 교사가 비닐 위에 계란 껍질을 올려 제시한다.
- 교사가 장난감 망치를 쥐는 시범을 보인다.
- 유아에게 교사를 모방하여 장난감 망치를 쥐어 보라고 한다.
- 모방하지 못하면 교사가 유아의 손을 잡고 장난감 망치를 쥐어 준다.
- 교사가 유아의 손을 장난감 망치 가까이 대 준 후 유아에게 장난감 망치를 쥐어 보라고 한다.
- 도움을 점차 줄여 간다.
- 수행되면 유아 스스로 장난감 망치를 쥐어 보라고 한다.
- 수행되면 교사가 장난감 망치로 계란 껍질을 깨뜨리는 시범을 보인다.
- 유아에게 교사를 모방하여 장난감 망치로 계란 껍질을 깨뜨려 보라고 한다.
- 모방하지 못하면 교사가 유아의 손을 잡고 장난감 망치로 계란 껍질을 깨뜨려 준다.

- 교사가 유아에게 스스로 장난감 망치를 잡으라고 한 후 유아에게 장난감 망치로 계란 껍질을 깨뜨려 보라고 한다.
- 깨뜨리지 못하면 교사가 유아에게 스스로 장난감 망치를 잡으라고 한 후 유아의 손을 잡고 계란 껍질을 깨뜨려 주는 동작을 반복해 준다.
- 도움을 점차 줄여 간다.
- 수행되면 유아 스스로 장난감 망치로 계란 껍질을 깨뜨려 보라고 한다.
- 수행되면 유아의 특성에 맞는 적절한 강화제를 제공한다.

108 젓가락으로 유리컵 연주하기

3~4세

목표 | 젓가락으로 유리컵을 연주할 수 있다.

자료 | 젓가락, 유리컵 5~6개, 강화제

방법 ❶

- 교사가 유리컵 5~6개에 각각 물의 양을 다르게 담아 제시한다.
- 교사가 젓가락으로 컵을 두들겨 '통통' 소리를 내는 시범을 보인다.
- 유아에게 교사를 모방하여 젓가락으로 컵을 두들겨 '통통' 소리를 내어 보라고 한다.
- 수행되면 유아 스스로 젓가락으로 컵을 두들겨 '통통' 소리를 내어 보라고 한다.
- 수행되면 유아의 특성에 맞는 적절한 강화제를 제공한다.

방법 ❷

- 교사가 유리컵 5~6개에 각각 물의 양을 다르게 담아 제시한다.
- 교사가 손으로 젓가락을 쥐는 시범을 보인다.
- 유아에게 교사를 모방하여 손으로 젓가락을 쥐어 보라고 한다.

- 모방하지 못하면 교사가 유아의 손을 잡고 젓가락을 쥐어 준다.
- 교사가 유아의 손을 젓가락에 대 준 후 유아에게 젓가락을 쥐어 보라고 한다.
- 도움을 점차 줄여 간다.
- 수행되면 유아 스스로 젓가락을 쥐어 보라고 한다.
- 수행되면 교사가 젓가락으로 컵을 두들겨 '통통' 소리를 내는 시범을 보인다.
- 유아에게 교사를 모방하여 젓가락으로 컵을 두들겨 '통통' 소리를 내어 보라고 한다.
- 모방하지 못하면 교사가 유아의 손을 잡고 젓가락으로 컵을 두들겨 '통통' 소리를 내 준다.
- 교사가 유아에게 스스로 젓가락을 잡으라고 한 후 유아에게 컵을 두들겨 '통통' 소리를 내어 보라고 한다.
- 소리를 내지 못하면 교사가 유아에게 스스로 젓가락을 잡으라고 한 후 유아의 손을 잡고 컵을 두들겨 '통통' 소리를 내는 동작을 반복해 준다.
- 도움을 점차 줄여 간다.
- 수행되면 유아 스스로 젓가락으로 컵을 두들겨 '통통' 소리를 내어 보라고 한다.
- 수행되면 유아의 특성에 맞는 적절한 강화제를 제공한다.

☞ 젓가락으로 유리컵 연주하기는 소근육을 증진할 뿐만 아니라 물이 담긴 양에 따라 다른 음이 생긴다는 것을 이해할 수 있고, 리듬감 및 청각도 자극할 수 있는 유용한 활동 중 하나이다.

☞ 나무젓가락은 소리가 불투명하므로 쇠젓가락을 사용하도록 한다. 그러나 쇠젓가락 사용 시 안전사고에 유의하도록 한다.

109 V 긋기

3~4세

목표 | V 긋기를 할 수 있다.

자료 | 도화지(스케치북), 연필(색연필), 초콜릿(과자 조각), 스티커, 그림자료, 강화제

방법 ❶

- 교사가 연필(색연필)로 도화지(스케치북)에 V를 긋는 시범을 보인다.
- 유아에게 교사를 모방하여 연필로 도화지에 V를 그어 보라고 한다.
- 수행되면 유아 스스로 연필로 도화지에 V를 그어 보라고 한다.
- 수행되면 유아의 특성에 맞는 적절한 강화제를 제공한다.

방법 ❷

- 교사가 V가 되도록 점을 찍은 후 점 사이에 점선이 그어져 있는 도화지(스케치북)를 제시한다.
- 교사가 V가 되도록 그어진 점선을 따라 연필(색연필)로 V를 긋는 시범을 보인다.
- 유아에게 교사를 모방하여 V가 되도록 그어진 점선을 따라 연필로 V를 그어 보라고 한다.
- 긋지 못하면 교사가 유아의 손을 잡고 V가 되도록 그어진 점선을 따라 연필로 V를 그어 준다.
- 교사가 왼쪽 점에 유아의 손을 대 준 후 유아에게 점 사이에 그어진 점선을 따라 연필로 V를 그어 보라고 한다.
- 수행되면 교사가 "위에서 아래로 ♬ 아래에서 위로 죽~죽 ♬ 그어 보아요 ♬"라고 말하면서 유아에게 점 사이에 그어진 점선을 따라 연필로 V를 그어 보라고 한다.
- 도움을 점차 줄여 간다.

- 수행되면 유아 스스로 점 사이에 그어진 점선을 따라 연필로 ∨를 그어 보라고 한다.
- 수행되면 교사가 ∨가 되도록 점이 찍혀 있는 도화지(스케치북)를 제시한다.
- 교사가 연필로 점을 연결하여 ∨를 긋는 시범을 보인다.
- 유아에게 교사를 모방하여 연필로 점을 연결하여 ∨를 그어 보라고 한다.
- 긋지 못하면 교사가 유아의 손을 잡고 연필로 점을 연결하여 ∨가 되도록 그어 준다.
- 교사가 왼쪽 점에서 아랫점까지 선을 그어 준 후 유아에게 아랫점에서 윗점을 연결하여 ∨를 그어 보라고 한다.
- 수행되면 유아 스스로 세 점을 연결하여 ∨를 그어 보라고 한다.
- 수행되면 교사가 윗점과 엇비슷하게 아래에 점이 찍혀 있는 도화지를 제시한다.
- 교사가 윗점과 엇비슷하게 아래에 점을 연결하여 ∨를 긋는 시범을 보인다.
- 유아에게 교사를 모방하여 두 점을 연결하여 ∨를 그어 보라고 한다.
- 긋지 못하면 교사가 유아의 손을 잡고 두 점을 연결하여 ∨를 그어 준다.
- 교사가 위쪽 점에 유아의 손을 대 준 후 유아에게 ∨를 그어 보라고 한다.
- 도움을 점차 줄여 간다.
- 수행되면 유아 스스로 두 점을 연결하여 ∨를 그어 보라고 한다.
- 수행되면 교사가 위쪽 점만 찍혀 있는 도화지를 제시한다.
- 교사가 위쪽 점에서 시작하여 ∨를 긋는 시범을 보인다.
- 유아에게 교사를 모방하여 위쪽 점에서 시작하여 ∨를 그어 보라고 한다.
- 긋지 못하면 교사가 유아의 손을 잡고 위쪽 점에서 시작하여 ∨를 그어 준다.
- 교사가 위쪽 점에 유아의 손을 대 준 후 유아에게 ∨를 그어 보라고 한다.
- 도움을 점차 줄여 간다.
- 수행되면 유아 스스로 위쪽 점에서 시작하여 ∨를 그어 보라고 한다.
- 수행되면 교사가 빈 도화지를 제시한 후 ∨를 긋는 시범을 보인다.
- 유아에게 교사를 모방하여 ∨를 그어 보라고 한다.

- 수행되면 유아 스스로 V를 그어 보라고 한다.
- 수행되면 유아의 특성에 맞는 적절한 강화제를 제공한다.

방법 ❸

- 교사가 V 긋기를 할 수 있는 그림을 제시한 후 "위에서 아래로 ♬ 아래에서 위로 죽~죽 ♬ 그어 보아요 ♬"라고 노래를 부르며 점선을 따라 V를 긋는 시범을 보인다.
- 유아에게 교사를 모방하여 점선을 따라 V를 그어 보라고 한다.
- 긋지 못하면 교사가 유아의 손을 잡고 점선을 따라 V를 그어 준다.
- 교사가 윗점에서 아랫점까지 연결해 준 후 아랫점에서 윗점까지 유아에게 그어 보라고 한다.
- 수행되면 교사가 유아의 손을 윗점에 대 준 후 "위에서 아래로 ♬ 아래에서 위로 죽~죽 ♬ 그어 보아요 ♬"라고 말하면서 유아에게 V를 그어 보라고 한다.
- 수행되면 교사가 유아의 손을 윗점에 대 준 후 유아에게 V를 그어 보라고 한다.
- 도움을 점차 줄여 간다.
- 수행되면 유아 스스로 V를 그어 보라고 한다.
- 수행되면 다른 그림들도 같은 방법으로 지도한다.
- 수행되면 유아의 특성에 맞는 적절한 강화제를 제공한다.

☞ 점 대신 스티커를 사용하거나 끝 점에 강화제(예: 초콜릿)를 놓고 지도하면 효과적이다. 수행되면 강화제를 유아가 보상으로 먹을 수 있도록 한다.

☞ 방법 ❸은 유아가 V를 그으면서 즐겁게 활동할 수 있고, 성취감을 느낄 수 있으므로 다양한 그림을 활용하여 V를 긋게 하면 효과적이다.

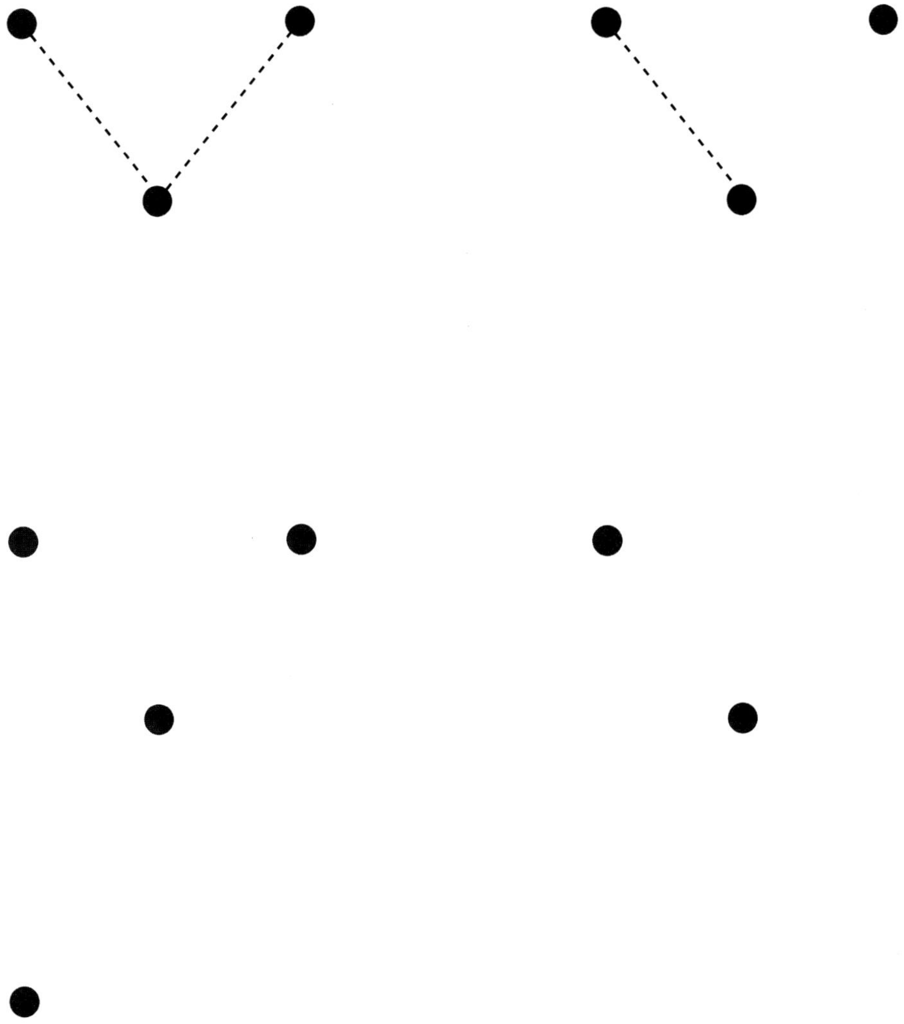

3~4
세

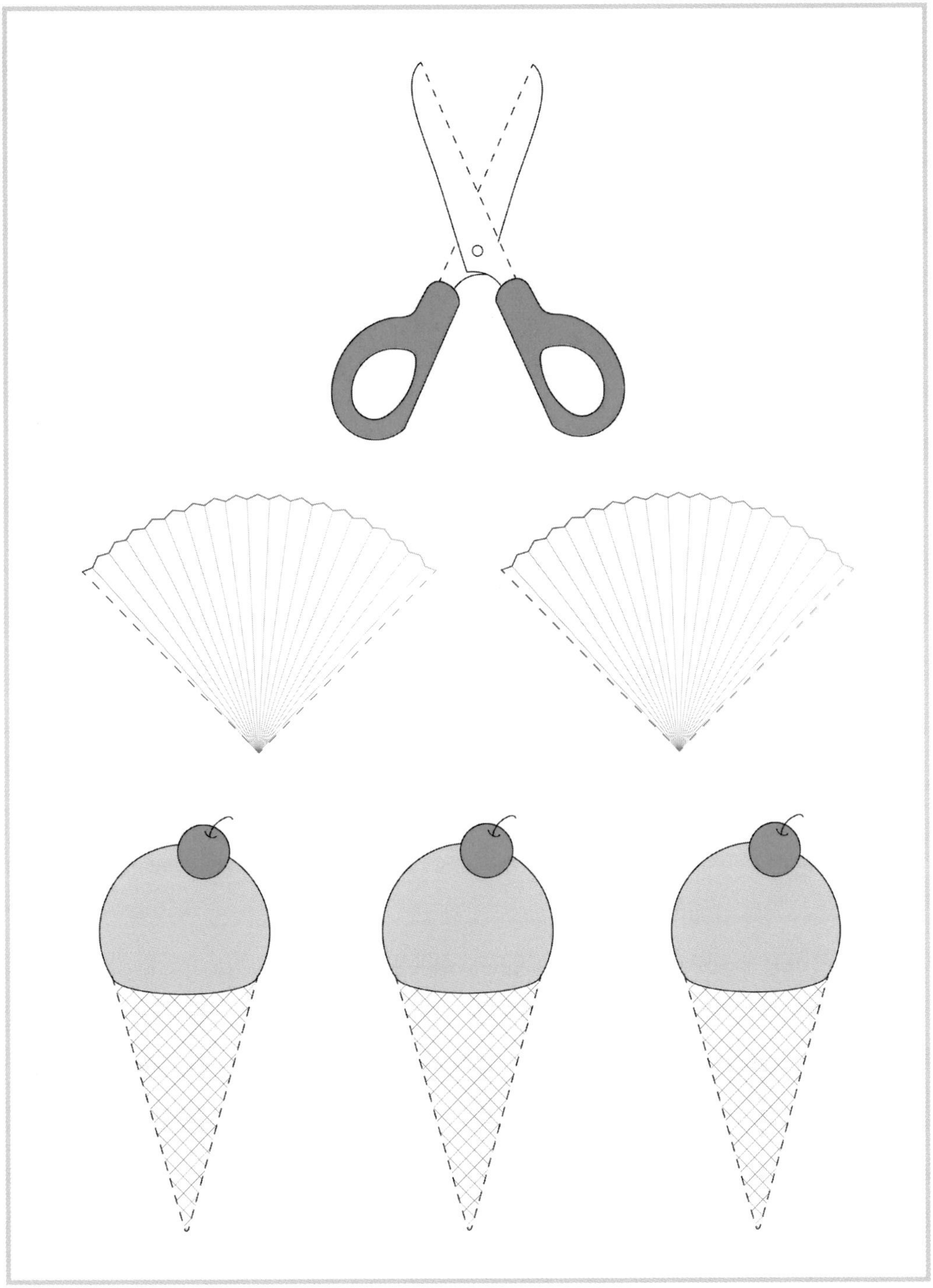

110 가위로 직선 오리기

3~4세

목표 | 가위로 직선을 오릴 수 있다.

자료 | 가위, 종이(색종이), 강화제

방법 ❶

- 가위로 마구 오리기는 앞 단계에서 수행하였으므로 확인한 후 시행한다.
- 교사가 직선이 그어져 있는 종이를 제시한다.
- 교사가 유아의 옆에 앉아 직선을 따라 가위로 종이를 오리는 시범을 보인다.
- 유아에게 교사를 모방하여 직선을 따라 가위로 종이를 오려 보라고 한다.
- 수행되면 유아 스스로 직선을 따라 가위로 종이를 오려 보라고 한다.
- 수행되면 유아의 특성에 맞는 적절한 강화제를 제공한다.

방법 ❷

- 가위로 마구 오리기는 앞 단계에서 수행하였으므로 확인한 후 시행한다.
- 교사가 직선이 그어져 있는 종이를 제시한다.
- 교사가 왼손으로 종이를 잡고 오른손으로 가위를 잡아 직선을 따라 종이를 오리는 시범을 보인다.
- 유아에게 교사를 모방하여 왼손으로 종이를 잡고 오른손으로 가위를 잡아 직선을 따라 종이를 오려 보라고 한다.
- 모방하지 못하면 교사가 유아의 오른손을 잡고 가위로 직선을 따라 종이를 오려 준다.
- 교사가 종이에 직선을 손으로 그어 주며 유아에게 직선을 따라 가위로 종이를 오려 보라고 한다.
- 오리지 못하면 교사가 유아의 손을 잡고 가위로 직선을 따라 종이를 오리는 동작

을 반복해 준다.

- 교사가 직선의 2/3를 오려 준 후 유아에게 나머지 부분을 오려 보라고 한다.
- 수행되면 교사가 직선의 1/2을 오려 준 후 유아에게 나머지 부분을 오려 보라고 한다.
- 수행되면 교사가 직선의 1/3을 오려 준 후 유아에게 나머지 부분을 오려 보라고 한다.
- 도움을 점차 줄여 간다.
- 수행되면 유아 스스로 가위로 직선을 따라 종이를 오려 보라고 한다.
- 수행되면 유아의 특성에 맞는 적절한 강화제를 제공한다.

☞ 유아와 마주 보고 지도할 경우 교사가 손(교사가 왼손을 사용해야 유아가 볼 때 오른손이 됨) 사용에 유의하도록 한다.

111 색종이로 세모 접기 3~4세

목표 | 색종이를 대각선으로 접어 세모 모양을 만들 수 있다.

자료 | 색종이 한 묶음, 강화제

방법 ❶

- 교사가 유아 옆에 앉아 색종이를 대각선으로 접어 세모 모양을 만드는 시범을 보인다.
- 유아에게 교사를 모방하여 색종이를 대각선으로 접어 세모 모양을 만들어 보라고 한다.
- 수행되면 유아 스스로 색종이를 대각선으로 접어 세모 모양을 만들어 보라고 한다.

- 수행되면 유아의 특성에 맞는 적절한 강화제를 제공한다.

방법 ❷

- 교사가 유아 옆에 앉아 색종이를 대각선으로 접어 세모 모양을 만드는 시범을 보인다.
- 유아에게 교사를 모방하여 색종이를 대각선으로 접어 세모 모양을 만들어 보라고 한다.
- 모방하지 못하면 교사가 유아의 손을 잡고 색종이를 대각선으로 접어 세모 모양을 만들어 준다.
- 교사가 대각선의 1/2을 접어 준 후 유아에게 나머지 부분을 접어 세모 모양을 만들어 보라고 한다.
- 수행되면 교사가 색종이에 대각선으로 선을 그어 준 후 손으로 짚어 주며 유아에게 대각선으로 접어 세모 모양을 만들어 보라고 한다.
- 수행되면 교사가 색종이에 대각선으로 선을 그어 준 후 유아에게 대각선으로 접어 세모 모양을 만들어 보라고 한다.
- 수행되면 교사가 색종이의 대각선을 가리켜 주며 유아에게 대각선으로 접어 세모 모양을 만들어 보라고 한다.
- 도움을 점차 줄여 간다.
- 수행되면 유아 스스로 색종이를 대각선으로 접어 세모 모양을 만들어 보라고 한다.
- 수행되면 유아의 특성에 맞는 적절한 강화제를 제공한다.

☞ 유아와 마주 보고 지도할 경우 교사가 손(교사가 왼손을 사용해야 유아가 볼 때 오른손이 됨) 사용에 유의하도록 한다.

112 숟가락으로 눈 · 코 · 입 가리기

3~4세

목표 | 숟가락으로 눈 · 코 · 입을 가릴 수 있다.

자료 | 숟가락, 강화제

방법 ❶

- 교사가 숟가락으로 눈 · 코 · 입을 가리는 시범을 보인다.
- 유아에게 교사를 모방하여 숟가락으로 눈 · 코 · 입을 가려 보라고 한다.
- 수행되면 유아 스스로 숟가락으로 눈 · 코 · 입을 가려 보라고 한다.
- 수행되면 유아의 특성에 맞는 적절한 강화제를 제공한다.

방법 ❷

- 교사가 숟가락으로 눈을 가리는 시범을 보인다.
- 유아에게 교사를 모방하여 숟가락으로 눈을 가려 보라고 한다.
- 모방하지 못하면 교사가 유아의 손을 잡고 숟가락으로 눈을 가려 준다.
- 교사가 숟가락을 잡은 유아의 손을 눈 가까이에 대 준 후 유아에게 눈을 가려 보라고 한다.
- 도움을 점차 줄여 간다.
- 수행되면 유아 스스로 숟가락으로 눈을 가려 보라고 한다.
- 수행되면 교사가 숟가락으로 코를 가리는 시범을 보인다.
- 유아에게 교사를 모방하여 숟가락으로 코를 가려 보라고 한다.
- 모방하지 못하면 숟가락으로 눈을 가린 것과 같은 방법으로 지도한다.
- 수행되면 코도 같은 방법으로 지도한다.
- 수행되면 교사가 숟가락으로 눈 · 코 · 입을 가리는 시범을 보인다.
- 유아에게 교사를 모방하여 숟가락으로 눈 · 코 · 입을 가려 보라고 한다.

• 수행되면 유아의 특성에 맞는 적절한 강화제를 제공한다.

113 색종이를 마음대로 여러 번 접기

3~4세

목표 | 색종이를 마음대로 여러 번 접을 수 있다.

자료 | 색종이 한 묶음, 종이류, 강화제

방법 ❶

- 교사가 유아 옆에 앉아 색종이를 마음대로 여러 번 접는 시범을 보인다.
- 유아에게 교사를 모방하여 색종이를 마음대로 여러 번 접어 보라고 한다.
- 수행되면 유아 스스로 색종이를 마음대로 여러 번 접어 보라고 한다.
- 수행되면 유아의 특성에 맞는 적절한 강화제를 제공한다.

방법 ❷

- 교사가 유아 옆에 앉아 색종이를 마음대로 여러 번 접는 시범을 보인다.
- 유아에게 교사를 모방하여 색종이를 마음대로 여러 번 접어 보라고 한다.
- 접지 못하면 교사가 유아의 손을 잡고 색종이를 마음대로 여러 번 접어 준다.
- 교사가 색종이를 마음대로 한 번 접어 준 후 유아에게 마음대로 한 번 접어 보라고 한다.
- 수행되면 교사가 색종이를 가리키며 유아에게 마음대로 여러 번 접어 보라고 한다.
- 도움을 점차 줄여 간다.
- 수행되면 유아 스스로 색종이를 마음대로 여러 번 접어 보라고 한다.
- 수행되면 유아의 특성에 맞는 적절한 강화제를 제공한다.

114 눈 · 코 · 입에 스티커 붙이기 3~4세

목표 | 눈 · 코 · 입에 스티커를 붙일 수 있다.

자료 | 다양한 스티커, 강화제

방법 ❶

- 도형 안에 스티커를 붙이는 것은 앞 단계에서 수행하였으므로 확인한 후 시행한다.
- 교사가 눈 · 코 · 입에 스티커를 붙이는 시범을 보인다.
- 유아에게 교사를 모방하여 눈 · 코 · 입에 스티커를 붙여 보라고 한다.
- 수행되면 유아 스스로 눈 · 코 · 입에 스티커를 붙여 보라고 한다.
- 수행되면 유아의 특성에 맞는 적절한 강화제를 제공한다.

방법 ❷

- 도형 안에 스티커를 붙이는 것은 앞 단계에서 수행하였으므로 확인한 후 시행한다.
- 교사가 예를 들어 눈에 스티커를 붙이는 시범을 보인다.
- 유아에게 교사를 모방하여 눈에 스티커를 붙여 보라고 한다.
- 모방하지 못하면 교사가 유아의 손을 잡고 눈에 스티커를 붙여 준다.
- 교사가 스티커를 잡은 유아의 손을 눈에 대 준 후 유아에게 스티커를 붙여 보라고 한다.
- 수행되면 교사가 스티커를 잡은 유아의 손을 눈 가까이에 대 준 후 유아에게 스티커를 붙여 보라고 한다.
- 도움을 점차 줄여 간다.
- 수행되면 유아 스스로 눈에 스티커를 붙여 보라고 한다.

• 수행되면 교사가 예를 들어 코에 스티커를 붙이는 시범을 보인다.
• 유아에게 교사를 모방하여 코에 스티커를 붙여 보라고 한다.
• 모방하지 못하면 눈에 스티커를 붙이는 것과 같은 방법으로 지도한다.
• 수행되면 유아 스스로 코에 스티커를 붙여 보라고 한다.
• 수행되면 입에 스티커를 붙이는 것도 눈에 스티커를 붙이는 것과 같은 방법으로 지도한다.
• 수행되면 교사가 눈 · 코 · 입에 스티커를 붙이는 시범을 보인다.
• 유아에게 교사를 모방하여 눈 · 코 · 입에 스티커를 붙여 보라고 한다.
• 수행되면 유아 스스로 눈 · 코 · 입에 스티커를 붙여 보라고 한다.
• 수행되면 유아의 특성에 맞는 적절한 강화제를 제공한다.

☞ 수행되면 실제의 눈 · 코 · 입 외에도 그림을 제시하여 그림의 눈 · 코 · 입에 스티커를 붙이게 지도하면 효과적이다.

115 막대 아이스크림으로 끼적이기

3~4세

목표 | 막대 아이스크림으로 끼적이기를 할 수 있다.
자료 | 아이스크림 틀, 물, 물감, 도화지, 강화제

방법 ❶

• 교사가 물과 물감을 섞어 아이스크림 틀에 얼린 막대 아이스크림을 유아에게 제공한다.
• 교사가 얼린 막대 아이스크림을 손으로 쥔 후 도화지에 끼적이기를 하는 시범을 보인다.
• 유아에게 교사를 모방하여 얼린 막대 아이스크림을 손으로 쥔 후 도화지에 끼적

이기를 해 보라고 한다.

- 수행되면 유아 스스로 얼린 막대 아이스크림을 손으로 쥔 후 도화지에 끼적이기를 해 보라고 한다.
- 수행되면 유아의 특성에 맞는 적절한 강화제를 제공한다.

방법 ❷

- 교사가 물과 물감을 섞어 아이스크림 틀에 얼린 막대 아이스크림을 유아에게 제공한다.
- 교사가 얼린 막대 아이스크림을 한 손으로 쥐는 시범을 보인다.
- 유아에게 교사를 모방하여 얼린 막대 아이스크림을 한 손으로 쥐어 보라고 한다.
- 모방하지 못하면 교사가 유아의 손을 잡고 얼린 막대 아이스크림을 한 손으로 쥐어 준다.
- 교사가 유아의 손을 얼린 막대 아이스크림에 대 준 후 유아에게 아이스크림을 한 손으로 쥐어 보라고 한다.
- 교사가 얼린 막대 아이스크림을 가리키며 유아에게 아이스크림을 한 손으로 쥐어 보라고 한다.
- 도움을 점차 줄여 간다.
- 수행되면 유아 스스로 얼린 막대 아이스크림을 한 손으로 쥐어 보라고 한다.
- 수행되면 교사가 얼린 막대 아이스크림을 쥐고 끼적거리는 시범을 보인다.
- 유아에게 교사를 모방하여 얼린 막대 아이스크림을 쥐고 끼적거려 보라고 한다.
- 모방하지 못하면 교사가 유아에게 막대 아이스크림을 쥐라고 한 후 유아의 손을 잡고 끼적거려 준다.
- 교사가 막대 아이스크림을 가리키며 유아에게 스스로 쥐라고 한 후 도화지에 끼적거려 보라고 한다.
- 도움을 점차 줄여 간다.
- 수행되면 유아 스스로 얼린 막대 아이스크림을 손으로 쥔 후 도화지에 끼적이기

를 해 보라고 한다.

- 수행되면 유아의 특성에 맞는 적절한 강화제를 제공한다.

☞ 물감과 물의 비율을 잘 맞추어야 아이스크림의 색이 예쁘게 나온다. 그러므로 조금 진하다는 느낌이 들 정도의 비율로 물감과 물을 섞어 아이스크림 틀에 미리 얼려 놓고 사용하도록 한다.

☞ 물감 대신 식용색소를 사용해도 무방하며, 시판되고 있는 아이스크림을 사용해도 된다.

116 칫솔로 마구 그리기

3~4세

목표 | 칫솔로 마구 그릴 수 있다.

자료 | 칫솔, 물감, 물, 쟁반 또는 나눔 접시, 검은 마분지, 강화제

방법 ❶

- 교사가 물과 물감을 섞어 나눔 접시나 쟁반에 담아 제시한다.
- 교사가 칫솔에 물감을 묻혀 검은 마분지에 마구 그리는 시범을 보인다.
- 유아에게 교사를 모방하여 칫솔에 물감을 묻혀 검은 마분지에 마구 그려 보라고 한다.
- 수행되면 유아 스스로 칫솔에 물감을 묻혀 검은 마분지에 마구 그려 보라고 한다.
- 수행되면 유아의 특성에 맞는 적절한 강화제를 제공한다.

방법 ❷

- 교사가 물과 물감을 섞어 나눔 접시나 쟁반에 담아 제시한다.
- 교사가 칫솔에 물감을 묻히는 시범을 보인다.

- 유아에게 교사를 모방하여 칫솔에 물감을 묻혀 보라고 한다.
- 모방하지 못하면 교사가 유아의 손을 잡고 칫솔에 물감을 묻혀 준다.
- 교사가 유아의 손을 칫솔에 대 준 후 유아에게 칫솔에 물감을 묻혀 보라고 한다.
- 묻히지 못하면 교사가 유아의 손을 잡고 칫솔에 물감을 묻히는 동작을 반복해 준다.
- 도움을 점차 줄여 간다.
- 수행되면 유아 스스로 칫솔에 물감을 묻혀 보라고 한다.
- 수행되면 교사가 칫솔에 물감을 묻혀 검은 마분지에 마구 그리는 시범을 보인다.
- 유아에게 교사를 모방하여 칫솔에 물감을 묻혀 검은 마분지에 마구 그려 보라고 한다.
- 모방하지 못하면 교사가 유아의 손을 잡고 칫솔에 물감을 묻혀 검은 마분지에 마구 그려 준다.
- 교사가 유아에게 스스로 칫솔에 물감을 묻히라고 한 후 유아의 손을 검은 마분지에 대준 후 마구 그려 보라고 한다.
- 도움을 점차 줄여 간다.
- 수행되면 유아 스스로 칫솔에 물감을 묻혀 검은 마분지에 마구 그려 보라고 한다.
- 수행되면 유아의 특성에 맞는 적절한 강화제를 제공한다.

☞ 간단한 그림이나 도형을 그릴 수 있는 유아의 경우에는 칫솔로 간단한 그림이나 도형을 그리게 지도하면 된다.

117 과자로 간단한 모양 만들기 3~4세

목표 | 과자로 간단한 모양을 만들 수 있다.

자료 | 동그라미 · 네모 · 세모 모양 과자(홈런볼, 아이비, 나초칩, 쿠크다스 등), 강화제

방법 ❶

- 교사가 과자로 간단한 모양(예: 나무, 집)을 만드는 시범을 보인다.
- 유아에게 교사를 모방하여 과자로 간단한 모양(예: 나무, 집)을 만들어 보라고 한다.
- 수행되면 유아 스스로 과자로 간단한 모양을 만들어 보라고 한다.
- 수행되면 유아의 특성에 맞는 적절한 강화제를 제공한다.

방법 ❷

- 교사가 예를 들어 과자로 집을 만드는 시범을 보인다.
- 유아에게 교사를 모방하여 과자로 집을 만들어 보라고 한다.
- 모방하지 못하면 교사가 세모 과자를 놓는 시범을 보인다.
- 유아에게 교사를 모방하여 세모 과자를 놓아 보라고 한다.
- 모방하지 못하면 교사가 유아의 손을 잡고 세모 과자를 놓아 준다.
- 교사가 유아의 손을 세모 과자에 대 준 후 유아에게 세모 과자를 놓아 보라고 한다.
- 수행되면 교사가 세모 과자를 가리키며 유아에게 세모 과자를 놓아 보라고 한다.
- 도움을 점차 줄여 간다.
- 수행되면 유아 스스로 세모 과자를 놓아 보라고 한다.
- 수행되면 교사가 세모 과자 밑에 네모 과자를 놓아 집 모양을 만드는 시범을 보인다.
- 유아에게 교사를 모방하여 세모 과자 밑에 네모 과자를 놓아 집 모양을 만들어 보라고 한다.
- 모방하지 못하면 교사가 유아의 손을 잡고 세모 과자 밑에 네모 과자를 놓아 집 모양을 만들어 준다.
- 교사가 네모 과자에 손을 대 준 후 유아에게 세모 과자 밑에 네모 과자를 놓아 집 모양을 만들어 보라고 한다.
- 교사가 네모 과자를 가리키며 유아에게 세모 과자 밑에 네모 과자를 놓아 집 모양

을 만들어 보라고 한다.

- 도움을 점차 줄여 간다.
- 수행되면 유아 스스로 세모 과자 밑에 네모 과자를 놓아 집 모양을 만들어 보라고 한다.
- 수행되면 교사가 세모 과자 밑에 긴 네모 과자(쿠크다스)를 놓아 나무를 만드는 시범을 보인다.
- 유아에게 교사를 모방하여 세모 과자 밑에 긴 네모 과자를 놓아 나무를 만들어 보라고 한다.
- 모방하지 못하면 집 모양을 지도한 것과 같은 방법으로 지도한다.
- 수행되면 유아 스스로 세모 과자 밑에 긴 네모 과자를 놓아 나무를 만들어 보라고 한다.
- 수행되면 과자로 다른 모양을 만드는 것도 같은 방법으로 지도한다.
- 수행되면 유아의 특성에 맞는 적절한 강화제를 제공한다.

네모와 세모 과자로 집 만들기

동그라미 과자와 긴 네모 과자로
나무 만들기

세모 과자와 긴 네모 과자로 나무 만들기

동그라미 과자와 긴 네모 과자,
동그란 과자 세 개로 과일나무 만들기

세모 과자 세 개와 긴 네모 과자 한 개로 로켓 만들기

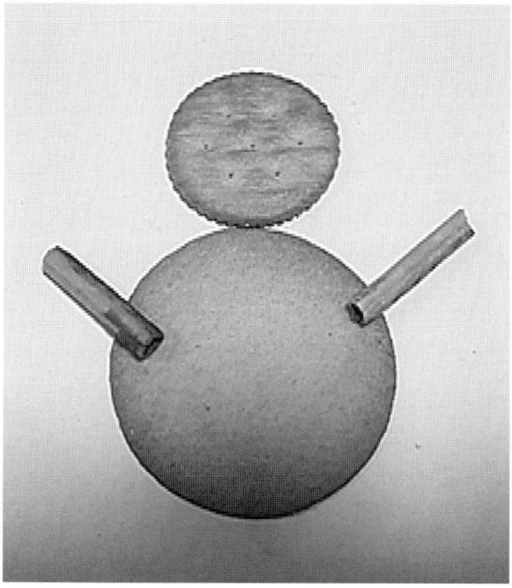

크기가 다른 동그라미 과자 두 개와 긴 감자
과자로 눈사람 만들기

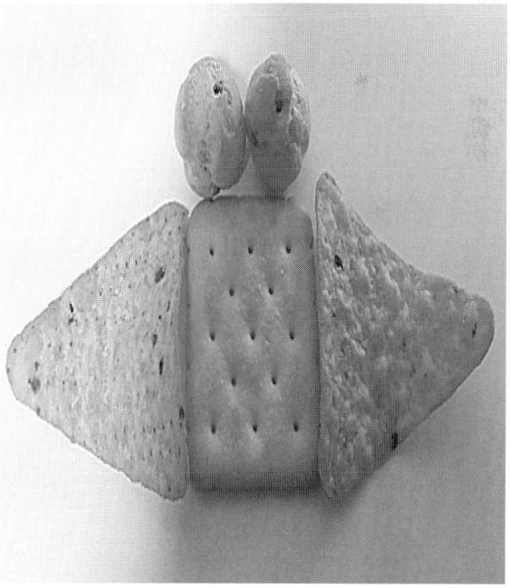

세모 과자 두 개와 네모 과자 한 개,
동그란 과자 두 개로 나비 만들기

118 눈에 오레오 쿠키 붙이기

3~4세

목표 | 눈에 오레오 쿠키를 붙일 수 있다.

자료 | 오레오 쿠키, 풀 또는 본드, 그림자료, 강화제

방법 ❶

- 교사가 사람의 얼굴이 그려져 있는 그림을 제시한다.
- 교사가 사람의 얼굴이 그려져 있는 눈에 오레오 쿠키를 붙이는 시범을 보인다.
- 유아에게 교사를 모방하여 눈에 오레오 쿠키를 붙여 보라고 한다.
- 수행되면 유아 스스로 눈에 오레오 쿠키를 붙여 보라고 한다.
- 수행되면 유아의 특성에 맞는 적절한 강화제를 제공한다.

방법 ❷

- 교사가 사람의 얼굴이 그려져 있는 그림을 제시한다.
- 교사가 사람의 얼굴이 그려져 있는 눈에 오레오 쿠키를 붙이는 시범을 보인다.
- 유아에게 교사를 모방하여 그림의 눈에 오레오 쿠키를 붙여 보라고 한다.
- 모방하지 못하면 교사가 유아의 손을 잡고 눈에 오레오 쿠키를 붙여 준다.
- 교사가 유아의 손을 오레오 쿠키에 대 준 후 유아에게 눈에 오레오 쿠키를 붙여 보라고 한다.
- 도움을 점차 줄여 간다.
- 수행되면 유아 스스로 눈에 오레오 쿠키를 붙여 보라고 한다.
- 수행되면 유아의 특성에 맞는 적절한 강화제를 제공한다.

☞ 교사가 눈에 미리 본드 또는 풀을 칠해 놓거나 유아의 상태에 따라 유아에게 직접 본드나 풀을

3~4
세

칠해서 오레오 쿠키를 붙이라고 하면 된다. 동그란 모양의 쿠키나 초코볼을 사용해도 무방하다.

119 롤렛 굴려 모양 찍기

3~4세

목표 | 롤렛을 굴려 모양이 찍혀 나오게 할 수 있다.

자료 | 롤렛, 스탬프 패드(인주), 도화지, 강화제

방법 ❶

- 교사가 롤렛에 잉크(인주)를 묻힌 후 도화지에 굴려 모양을 찍는 시범을 보인다.
- 유아에게 교사를 모방하여 롤렛에 잉크를 묻힌 후 도화지에 굴려 모양을 찍어 보라고 한다.
- 수행되면 유아 스스로 롤렛에 잉크를 묻힌 후 도화지에 굴려 모양을 찍어 보라고 한다.
- 수행되면 유아의 특성에 맞는 적절한 강화제를 제공한다.

방법 ❷

- 교사가 롤렛을 쥐는 시범을 보인다.
- 유아에게 교사를 모방하여 롤 쥐어 보라고 한다.
- 모방하지 못하면 교사가 유아의 손을 잡고 롤렛을 쥐어 준다.
- 교사가 유아의 손을 롤렛에 대 준 후 유아에게 롤렛을 쥐어 보라고 한다.
- 유아가 롤렛을 쥐지 못하면 교사가 유아의 손을 잡고 롤렛을 쥐는 동작을 반복해 준다.
- 도움을 점차 줄여 간다.
- 수행되면 유아 스스로 롤렛을 쥐어 보라고 한다.
- 수행되면 교사가 롤렛에 스탬프 잉크(인주)를 묻히는 시범을 보인다.
- 유아에게 교사를 모방하여 롤렛에 스탬프 잉크를 묻혀 보라고 한다.

• 모방하지 못하면 교사가 유아의 손을 잡고 롤렛에 스탬프 잉크를 묻혀 준다.
• 롤렛에 스탬프 잉크를 묻히지 못하면 교사가 유아의 손을 잡고 롤렛에 스탬프 잉크를 묻히는 동작을 반복해 준다.
• 도움을 점차 줄여 간다.
• 수행되면 유아 스스로 롤렛에 스탬프 잉크를 묻혀 보라고 한다.
• 수행되면 교사가 롤렛에 잉크(인주)를 묻힌 후 도화지에 굴려 모양을 찍는 시범을 보인다.
• 유아에게 교사를 모방하여 롤렛에 잉크를 묻힌 후 도화지에 굴려 모양을 찍어 보라고 한다.
• 찍지 못하면 교사가 유아에게 롤렛에 잉크를 묻히라고 한 후 유아의 손을 잡고 롤렛을 도화지에 굴려 모양을 찍어 준다.
• 찍지 못하면 교사가 유아의 손을 잡고 도화지에 롤렛을 굴려 모양을 찍는 동작을 반복해 준다.
• 교사가 도화지를 가리키며 유아에게 잉크를 묻힌 롤렛을 굴려 모양이 찍히게 해 보라고 한다.
• 도움을 점차 줄여 간다.
• 수행되면 유아 스스로 롤렛에 잉크를 묻힌 후 도화지에 굴려 모양을 찍어 보라고 한다.
• 수행되면 유아의 특성에 맞는 적절한 강화제를 제공한다.

☞ 다음 그림처럼 시판되고 있는 롤렛은 각 모양마다 손잡이가 있으며 밑면이 스펀지로 되어 있다. 그리고 밑면의 스펀지에는 여러 가지 굴곡(예: 동그라미, 요철 등)이 그려져 있어 다양한 연출(예: 동그라미 스탬프를 길게 찍어 도로 만들기 등)을 할 수 있다.

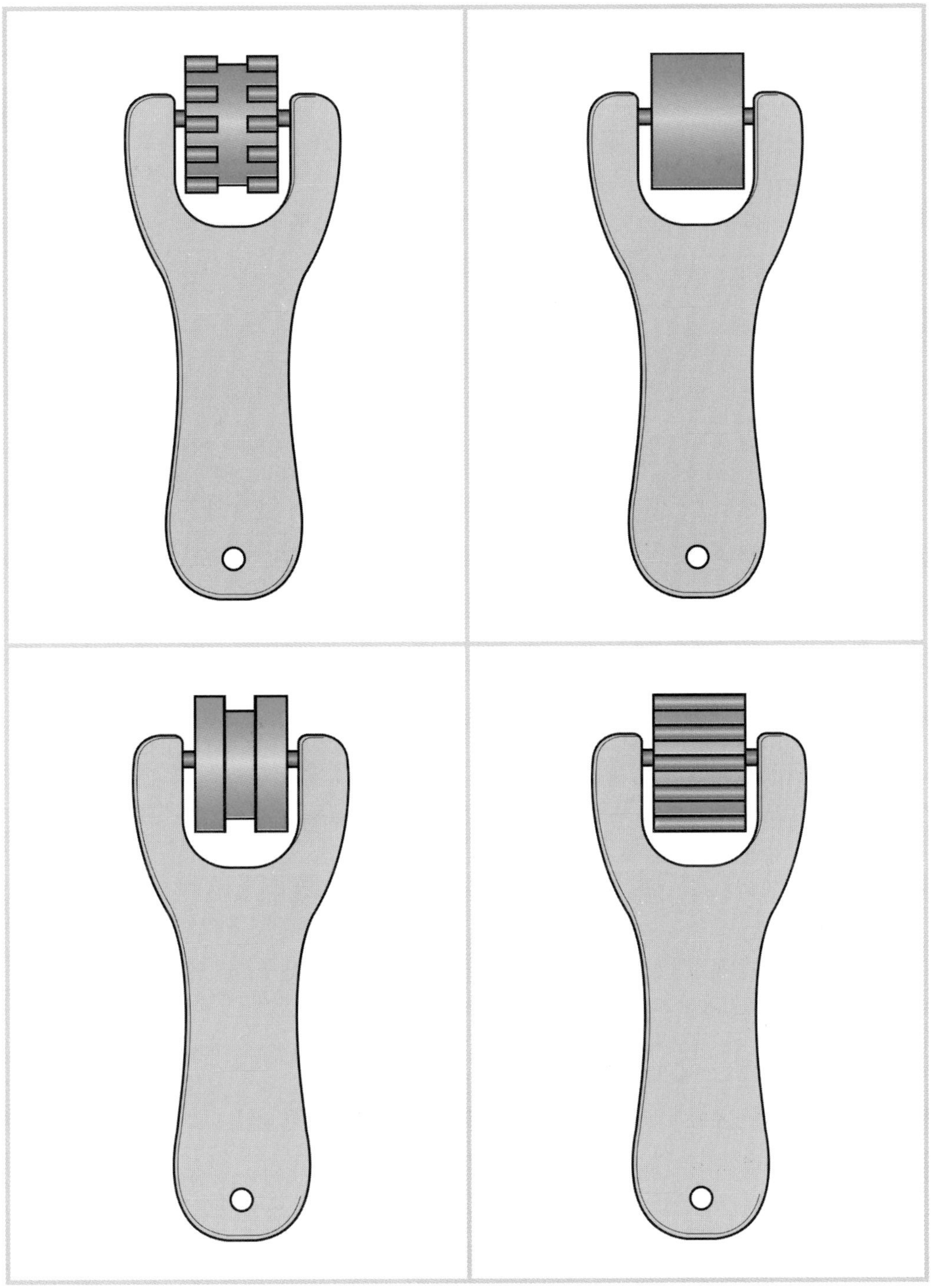

120 뻑뻑이 비닐 터트리기

3~4세

목표 | 뻑뻑이 비닐을 터트릴 수 있다.

자료 | 뻑뻑이 비닐, 강화제

방법 ❶

- 교사가 뻑뻑이 비닐을 터트리는 시범을 보인다.
- 유아에게 교사를 모방하여 뻑뻑이 비닐을 터트려 보라고 한다.
- 수행되면 유아 스스로 뻑뻑이 비닐을 터트려 보라고 한다.
- 수행되면 유아의 특성에 맞는 적절한 강화제를 제공한다.

방법 ❷

- 교사가 뻑뻑이 비닐을 터트리는 시범을 보인다.
- 유아에게 교사를 모방하여 뻑뻑이 비닐을 터트려 보라고 한다.
- 모방하지 못하면 교사가 유아의 손을 잡고 뻑뻑이 비닐을 터트려 준다.
- 교사가 유아의 양손을 비닐에 대 준 후 유아에게 뻑뻑이 비닐을 터트려 보라고 한다.
- 터트리지 못하면 교사가 유아의 양손을 잡고 뻑뻑이 비닐을 터트려 주는 동작을 반복해 준다.
- 도움을 점차 줄여 간다.
- 수행되면 유아 스스로 뻑뻑이 비닐을 터트려 보라고 한다.
- 수행되면 유아의 특성에 맞는 적절한 강화제를 제공한다.

121 입구가 좁은 용기에 물건 넣기

3~4세

목표 | 입구가 좁은 용기에 물건을 넣을 수 있다.

자료 | 입구가 좁은 용기, 작은 물건, 구슬, 사탕, 과자 등, 강화제

방법 ❶

- 손으로 물건을 잡는 것은 앞 단계에서 수행하였으므로 확인한 후 시행한다.
- 교사가 입구가 좁은 용기에 물건을 넣는 시범을 보인다.
- 유아에게 교사를 모방하여 입구가 좁은 용기에 물건을 넣어 보라고 한다.
- 수행되면 유아 스스로 입구가 좁은 용기에 물건을 넣어 보라고 한다.
- 수행되면 유아의 특성에 맞는 적절한 강화제를 제공한다.

방법 ❷

- 손으로 물건을 잡는 것은 앞 단계에서 수행하였으므로 확인한 후 시행한다.
- 교사가 예를 들어 입구가 좁은 용기에 사탕을 넣는 시범을 보인다.
- 유아에게 교사를 모방하여 입구가 좁은 용기에 사탕을 넣어 보라고 한다.
- 모방하지 못하면 교사가 유아의 손을 잡고 입구가 좁은 용기에 사탕을 넣어 준다.
- 교사가 사탕을 잡고 있는 유아의 손을 입구가 좁은 용기에 대 준 후 사탕을 넣어 보라고 한다.
- 넣지 못하면 교사가 유아의 손을 잡고 입구가 좁은 용기에 사탕을 넣는 동작을 반복해 준다.
- 교사가 사탕을 가리키며 유아에게 입구가 좁은 용기에 사탕을 넣어 보라고 한다.
- 도움을 점차 줄여 간다.
- 수행되면 유아 스스로 입구가 좁은 용기에 사탕을 넣어 보라고 한다.
- 수행되면 유아의 특성에 맞는 적절한 강화제를 제공한다.

122 접착 롤러 굴리기

3~4세

목표 | 마루나 큰 종이 위에 접착 롤러를 굴릴 수 있다.

자료 | 전지, 접착 롤러, 반짝이, 강화제

방법 ❶

- 교사가 "롤~러 나간다 ♬ 빰~빠 빰~빠 ♬ 빰~빠 빰~빠 ♬"라고 노래를 부르며 마루나 큰 종이 위에 접착 롤러를 굴리는 시범을 보인다.
- 유아에게 교사를 모방하여 마루나 큰 종이 위에 접착 롤러를 굴려 보라고 한다.
- 수행되면 유아 스스로 마루나 큰 종이 위에 접착 롤러를 굴려 보라고 한다.
- 수행되면 유아의 특성에 맞는 적절한 강화제를 제공한다.

방법 ❷

- 교사가 예를 들어 마루나 큰 종이 위에 반짝이를 뿌려 놓고 "롤~러 나간다 ♬ 빰~빠 빰~빠 ♬ 빰~빠 빰~빠 ♬"라고 노래를 부르며 접착 롤러를 굴리는 시범을 보인다.
- 유아에게 교사를 모방하여 마루나 큰 종이 위에 접착 롤러를 굴려 보라고 한다.
- 모방하지 못하면 교사가 유아의 손을 잡고 마루나 큰 종이 위에 접착 롤러를 굴려 준다.
- 교사가 유아의 손을 잡고 마루나 큰 종이 위에 접착 롤러를 한 번 굴려 준 후 유아에게 굴려 보라고 한다.
- 교사가 유아의 손에 접착 롤러를 쥐어 준 후 마루나 큰 종이 위에 접착 롤러를 굴려 보라고 한다.
- 굴리지 못하면 교사가 유아의 손을 잡고 접착 롤러를 굴리는 동작을 반복해 준다.
- 수행되면 유아의 손에 교사의 손을 살짝 대 준 후 마루나 큰 종이 위에 접착 롤러

를 굴려 보라고 한다.

- 도움을 점차 줄여 간다.
- 수행되면 유아 스스로 마루나 큰 종이 위에 접착 롤러를 굴려 보라고 한다.
- 수행되면 유아의 특성에 맞는 적절한 강화제를 제공한다.

☞ 큰 종이나 마루에 반짝이를 잘라서 뿌려 놓거나 다양한 색깔의 반짝이 가루 등을 뿌려 놓고 접착 롤러 굴리기를 지도하면 유아가 좀 더 흥미롭게 과제를 수행할 수 있다.

123 책장 한 장씩 넘기기 3~4세

목표 | 책장을 한 장씩 넘길 수 있다.

자료 | 동화책, 그림책, 강화제

방법 ❶

- 한 번에 여러 장씩 책장 넘기기는 앞 단계에서 수행하였으므로 확인한 후 시행한다.
- 교사가 책장을 한 장씩 넘기는 시범을 보인다.
- 유아에게 교사를 모방하여 책장을 한 장씩 넘겨 보라고 한다.
- 수행되면 유아 스스로 책장을 한 장씩 넘겨 보라고 한다.
- 수행되면 유아의 특성에 맞는 적절한 강화제를 제공한다.

방법 ❷

- 한 번에 여러 장씩 책장 넘기기는 앞 단계에서 수행하였으므로 확인한 후 시행한다.
- 교사가 책장을 한 장 잡는 시범을 보인다.

- 유아에게 교사를 모방하여 책장을 한 장 잡아 보라고 한다.
- 모방하지 못하면 교사가 유아의 손을 잡고 책장을 한 장 잡아 준다.
- 교사가 유아의 손을 책장을 한 장 잡을 수 있도록 해 준 후 유아에게 책장을 한 장 잡아 보라고 한다.
- 수행되면 교사가 유아의 손을 책장에 대 준 후 유아에게 책장을 한 장 잡아 보라고 한다.
- 수행하면 교사가 유아의 손을 책장 가까이에 대 준 후 유아에게 책장을 한 장 잡아 보라고 한다.
- 도움을 점차 줄여 간다.
- 수행되면 유아 스스로 책장을 한 장 잡아 보라고 한다.
- 수행되면 교사가 책장을 한 장씩 넘기는 시범을 보인다.
- 유아에게 교사를 모방하여 책장을 한 장씩 넘겨 보라고 한다.
- 모방하지 못하면 교사가 유아의 손을 잡고 책장을 한 장씩 넘겨 준다.
- 교사가 유아의 손을 책장을 잡을 수 있도록 해 준 후 유아에게 책장을 한 장씩 넘겨 보라고 한다.
- 수행되면 교사가 유아의 손을 책장에 대 준 후 유아에게 책장을 한 장씩 넘겨 보라고 한다.
- 수행되면 교사가 유아의 손을 책장 가까이에 대 준 후 유아에게 책장을 한 장씩 넘겨 보라고 한다.
- 도움을 점차 줄여 간다.
- 수행되면 유아 스스로 책장을 한 장씩 넘겨 보라고 한다.
- 수행되면 유아의 특성에 맞는 적절한 강화제를 제공한다.

124 데칼코마니 I

3~4세

목표 | 데칼코마니를 할 수 있다.

자료 | 도화지, 다양한 물감, 강화제

방법 ❶

- 교사가 도화지의 반을 접어 펼치는 시범을 보인다.
- 유아에게 교사를 모방하여 도화지의 반을 접어 펼쳐 보라고 한다.
- 수행되면 유아 스스로 도화지의 반을 접어 펼쳐 보라고 한다.
- 수행되면 교사가 펼쳐진 도화지의 반쪽 면에 물감을 짜서 다시 접어 문지른 후 도화지를 펼치는 시범을 보인다.
- 교사가 도화지의 펼쳐진 반쪽 면에 물감을 짜서 제시한 후 유아에게 교사를 모방하여 다시 접어 문지른 후 도화지를 펼쳐 보라고 한다.
- 수행되면 교사가 도화지의 펼쳐진 반쪽 면에 물감을 짜서 제시한 후 유아 스스로 교사를 모방하여 다시 접어 문지른 후 도화지를 펼쳐 보라고 한다.
- 수행되면 유아의 특성에 맞는 적절한 강화제를 제공한다.

방법 ❷

- 교사가 도화지의 반을 접어 펼치는 시범을 보인다.
- 유아에게 교사를 모방하여 도화지의 반을 접어 펼쳐 보라고 한다.
- 모방하지 못하면 교사가 유아의 손을 잡고 도화지의 반을 접어 펼쳐 준다.
- 교사가 도화지의 반에 선을 그어 준 후 유아에게 도화지의 반을 접어 펼쳐 보라고 한다.
- 교사가 도화지의 반을 가리키며 유아에게 도화지의 반을 접어 펼쳐 보라고 한다.
- 도움을 점차 줄여 간다.

- 수행되면 유아 스스로 도화지의 반을 접어 펼쳐 보라고 한다.
- 수행되면 교사가 도화지의 펼쳐진 반쪽 면에 물감을 짜서 다시 접어 문지른 후 도화지를 펼치는 시범을 보인다.
- 교사가 도화지의 펼쳐진 반쪽 면에 물감을 짜서 제시한 후 유아에게 교사를 모방하여 다시 접어 문지른 후 도화지를 펼쳐 보라고 한다.
- 모방하지 못하면 교사가 도화지의 펼쳐진 반쪽 면에 물감을 짜서 제시한 후 유아의 손을 잡고 도화지를 다시 접어 문지른 후 도화지를 펼쳐 준다.
- 교사가 도화지의 반을 가리키며 유아에게 도화지의 반을 접어 문지른 후 펼쳐 보라고 한다.
- 도움을 점차 줄여 간다.
- 수행되면 교사가 도화지의 펼쳐진 반쪽 면에 물감을 짜서 제시한 후 유아 스스로 다시 접어 문지른 후 도화지를 펼쳐 보라고 한다.
- 수행되면 유아의 특성에 맞는 적절한 강화제를 제공한다.

☞ 크레파스로 끼적이기를 한 후 반으로 접어 반쪽 면에 물감을 짜서 하는 방법도 있다

☞ 유아가 물감을 짤 수 있는 경우에는 유아에게 직접 짜도록 하거나 물약병이나 스포이트에 물감을 넣어서 짜도록 하는 방법도 있다.

종이 준비

종이를 반으로 접기

3~4 세

반으로 접은 종이 펴기

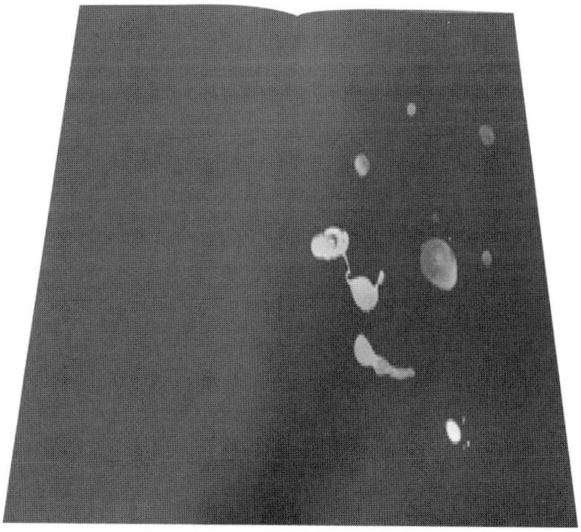

반쪽 면에 교사가 물감 짜 주기

종이 다시 반으로 접기

접혀진 상태의 종이 문지르기

종이 다시 펼치기

125 손잡이 돌리기

3~4세

목표 | 손잡이를 돌릴 수 있다.

자료 | 방문, 화장실 문 등, 강화제

방법 ❶

- 교사가 유아를 데리고 방문 앞에 가서 방문 손잡이를 돌리는 시범을 보인다.
- 유아에게 교사를 모방하여 방문 손잡이를 돌려 보라고 한다.
- 수행되면 유아 스스로 방문 손잡이를 돌려 보라고 한다.
- 수행되면 유아의 특성에 맞는 적절한 강화제를 제공한다.

방법 ❷

- 교사가 유아를 데리고 방문 앞에 가서 방문 손잡이를 돌리는 시범을 보인다.
- 유아에게 교사를 모방하여 방문 손잡이를 돌려 보라고 한다.
- 모방하지 못하면 교사가 유아의 손을 잡고 방문 손잡이를 돌려 준다.
- 교사가 유아의 손을 방문 손잡이에 대 준 후 유아와 함께 손잡이를 돌리면서 교사가 힘을 살짝 빼고 유아에게 손잡이를 돌려 보라고 한다.
- 수행되면 유아 스스로 방문 손잡이에 손을 대라고 한 후 유아와 함께 손잡이를 돌리면서 교사가 힘을 살짝 빼고 유아에게 손잡이를 돌려 보라고 한다.
- 수행되면 유아 스스로 방문 손잡이에 손을 대라고 한 후 유아의 손 위에 교사의 손을 슬쩍 대 준 다음 유아에게 손잡이를 돌려 보라고 한다.
- 도움을 점차 줄여 간다.
- 수행되면 유아 스스로 방문 손잡이를 돌려 보라고 한다.
- 수행되면 유아의 특성에 맞는 적절한 강화제를 제공한다.

방법 ❸

- 교사가 유아를 데리고 방문 앞에 가서 방문 손잡이를 돌리는 시범을 보인다.
- 유아에게 교사를 모방하여 방문 손잡이를 돌려 보라고 한다.
- 모방하지 못하면 교사가 유아의 손을 잡고 방문 손잡이를 돌려 준다.
- 교사가 방문 손잡이의 3/4을 돌려 준 후 유아에게 나머지를 돌려 보라고 한다.
- 돌리지 못하면 교사가 유아의 손을 잡고 방문 손잡이를 돌려 주는 동작을 반복해 준다.
- 수행되면 교사가 방문 손잡이의 2/4를 돌려 준 후 유아에게 나머지를 돌려 보라고 한다.
- 수행되면 교사가 방문 손잡이의 1/4을 돌려 준 후 유아에게 나머지를 돌려 보라고 한다.
- 도움을 점차 줄여 간다.
- 수행되면 유아 스스로 방문 손잡이를 돌려 보라고 한다.
- 수행되면 유아의 특성에 맞는 적절한 강화제를 제공한다.

☞ 각 손잡이(예: 방문, 화장실 문 등)에 소리가 나는 물건(예: 종, 유아가 좋아하는 모빌 등)을 달아 주고 지도해도 효과적이다.

☞ 유아가 좋아하는 과자나 장난감을 방문 안쪽에 미리 놓아둔 후 유아가 손잡이를 돌려 문을 열었을 때 강화제로 제공하면 유아의 흥미를 유발할 수 있어 효과적이다.

126 블록으로 다리 만들기

3~4세

목표 | 블록으로 다리를 만들 수 있다.

자료 | 긴 블록 두 개, 블록 열두 개, 강화제

방법 ❶

- 블록 쌓기는 앞 단계에서 수행하였으므로 확인한 후 시행한다.
- 교사가 왼쪽과 오른쪽에 각각 세 개의 블록을 쌓은 다음 그 위에 긴 블록을 놓아 일곱 개의 블록으로 다리를 만드는 시범을 보인다.
- 유아에게 교사를 모방하여 왼쪽과 오른쪽에 각각 세 개의 블록을 쌓은 다음 그 위에 긴 블록을 놓아 다리를 만들어 보라고 한다.
- 수행되면 유아 스스로 왼쪽과 오른쪽에 각각 세 개의 블록을 쌓은 다음 그 위에 긴 블록을 놓아 다리를 만들어 보라고 한다.
- 수행되면 유아의 특성에 맞는 적절한 강화제를 제공한다.

방법 ❷

- 블록 쌓기는 앞 단계에서 수행하였으므로 확인한 후 시행한다.
- 교사가 블록 세 개를 제시한 후 왼쪽(유아가 볼 때는 오른쪽)에 블록 세 개를 나란히 쌓는 시범을 보인다.
- 유아에게 교사를 모방하여 오른쪽에 블록 세 개를 나란히 쌓아 보라고 한다.
- 수행되면 교사가 블록 세 개를 제시한 후 오른쪽(유아가 볼 때는 왼쪽)에 블록 세 개를 나란히 쌓는 시범을 보인다.
- 유아에게 교사를 모방하여 왼쪽에 블록 세 개를 나란히 쌓아 보라고 한다.
- 수행되면 교사가 오른쪽과 왼쪽에 놓인 블록 위에 긴 블록 한 개를 올려놓아 다리를 만드는 시범을 보인다.
- 유아에게 교사를 모방하여 오른쪽과 왼쪽에 놓인 블록 위에 긴 블록 한 개를 올려놓아 다리를 만들어 보라고 한다.
- 모방하지 못하면 교사가 유아의 손을 잡고 긴 블록 한 개를 올려놓아 다리를 만들어 준다.
- 교사가 긴 블록 한 개를 가리키며 유아에게 오른쪽과 왼쪽에 놓인 블록 위에 놓아 다리를 만들어 보라고 한다.

- 도움을 점차 줄여 간다.
- 수행되면 유아 스스로 오른쪽과 왼쪽에 놓인 블록 위에 긴 블록 한 개를 올려놓아 다리를 만들어 보라고 한다.
- 수행되면 유아의 특성에 맞는 적절한 강화제를 제공한다.

127 점토나 찰흙으로 간단한 모양 만들기 3~4세

목표 | 점토나 찰흙을 이용하여 간단한 모양을 만들 수 있다.

자료 | 점토, 찰흙, 강화제

방법 ❶

- 점토 주무르기는 앞 단계에서 수행하였으므로 확인한 후 시행한다.
- 교사가 점토나 찰흙을 이용하여 간단한 모양(공, 눈사람, 뱀 등)을 만드는 시범을 보인다.
- 유아에게 교사를 모방하여 점토나 찰흙을 이용하여 간단한 모양(공, 눈사람, 뱀 등)을 만들어 보라고 한다.
- 수행되면 유아 스스로 점토나 찰흙을 이용하여 간단한 모양을 만들어 보라고 한다.
- 수행되면 유아의 특성에 맞는 적절한 강화제를 제공한다.

방법 ❷

- 점토 주무르기는 앞 단계에서 수행하였으므로 확인한 후 시행한다.
- 교사가 예를 들어 점토나 찰흙을 이용하여 눈사람을 만드는 시범을 보인다.
- 유아에게 교사를 모방하여 눈사람을 만들어 보라고 한다.
- 모방하지 못하면 교사가 "동글동글 ♬ 동그라미 ♬ 동글동글 ♬ 동그라미 ♬"라고

노래를 부르며 점토를 떼어 손바닥에 올려놓은 후 두 손을 둥글게 비벼 공 모양을 만드는 시범을 보인다.

- 유아에게 교사를 모방하여 점토를 떼어 손바닥에 올려놓은 후 두 손을 둥글게 비벼 공 모양을 만들어 보라고 한다.
- 모방하지 못하면 교사가 점토를 떼어 유아의 손바닥에 올려놓은 후 유아의 두 손을 잡고 둥글게 비벼 공 모양을 만들어 준다.
- 교사가 점토를 떼어 유아의 손바닥에 올려놓은 후 유아의 두 손을 잡고 둥글게 비벼 주다가 유아에게 둥글게 비벼 공 모양을 만들어 보라고 한다.
- 수행되면 교사가 점토를 떼어 유아의 손바닥에 올려 준 후 점토를 비비는 동작을 보여 주며 유아에게 점토를 둥글게 비벼 공 모양을 만들어 보라고 한다.
- 도움을 점차 줄여 간다.
- 수행되면 유아 스스로 점토를 둥글게 비벼 공 모양을 만들어 보라고 한다.
- 수행되면 교사가 점토를 떼어 손바닥에 올려놓은 후 두 손을 둥글게 비벼 조금 큰 공 모양을 만드는 시범을 보인다.
- 유아에게 교사를 모방하여 점토를 떼어 손바닥에 올려놓은 후 두 손을 둥글게 비벼 조금 큰 공 모양을 만들어 보라고 한다.
- 모방하지 못하면 공 모양을 만든 것과 같은 방법으로 지도한다.
- 수행되면 교사가 공 모양 두 개를 연결하여 눈사람을 만드는 시범을 보인다.
- 유아에게 교사를 모방하여 공 모양 두 개를 연결하여 눈사람을 만들어 보라고 한다.
- 모방하지 못하면 교사가 유아의 손을 잡고 공 모양 두 개를 연결하여 눈사람을 만들어 준다.
- 교사가 공 모양 두 개를 가리키며 유아에게 두 개를 연결하여 눈사람을 만들어 보라고 한다.
- 도움을 점차 줄여 간다.
- 수행되면 유아 스스로 공 모양 두 개를 연결하여 눈사람을 만들어 보라고 한다.

- 수행되면 다른 간단한 모양을 만드는 것도 눈사람을 만든 것과 같은 방법으로 지도한다.
- 수행되면 유아의 특성에 맞는 적절한 강화제를 제공한다.

☞ 점토나 찰흙 놀이는 소근육뿐만 아니라 눈과 손의 협응력을 기를 수 있고, 감정적 이완을 경험할 수 있어 공격성이 있거나 산만한 유아에게는 효과적인 활동이다.

○ 지도 방법

공 모양을 만드는 시범 보이기

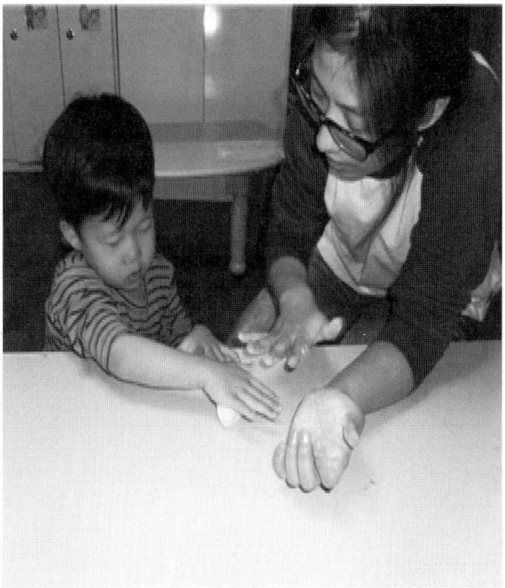

교사를 모방하여 공 모양 만들기

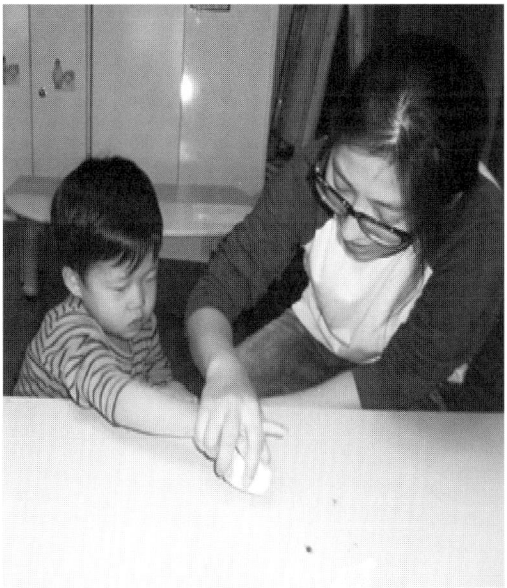

모방하지 못하면 유아의 손을 잡고
공 모양 만들어 주기

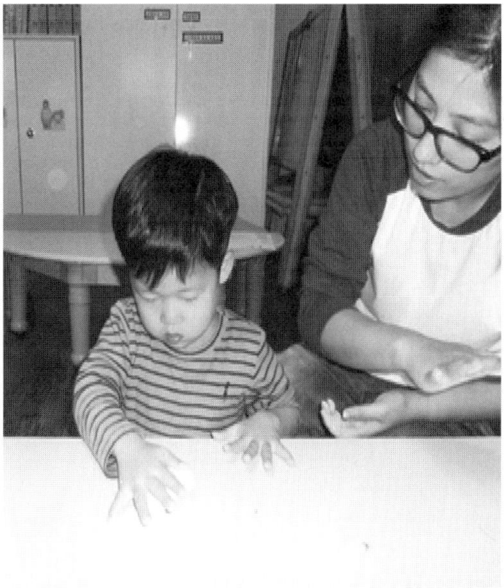

유아 스스로 공 모양 만들기

두 개의 공 모양을 만들어 눈사람 만드는
시범 보이기

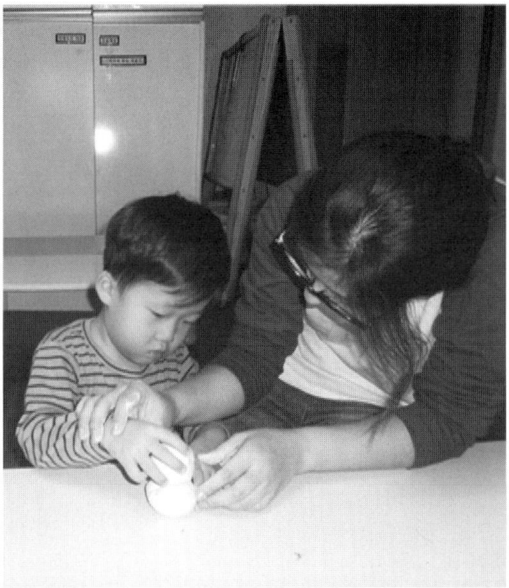

유아의 손을 잡아 두 개의 공 모양을 연결하여
눈사람 만들기

스스로 눈사람 만들기

강화제 제공하기

128 간단한 곡선 그리기

3~4세

목표 | 간단한 곡선을 그릴 수 있다.

자료 | 그림자료, 도화지, 크레파스, 색연필, 연필, 강화제

방법 ❶

- 교사가 "동글동글 ♬ 동그라미 ♬ 동글동글 ♬ 동그라미 ♬"라고 노래를 부르며 간단한 곡선을 그리는 시범을 보인다.
- 유아에게 교사를 모방하여 간단한 곡선을 그려 보라고 한다.
- 수행되면 유아 스스로 간단한 곡선을 그려 보라고 한다.
- 수행되면 유아의 특성에 맞는 적절한 강화제를 제공한다.

방법 ❷

- 교사가 예를 들어 달팽이 그림을 제시한다.
- 교사가 "달팽이 ♬ 집을 지읍시다 ♬ 어여쁘게 지읍시다 ♬ 점~점 좁게 ♬ 점~점 좁게 ♬ 점~점 넓게 ♬ 점~점 넓게 ♬"라고 노래를 부르며 달팽이 등의 곡선을 그리는 시범을 보인다.
- 유아에게 교사를 모방하여 달팽이 등의 곡선을 그려 보라고 한다.
- 그리지 못하면 교사가 유아의 손을 잡고 달팽이 등의 곡선을 그려 준다.
- 그리지 못하면 교사가 유아의 손을 잡고 달팽이 등의 곡선을 그리는 동작을 반복해 준다.
- 교사가 달팽이 등의 곡선에 점선을 찍어 준 후 유아에게 점선을 따라 달팽이 등의 곡선을 그려 보라고 한다.
- 수행되면 교사가 달팽이 등의 곡선에 점선을 찍어 준 후 점선을 손으로 가리키며 유아에게 달팽이 등의 곡선을 그려 보라고 한다.

- 수행되면 교사가 달팽이 등의 곡선에 2/3만 점선을 찍어 준 후 유아에게 나머지 부분을 그려 보라고 한다.
- 수행되면 교사가 달팽이 등의 곡선에 1/2만 점선을 찍어 준 후 유아에게 나머지 부분을 그려 보라고 한다.
- 수행되면 교사가 달팽이 등의 곡선에 1/3만 점선을 찍어 준 후 유아에게 나머지 부분을 그려 보라고 한다.
- 수행되면 교사가 달팽이 등의 곡선에 시작점만 찍어 준 후 유아에게 달팽이 등의 곡선을 그려 보라고 한다.
- 수행되면 교사가 곡선을 그리는 동작을 보여 주며 유아에게 달팽이 등의 곡선을 그려 보라고 한다.
- 도움을 점차 줄여 간다.
- 수행되면 유아 스스로 달팽이 등의 곡선을 그려 보라고 한다.
- 수행되면 다른 간단한 곡선들도 달팽이 등의 곡선을 지도한 것과 같은 방법으로 지도한다.
- 수행되면 유아의 특성에 맞는 적절한 강화제를 제공한다.

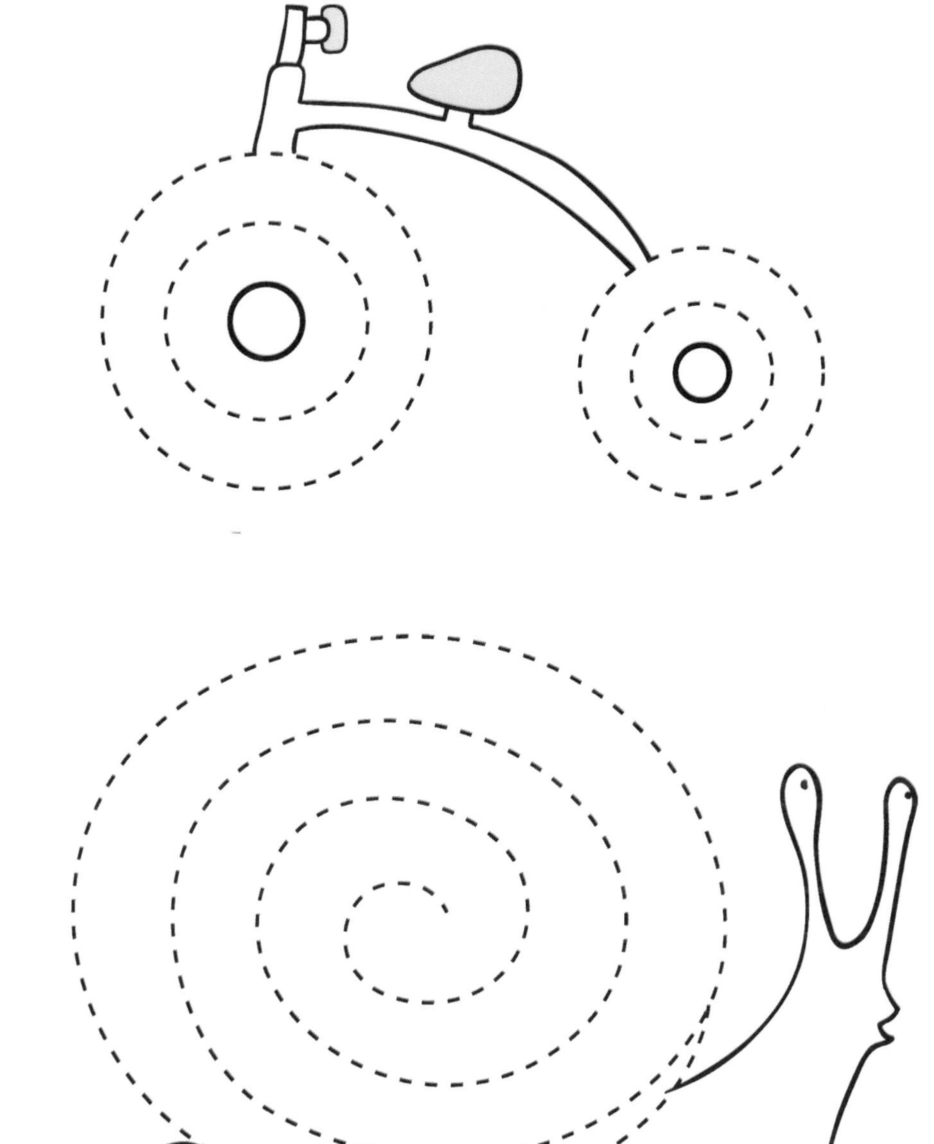

3~4
세

3~4
세

129 종이를 대각선으로 두 번 접기

3~4세

목표 | 종이를 대각선으로 두 번 접을 수 있다.

자료 | 색종이, 강화제

방법 ❶

- 색종이로 세모 접기는 앞 단계에서 수행하였으므로 확인한 후 시행한다.
- 교사가 유아 옆에 앉아 색종이를 대각선으로 접어 세모 모양을 만든 후 한 번 더 접는 시범을 보인다.
- 유아에게 교사를 모방하여 색종이를 대각선으로 접어 세모 모양을 만든 후 한 번 더 접어 보라고 한다.
- 수행되면 유아 스스로 색종이를 대각선으로 접어 세모 모양을 만든 후 한 번 더 접어 보라고 한다.
- 수행되면 유아의 특성에 맞는 적절한 강화제를 제공한다.

방법 ❷

- 색종이로 세모 접기는 앞 단계에서 수행하였으므로 확인한 후 시행한다.
- 교사가 유아 옆에 앉아 색종이를 대각선으로 접어 세모 모양을 만든 후 한 번 더 접는 시범을 보인다.
- 유아에게 교사를 모방하여 색종이를 대각선으로 접어 세모 모양을 만든 후 한 번 더 접어 보라고 한다.
- 모방하지 못하면 교사가 유아의 손을 잡고 색종이를 대각선으로 접어 세모 모양을 만든 후 한 번 더 접어 준다.
- 유아에게 색종이를 대각선으로 한 번 접어 세모 모양을 만들라고 한 후 교사가 대각선으로 한 번 더 접어야 할 곳을 손으로 짚어 주며 유아에게 접어 보라고 한다.

• 수행되면 유아에게 색종이를 대각선으로 한 번 접어 세모 모양을 만들라고 한 후 교사가 대각선으로 접어야 할 부분에 선을 그어 준 후 유아에게 한 번 더 접어 보라고 한다.
• 도움을 점차 줄여 간다.
• 수행되면 유아 스스로 색종이를 대각선으로 접어 세모 모양을 만든 후 한 번 더 접어 보라고 한다.
• 수행되면 유아의 특성에 맞는 적절한 강화제를 제공한다.

☞ 유아와 마주 보고 지도할 경우 교사가 손(교사가 왼손을 사용해야 유아가 볼 때 오른손이 됨) 사용에 유의하도록 한다.

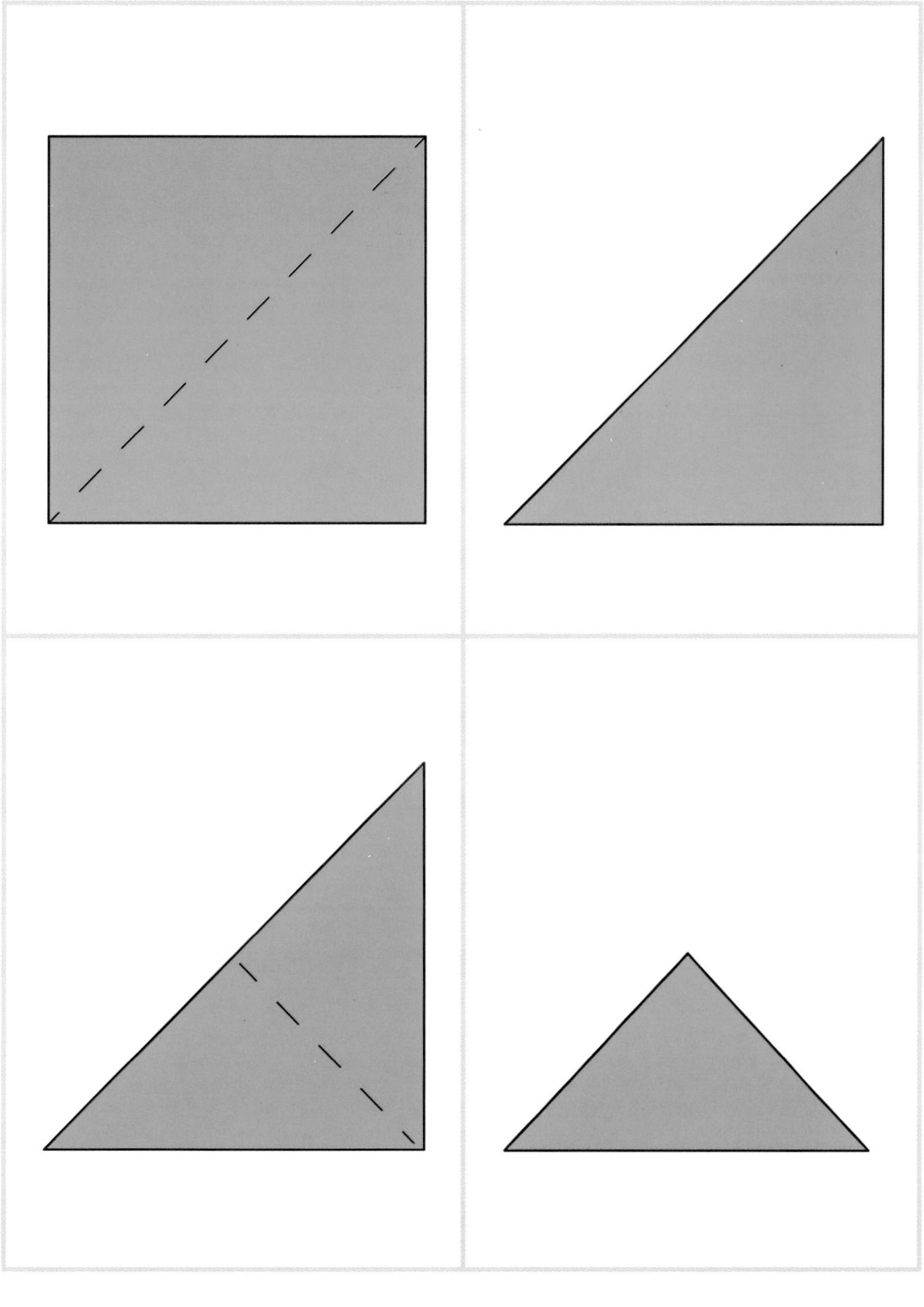

130 종이 박스에서 공을 굴려 끼적이기

3~4세

목표 | 종이 박스에서 공을 굴려 끼적이기를 할 수 있다.

자료 | 종이 박스, 물감, 물, 붓, 여러 개의 쟁반, 여러 개의 탁구공, 집게, 강화제

방법 ❶

- 여러 개의 쟁반에 각각 다른 색깔의 물감을 희석한 다음 탁구공을 물감에 충분히 묻혀 제시한다.
- 교사가 집게를 사용하여 물감이 묻어 있는 탁구공을 종이 박스에 넣은 후 박스를 마음대로 움직여 공을 굴려 끼적이기를 하는 시범을 보인다.
- 교사가 집게를 사용하여 물감이 묻어 있는 탁구공을 종이 박스에 넣어 준 후 유아에게 교사를 모방하여 박스를 마음대로 움직여 공을 굴려 끼적이기를 해 보라고 한다.
- 수행되면 교사가 집게를 사용하여 물감이 묻어 있는 탁구공을 종이 박스에 넣어 준 후 유아 스스로 박스를 마음대로 움직여 공을 굴려 끼적이기를 해 보라고 한다.
- 수행되면 유아의 특성에 맞는 적절한 강화제를 제공한다.

방법 ❷

- 여러 개의 쟁반에 각각 다른 색깔의 물감을 희석한 다음 탁구공을 물감에 충분히 묻혀 제시한다.
- 교사가 종이 박스를 양손으로 잡고 흔드는 시범을 보인다.
- 유아에게 교사를 모방하여 종이 박스를 양손으로 잡고 흔들어 보라고 한다.
- 모방하지 못하면 교사가 유아의 손을 잡고 종이 박스를 양손으로 잡아 흔들어 준다.

- 교사가 유아의 양손을 종이 박스에 대 준 후 유아에게 종이 박스를 잡고 흔들어 보라고 한다.
- 수행되면 유아의 한 손을 종이 박스에 대 준 후 유아에게 종이 박스를 잡고 흔들어 보라고 한다.
- 도움을 점차 줄여 간다.
- 수행되면 유아 스스로 종이 박스를 잡고 흔들어 보라고 한다.
- 수행되면 교사가 집게를 사용하여 물감이 묻어 있는 탁구공을 종이 박스에 넣은 후 박스를 마음대로 움직여 공을 굴려 끼적이는 시범을 보인다.
- 교사가 물감이 묻어 있는 탁구공을 집게를 사용하여 종이 박스에 넣어 준 후 유아에게 교사를 모방하여 박스를 마음대로 움직여 공을 굴려 끼적이기를 해 보라고 한다.
- 모방하지 못하면 교사가 물감이 묻어 있는 탁구공을 집게를 사용하여 종이 박스에 넣어 준 후 유아의 손을 잡고 박스를 마음대로 움직여 공을 굴려 끼적이기를 해 준다.
- 끼적이기를 하지 못하면 교사가 유아의 손을 잡고 종이 박스를 마음대로 움직여 공을 굴려 끼적이는 동작을 반복해 준다.
- 도움을 점차 줄여 간다.
- 수행되면 교사가 물감이 묻어 있는 탁구공을 집게를 사용하여 종이 박스에 넣어 준 후 유아 스스로 박스를 마음대로 움직여 공을 굴려 끼적이기를 해 보라고 한다.
- 수행되면 유아의 특성에 맞는 적절한 강화제를 제공한다.

☞ 교사가 집게로 공을 넣어 주는 대신 유아에게 손으로 공을 집어 상자에 넣게 해도 무방하다.

☞ 수행되면 전지에 탁구공을 올려놓고 손으로 탁구공을 움직여 끼적이는 활동으로 유도해도 유아가 흥미로워한다.

○ 지도 방법

여러 개의 쟁반에 각각 다른 색깔의
물감 희석해 놓기

탁구공을 물감에 충분히 굴려 물감 묻히기

물감을 묻힌 탁구공을 집게로 집어
상자 안에 넣기

유아에게 손으로 탁구공을 집어넣게
해도 무방함

교사가 탁구공이 든 상자를 흔들어 끼적이는 시범 보이기

유아에게 교사를 모방하여 탁구공을 움직여 끼적이기

모방하지 못하면 교사가 도와주기

수행되면 전지에 공을 굴려 끼적이는 놀이 가능

131 모루로 다양한 모양 찍기

3~4세

목표 | 모루로 다양한 모양을 찍을 수 있다.

자료 | 모루, 여러 가지 색깔의 물감, 물, 여러 개의 통, 스케치북 또는 도화지, 강화제

방법 ❶

- 모루로 마구 찍기는 앞 단계에서 수행하였으므로 확인한 후 시행한다.
- 교사가 모루로 다양한 모양(예: 동그라미, 하트, 네모, 세모 등)을 만들어 제시한다.
- 교사가 다양한 모양의 모루를 여러 가지 색깔의 물감에 묻혀 도화지에 찍는 시범을 보인다.
- 유아에게 교사를 모방하여 다양한 모양의 모루를 여러 가지 색깔의 물감에 묻혀 도화지에 찍어 보라고 한다.
- 수행되면 유아 스스로 다양한 모양의 모루를 여러 가지 색깔의 물감에 묻혀 도화지에 찍어 보라고 한다.
- 수행되면 유아의 특성에 맞는 적절한 강화제를 제공한다.

방법 ❷

- 모루로 마구 찍기는 앞 단계에서 수행하였으므로 확인한 후 시행한다.
- 교사가 모루로 다양한 모양(예: 동그라미, 하트, 네모, 세모 등)을 만들어 제시한다.
- 교사가 예를 들어 동그라미 모양의 모루를 물감에 묻히는 시범을 보인다.
- 유아에게 교사를 모방하여 동그라미 모양의 모루를 물감에 묻혀 보라고 한다.
- 모방하지 못하면 교사가 유아의 손을 잡고 동그라미 모양의 모루를 물감에 묻혀 준다.
- 교사가 유아에게 동그라미 모양의 모루를 쥐게 한 후 물감을 가리키며 유아에게 모루에 물감을 묻혀 보라고 한다.

- 물감을 묻히지 못하면 교사가 유아의 손을 잡고 동그라미 모양의 모루를 물감에 묻히는 동작을 반복해 준다.
- 도움을 점차 줄여 간다.
- 수행되면 유아 스스로 동그라미 모양의 모루를 물감에 묻혀 보라고 한다.
- 수행되면 교사가 동그라미 모양의 모루를 물감에 묻혀 도화지에 찍는 시범을 보인다.
- 유아에게 교사를 모방하여 동그라미 모양의 모루를 물감에 묻혀 도화지에 찍어 보라고 한다.
- 모방하지 못하면 교사가 유아의 손을 잡고 동그라미 모양의 모루를 물감에 묻혀 도화지에 찍어 준다.
- 교사가 유아의 손을 잡고 동그라미 모양의 모루를 물감에 찍는 동작을 반복해 준 후 유아에게 모루를 물감에 묻혀 찍어 보라고 한다.
- 도움을 점차 줄여 간다.
- 수행되면 유아 스스로 동그라미 모양의 모루에 물감을 묻혀 찍어 보라고 한다.
- 수행되면 교사가 예를 들어 네모 모양의 모루에 물감을 묻혀 도화지에 찍는 시범을 보인다.
- 유아에게 교사를 모방하여 네모 모양의 모루에 물감을 묻혀 종이에 찍어 보라고 한다.
- 모방하지 못하면 동그라미 모양의 모루를 찍은 것과 같은 방법으로 지도한다.
- 수행되면 다른 모양의 모루를 찍는 것도 같은 방법으로 지도한다.
- 수행되면 유아의 특성에 맞는 적절한 강화제를 제공한다.

132 부채에 스티커 붙여 꾸미기

3~4세

목표 | 부채에 스티커를 붙여 꾸밀 수 있다.

자료 | 부채, 다양한 스티커, 강화제

방법 ❶

- 도형 및 신체에 스티커를 붙이는 것은 앞 단계에서 수행하였으므로 확인한 후 시행한다.
- 교사가 부채에 스티커를 붙여 꾸미는 시범을 보인다.
- 유아에게 교사를 모방하여 부채에 스티커를 붙여 꾸며 보라고 한다.
- 수행되면 유아 스스로 부채에 스티커를 붙여 꾸며 보라고 한다.
- 수행되면 유아의 특성에 맞는 적절한 강화제를 제공한다.

방법 ❷

- 도형 및 신체에 스티커를 붙이는 것은 앞 단계에서 수행하였으므로 확인한 후 시행한다.
- 교사가 부채에 스티커를 붙여 꾸미는 시범을 보인다.
- 유아에게 교사를 모방하여 부채에 스티커를 붙여 꾸며 보라고 한다.
- 모방하지 못하면 교사가 유아의 손을 잡고 부채에 스티커를 붙여 꾸며 준다.
- 교사가 유아에게 스티커를 떼어 보라고 한 후 유아의 손을 부채에 대 준 다음 스티커를 부채에 붙여 꾸며 보라고 한다.
- 꾸미지 못하면 교사가 유아의 손을 잡고 부채에 스티커를 붙여 꾸며 주는 것을 반복해 준다.
- 수행되면 교사가 유아의 손을 부채 가까이 대 준 후 유아에게 스티커를 붙여 꾸며 보라고 한다.

- 도움을 점차 줄여 간다.
- 수행되면 유아 스스로 부채에 스티커를 붙여 꾸며 보라고 한다.
- 수행되면 유아의 특성에 맞는 적절한 강화제를 제공한다.

133 5~7조각 퍼즐 맞추기 3~4세

목표 | 5~7조각의 퍼즐을 맞출 수 있다.

자료 | 5~7조각 퍼즐, 강화제

방법 ❶

- 2조각의 퍼즐로 모양 맞추기는 앞 단계에서 수행하였으므로 확인한 후 시행한다.
- 교사가 5~7조각의 퍼즐을 맞추는 시범을 보인다.
- 유아에게 교사를 모방하여 5~7조각의 퍼즐을 맞추어 보라고 한다.
- 수행되면 유아 스스로 5~7조각의 퍼즐을 맞추어 보라고 한다.
- 수행되면 유아의 특성에 맞는 적절한 강화제를 제공한다.

방법 ❷

- 2조각의 퍼즐로 모양 맞추기는 앞 단계에서 수행하였으므로 확인한 후 시행한다.
- 교사가 예를 들어 3~4조각의 퍼즐을 미리 맞추어 놓고 4~3조각의 퍼즐을 끼워 퍼즐을 완성시키는 시범을 보인다.
- 교사가 3~4조각의 퍼즐을 미리 맞추어 놓은 후 유아에게 교사를 모방하여 4~3조각의 퍼즐을 끼워 퍼즐을 완성시켜 보라고 한다.
- 모방하지 못하면 교사가 유아의 손을 잡고 4~3조각의 퍼즐을 맞추어 준다.
- 교사가 4~3조각의 퍼즐을 순서대로 가리키며 유아에게 각 조각을 맞추어 퍼즐을 완성시켜 보라고 한다.

- 도움을 점차 줄여 간다.
- 수행되면 유아 스스로 4~3조각의 퍼즐을 맞추어 퍼즐을 완성시켜 보라고 한다.
- 수행되면 교사가 예를 들어 2~3조각의 퍼즐을 미리 맞추어 놓고 5~4조각의 퍼즐을 끼워 퍼즐을 완성시키는 시범을 보인다.
- 교사가 2~3조각의 퍼즐을 미리 맞추어 놓은 후 유아에게 교사를 모방하여 5~4조각의 퍼즐을 끼워 완성시켜 보라고 한다.
- 모방하지 못하면 교사가 유아의 손을 잡고 5~4조각의 퍼즐을 끼워 준다.
- 교사가 5~4조각의 퍼즐을 순서대로 가리키며 유아에게 조각을 끼워 퍼즐을 완성해 보라고 한다.
- 도움을 점차 줄여 간다.
- 수행되면 유아 스스로 5~4조각의 퍼즐을 끼워 퍼즐을 완성시켜 보라고 한다.
- 수행되면 나머지 퍼즐 조각을 맞추는 것도 같은 방법으로 지도한다.
- 수행되면 유아 스스로 5~7조각의 퍼즐을 끼워 퍼즐을 완성시켜 보라고 한다.
- 수행되면 유아의 특성에 맞는 적절한 강화제를 제공한다.

방법 ❸

- 2조각의 퍼즐로 모양 맞추기는 앞 단계에서 수행하였으므로 확인한 후 시행한다.
- 교사가 예를 들어 3~4조각의 퍼즐을 끼우는 시범을 보인다.
- 유아에게 교사를 모방하여 3~4조각의 퍼즐을 끼워 보라고 한다.
- 모방하지 못하면 교사가 유아의 손을 잡고 3~4조각의 퍼즐을 끼워 준다.
- 교사가 3~4조각의 퍼즐을 순서대로 가리키며 유아에게 조각을 끼워 퍼즐을 완성해 보라고 한다.
- 도움을 점차 줄여 간다.
- 수행되면 유아 스스로 3~4조각의 퍼즐을 끼워 보라고 한다.
- 수행되면 교사가 예를 들어 5~6조각의 퍼즐을 끼우는 시범을 보인다.
- 유아에게 교사를 모방하여 5~6조각의 퍼즐을 끼워 보라고 한다.

- 모방하지 못하면 3~4조각의 퍼즐을 맞춘 것과 같은 방법으로 지도한다.
- 수행되면 나머지 퍼즐을 끼우는 것도 같은 방법으로 지도한다.
- 수행되면 유아의 특성에 맞는 적절한 강화제를 제공한다.

☞ 시판되고 있는 퍼즐을 활용하거나 다음 그림을 복사하여 5~7조각으로 잘라서 밑에 하드보드지를 붙인 후 퍼즐 조각에 손잡이(문방구에서 쉽게 구입 가능)를 붙여 사용해도 된다.

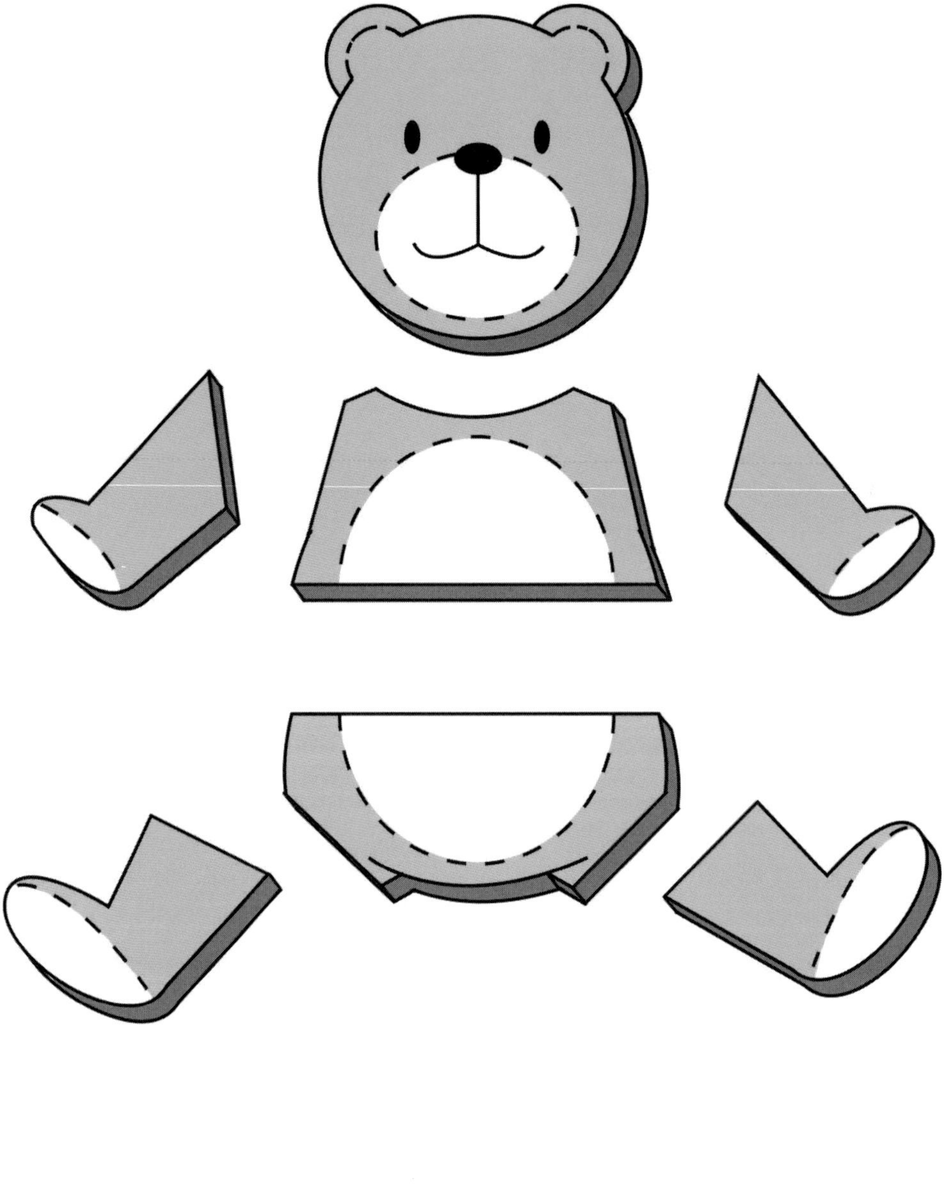

134 모루로 동그라미 만들기

3~4세

목표 | 모루로 동그라미를 만들 수 있다.

자료 | 모루, 강화제

방법 ❶

- 모루를 마음대로 구부리는 것은 앞 단계에서 수행하였으므로 확인한 후 시행한다.
- 교사가 직선으로 잘라진 모루를 유아에게 제시한다.
- 교사가 손으로 모루를 구부려 동그라미를 만드는 시범을 보인다.
- 유아에게 교사를 모방하여 손으로 모루를 구부려 동그라미를 만들어 보라고 한다.
- 수행되면 유아 스스로 모루를 손으로 구부려 동그라미를 만들어 보라고 한다.
- 수행되면 유아의 특성에 맞는 적절한 강화제를 제공한다.

방법 ❷

- 모루를 마음대로 구부리는 것은 앞 단계에서 수행하였으므로 확인한 후 시행한다.
- 교사가 직선으로 잘라진 모루를 유아에게 제시한다.
- 교사가 모루를 둥글게 구부리는 시범을 보인다.
- 유아에게 교사를 모방하여 모루를 둥글게 구부려 보라고 한다.
- 모방하지 못하면 교사가 유아의 손을 잡고 모루를 둥글게 구부려 준다.
- 교사가 유아의 손을 잡고 모루를 둥글게 구부려 주다가 유아에게 나머지 부분을 둥글게 구부려 보라고 한다.
- 둥글게 구부리지 못하면 교사가 유아의 손을 잡고 모루를 둥글게 구부리는 동작

을 반복해 준다.

- 교사가 모루의 처음 부분만 구부려 준 후 유아에게 모루를 둥글게 구부려 보라고 한다.
- 도움을 점차 줄여 간다.
- 수행되면 유아 스스로 모루를 둥글게 구부려 보라고 한다.
- 수행되면 교사가 둥글게 구부린 모루의 처음 부분과 마지막 부분을 맞대어 동그라미를 만드는 시범을 보인다.
- 유아에게 교사를 모방하여 둥글게 구부린 모루의 처음 부분과 마지막 부분을 맞대어 동그라미를 만들어 보라고 한다.
- 모방하지 못하면 교사가 유아의 손을 잡고 모루의 처음 부분과 마지막 부분을 맞대어 동그라미를 만들어 준다.
- 교사가 모루의 처음 부분을 잡아 준 후 유아에게 마지막 부분을 맞대어 동그라미를 만들어 보라고 한다.
- 동그라미를 만들지 못하면 교사가 유아의 손을 잡고 모루로 동그라미를 만드는 동작을 반복해 준다.
- 도움을 점차 줄여 간다.
- 수행되면 유아 스스로 모루의 처음 부분과 마지막 부분을 맞대어 동그라미를 만들어 보라고 한다.
- 수행되면 유아의 특성에 맞는 적절한 강화제를 제공한다.

135 꽂기판에 꽂기 5~10개 꽂기

3~4세

목표 | 꽂기판에 꽂기를 5~10개 꽂을 수 있다.

자료 | 꽂기판, 꽂기 열 개, 강화제

방법 ❶

- 꽂기판에 꽂기 1~3개 꽂기는 앞 단계에서 수행하였으므로 확인한 후 시행한다.
- 교사가 꽂기판에 꽂기를 5~10개 꽂는 시범을 보인다.
- 유아에게 교사를 모방하여 꽂기판에 꽂기를 5~10개 꽂아 보라고 한다.
- 수행되면 유아 스스로 꽂기판에 꽂기를 5~10개 꽂아 보라고 한다.
- 수행되면 유아의 특성에 맞는 적절한 강화제를 제공한다.

방법 ❷

- 꽂기판에 꽂기 1~3개 꽂기는 앞 단계에서 수행하였으므로 확인한 후 시행한다.
- 교사가 꽂기판에 꽂기를 다섯 개 꽂는 시범을 보인다.
- 유아에게 교사를 모방하여 꽂기판에 꽂기를 다섯 개 꽂아 보라고 한다.
- 모방하지 못하면 교사가 유아의 손을 잡고 꽂기판에 꽂기를 다섯 개 꽂아 준다.
- 교사가 유아의 손에 꽂기를 잡게 해 준 후 유아에게 꽂기를 다섯 개 꽂아 보라고 한다.
- 수행되면 교사가 유아의 손을 꽂기를 잡을 수 있도록 꽂기에 대 준 후 꽂기를 다섯 개 꽂아 보라고 한다.
- 도움을 점차 줄여 간다.
- 수행되면 유아 스스로 꽂기판에 꽂기를 다섯 개 꽂아 보라고 한다.
- 수행되면 교사가 꽂기판에 꽂기를 6~8개 꽂는 시범을 보인다.
- 유아에게 교사를 모방하여 꽂기판에 꽂기를 6~8개 꽂아 보라고 한다.
- 모방하지 못하면 5개의 꽂기를 지도한 것과 같은 방법으로 지도한다.
- 수행되면 유아 스스로 꽂기판에 꽂기를 6~8개 꽂아 보라고 한다.
- 수행되면 나머지 꽂기를 꽂는 것도 같은 방법으로 지도한다.
- 수행되면 유아의 특성에 맞는 적절한 강화제를 제공한다.

136 종이에 구멍 뚫기

3~4세

목표 | 종이에 구멍을 뚫을 수 있다.

자료 | 종이, 신문지, 물, 강화제

방법 ❶

- 교사가 손가락에 물을 묻혀 종이에 구멍을 뚫는 시범을 보인다.
- 유아에게 교사를 모방하여 손가락에 물을 묻혀 종이에 구멍을 뚫어 보라고 한다.
- 수행되면 유아 스스로 손가락에 물을 묻혀 종이에 구멍을 뚫어 보라고 한다.
- 수행되면 유아의 특성에 맞는 적절한 강화제를 제공한다.

방법 ❷

- 교사가 손가락에 물을 묻히는 시범을 보인다.
- 유아에게 교사를 모방하여 손가락에 물을 묻혀 보라고 한다.
- 모방하지 못하면 교사가 유아의 손가락을 잡고 물을 묻혀 준다.
- 교사가 유아의 손가락을 물에 닿게 해 준 후 유아에게 물을 묻혀 보라고 한다.
- 수행되면 교사가 유아의 손가락을 물 가까이에 닿게 해 준 후 유아에게 손가락에 물을 묻혀 보라고 한다.
- 수행되면 교사가 물을 가리키며 유아에게 손가락에 물을 묻혀 보라고 한다.
- 도움을 점차 줄여 간다.
- 수행되면 유아 스스로 손가락에 물을 묻혀 보라고 한다.
- 수행되면 교사가 손가락에 물을 묻혀 종이에 구멍을 뚫는 시범을 보인다.
- 유아에게 교사를 모방하여 손가락에 물을 묻혀 종이에 구멍을 뚫어 보라고 한다.
- 모방하지 못하면 교사가 유아에게 손가락에 물을 묻혀 보라고 한 후 유아의 손가락을 잡고 종이에 대 주어 구멍을 뚫어 준다.

- 수행되면 유아 스스로 손가락에 물을 묻히게 한 후 교사가 유아의 손가락을 종이에 대 준 후 구멍을 뚫어 보라고 한다.
- 수행되면 유아 스스로 손가락에 물을 묻히게 한 후 교사가 유아의 손가락을 종이 가까이 대 준 후 구멍을 뚫어 보라고 한다.
- 도움을 점차 줄여 간다.
- 수행되면 유아 스스로 손가락에 물을 묻혀 종이에 구멍을 뚫어 보라고 한다.
- 수행되면 유아의 특성에 맞는 적절한 강화제를 제공한다.

137 큰 구슬 여섯 개 꿰기 3~4세

목표 | 큰 구슬 여섯 개를 꿸 수 있다.

자료 | 다양한 색깔의 큰 구슬 여러 개, 끈, 강화제

방법 ❶

- 큰 구슬 세 개 꿰기는 앞 단계에서 수행하였으므로 확인한 후 시행한다.
- 교사가 유아의 옆에 앉아 오른손의 엄지와 검지로 구슬 끈을 잡고 왼손으로는 구슬을 잡아 큰 구슬 여섯 개를 꿰는 시범을 보인다.
- 유아에게 교사를 모방하여 오른손의 엄지와 검지로 구슬 끈을 잡고 왼손으로는 구슬을 잡아 큰 구슬 여섯 개를 꿰어 보라고 한다.
- 수행되면 유아 스스로 큰 구슬 여섯 개를 꿰어 보라고 한다.
- 수행되면 유아의 특성에 맞는 적절한 강화제를 제공한다.

방법 ❷

- 큰 구슬 세 개 꿰기는 앞 단계에서 수행하였으므로 확인한 후 시행한다.
- 교사가 오른손의 엄지와 검지로 구슬 끈을 잡고 왼손으로는 구슬을 잡아 큰 구슬

여섯 개를 꿰는 시범을 보인다.

- 유아에게 교사를 모방하여 오른손의 엄지와 검지로 구슬 끈을 잡고 왼손으로는 구슬을 잡아 큰 구슬 여섯 개를 꿰어 보라고 한다.
- 모방하지 못하면 교사가 유아의 손을 잡고 큰 구슬 여섯 개를 꿰어 준다.
- 교사가 큰 구슬 여섯 개를 가리키며 유아에게 큰 구슬 여섯 개를 꿰어 보라고 한다.
- 도움을 점차 줄여 간다.
- 수행되면 유아 스스로 큰 구슬 여섯 개를 꿰어 보라고 한다.
- 수행되면 유아의 특성에 맞는 적절한 강화제를 제공한다.

☞ 유아와 마주 보고 지도할 경우 유아가 바라보는 방향에서 손(교사가 왼손을 사용해야 유아가 볼 때 오른손이 됨)을 사용하도록 유의해야 한다.

☞ 시중에서 판매하는 구슬 꿰기를 구입하여 사용하면 편리하고 다양한 용도로 활용할 수 있다. 구슬 꿰기는 소근육 증진뿐만 아니라 눈과 손의 협응력 및 집중력을 기를 수 있고 색의 구분 능력도 증진 시킬 수 있다.

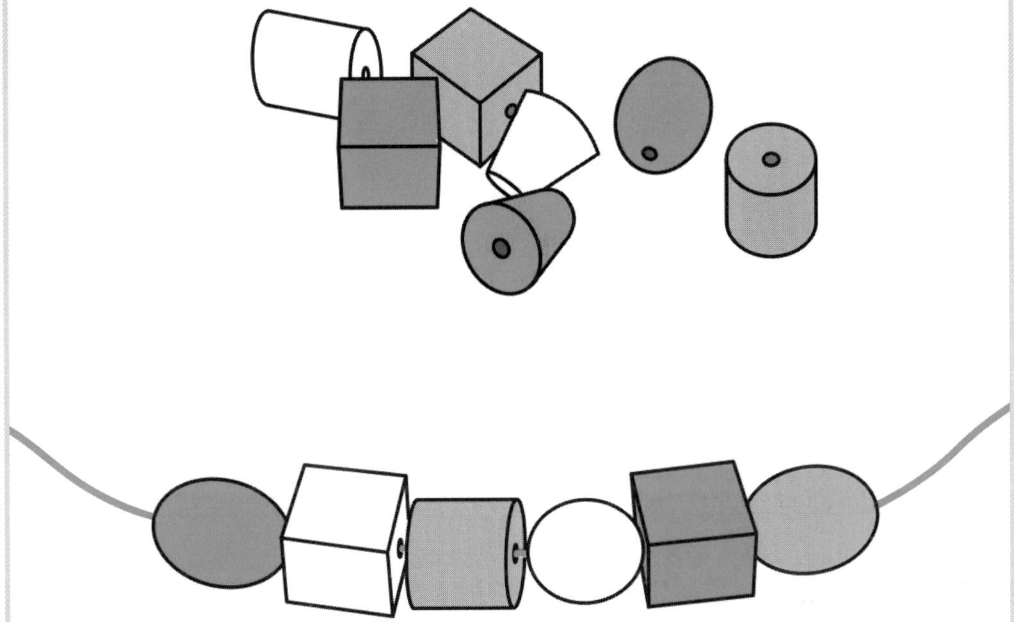

3~4
세

138 바나나 껍질 벗기기

3~4세

목표 | 바나나 껍질을 벗길 수 있다.

자료 | 바나나, 강화제

방법 ❶

- 교사가 바나나 껍질을 벗기는 시범을 보인다.
- 유아에게 교사를 모방하여 바나나 껍질을 벗겨 보라고 한다.
- 수행되면 유아 스스로 바나나 껍질을 벗겨 보라고 한다.
- 수행되면 유아의 특성에 맞는 적절한 강화제를 제공한다.

방법 ❷

- 교사가 바나나의 윗부분을 잡는 시범을 보인다.
- 유아에게 교사를 모방하여 바나나의 윗부분을 잡아 보라고 한다.
- 모방하지 못하면 교사가 유아의 손을 잡고 바나나의 윗부분을 잡아 준다.
- 교사가 유아의 손을 바나나의 윗부분에 대 준 후 유아에게 바나나의 윗부분을 잡아 보라고 한다.
- 잡지 못하면 교사가 유아의 손을 잡고 바나나의 윗부분을 잡는 동작을 반복해 준다.
- 도움을 점차 줄여 간다.
- 수행되면 유아 스스로 바나나의 윗부분을 잡아 보라고 한다.
- 수행되면 교사가 바나나의 윗부분을 잡고 껍질을 벗기는 시범을 보인다.
- 유아에게 교사를 모방하여 바나나의 윗부분을 잡고 껍질을 벗겨 보라고 한다.
- 벗기지 못하면 교사가 유아의 손을 잡고 바나나의 윗부분을 잡아 껍질을 벗겨 준다.

- 교사가 바나나의 윗부분을 잡고 껍질의 3/4을 벗겨 준 후 유아에게 나머지 부분을 벗겨 보라고 한다.
- 수행되면 교사가 바나나의 윗부분을 잡고 껍질의 2/4를 벗겨 준 후 유아에게 나머지 부분을 벗겨 보라고 한다.
- 수행되면 교사가 바나나의 윗부분을 잡고 껍질의 1/4을 벗겨 준 후 유아에게 나머지 부분을 벗겨 보라고 한다.
- 도움을 점차 줄여 간다.
- 수행되면 유아 스스로 바나나 껍질을 벗겨 보라고 한다.
- 수행되면 유아의 특성에 맞는 적절한 강화제를 제공한다.

139 색종이 세 번 접기

3~4세

목표 | 색종이를 세 번 접을 수 있다.

자료 | 색종이, 강화제

방법 ❶

- 색종이로 네모 및 세모 접기는 앞 단계에서 수행하였으므로 확인한 후 시행한다.
- 교사가 유아 옆에 앉아 색종이를 네모로 세 번 접는 시범을 보인다.
- 유아에게 교사를 모방하여 색종이를 네모로 세 번 접어 보라고 한다.
- 수행되면 유아 스스로 색종이를 네모로 세 번 접어 보라고 한다.
- 수행되면 교사가 색종이를 대각선으로 세 번 접는 시범을 보인다.
- 유아에게 교사를 모방하여 색종이를 대각선으로 세 번 접어 보라고 한다.
- 수행되면 유아 스스로 색종이를 대각선으로 세 번 접어 보라고 한다.
- 수행되면 유아의 특성에 맞는 적절한 강화제를 제공한다.

방법 ❷

- 색종이로 네모 및 세모 접기는 앞 단계에서 수행하였으므로 확인한 후 시행한다.
- 교사가 유아 옆에 앉아 색종이를 네모로 두 번 접는 시범을 보인다.
- 유아에게 교사를 모방하여 색종이를 네모로 두 번 접어 보라고 한다.
- 모방하지 못하면 교사가 유아의 손을 잡고 색종이를 네모로 두 번 접어 준다.
- 유아에게 색종이를 한 번 접어 네모 모양을 만들라고 한 후 교사가 한 번 더 접어야 할 곳을 손으로 짚어 주며 유아에게 접어 보라고 한다.
- 수행되면 유아에게 색종이를 한 번 접어 네모 모양을 만들라고 한 다음 교사가 네모로 접어야 할 부분에 선을 그어 준 후 유아에게 네모로 한 번 더 접어 보라고 한다.
- 수행되면 유아에게 색종이를 한 번 접어 네모 모양을 만들라고 한 후 한 번 더 접어 보라고 한다.
- 도움을 점차 줄여 간다.
- 수행되면 유아 스스로 색종이를 네모로 두 번 접어 보라고 한다.
- 수행되면 교사가 유아 옆에 앉아 색종이를 네모로 세 번 접는 시범을 보인다.
- 유아에게 교사를 모방하여 색종이를 네모로 세 번 접어 보라고 한다.
- 모방하지 못하면 색종이를 네모로 두 번 접는 것과 같은 방법으로 지도한다.
- 수행되면 유아 스스로 색종이를 네모로 세 번 접어 보라고 한다.
- 수행되면 교사가 색종이를 대각선으로 세 번 접는 시범을 보인다.
- 유아에게 교사를 모방하여 색종이를 대각선으로 세 번 접어 보라고 한다.
- 모방하지 못하면 교사가 유아의 손을 잡고 색종이를 대각선으로 세 번 접어 준다.
- 유아에게 색종이를 대각선으로 두 번 접어 세모 모양을 만들라고 한 후 교사가 대각선으로 한 번 더 접어야 할 곳을 손으로 짚어 주며 유아에게 접어 보라고 한다.
- 수행되면 유아에게 색종이를 대각선으로 두 번 접어 세모 모양을 만들라고 한 후 교사가 대각선으로 접어야 할 부분에 선을 그어 준 다음 유아에게 접어 보라고 한다.

• 도움을 점차 줄여 간다.
• 수행되면 유아 스스로 색종이를 대각선으로 세 번 접어 보라고 한다.
• 수행되면 유아의 특성에 맞는 적절한 강화제를 제공한다.

☞ 유아와 마주 보고 지도할 경우 교사가 손(교사가 왼손을 사용해야 유아가 볼 때 오른손이 됨) 사용에 유의하도록 한다.

140 세모 그리기

3~4세

목표 | 세모를 그릴 수 있다.

자료 | 종이, 연필(색연필), 초콜릿(과자 조각), 스티커, 네모 그림, 강화제

방법 ❶

• 교사가 색연필로 종이에 세모를 그리는 시범을 보인다.
• 유아에게 교사를 모방하여 세모를 그려 보라고 한다.
• 수행되면 유아 스스로 세모를 그려 보라고 한다.
• 수행되면 유아의 특성에 맞는 적절한 강화제를 제공한다.

방법 ❷

• 교사가 세 개의 점을 연결하여 세모를 그리는 시범을 보인다.
• 교사가 점을 세 개 찍어 준 후 유아에게 교사를 모방하여 세모를 그려 보라고 한다.
• 그리지 못하면 교사가 유아의 손을 잡고 점 세 개를 연결하여 세모를 그려 준다.
• 교사가 손으로 시작점을 짚어 준 후 유아에게 점 세 개를 연결하여 세모를 그려 보라고 한다.

- 도움을 점차 줄여 간다.
- 수행되면 유아 스스로 점 세 개를 연결하여 세모를 그려 보라고 한다.
- 수행되면 교사가 점을 두 개 찍어 준 후 유아에게 세모를 그려 보라고 한다.
- 그리지 못하면 세 개의 점을 연결하는 것과 같은 방법으로 지도한다.
- 수행되면 교사가 시작점만 찍어 준 후 유아에게 세모를 그려 보라고 한다.
- 수행되면 유아 스스로 세모를 그려 보라고 한다.
- 수행되면 유아의 특성에 맞는 적절한 강화제를 제공한다.

방법 ❸

- 교사가 세모의 두 부분이 순서대로 그려진 그림에 한 부분을 그려 세모를 완성하는 시범을 보인다.
- 교사가 세모의 두 부분이 그려진 그림을 제시한 후 나머지는 유아에게 그려 보라고 한다.
- 그리지 못하면 교사가 유아의 손을 잡고 세모의 한 부분을 그려 준다.
- 교사가 세모의 한 부분에 점선을 그려 준 후 유아에게 그려 보라고 한다.
- 도움을 점차 줄여 간다.
- 수행되면 유아 스스로 한 부분을 그려 보라고 한다.
- 수행되면 교사가 세모의 한 부분이 그려진 그림을 제시한 후 나머지는 유아에게 그려 보라고 한다.
- 수행되면 방법 ❷와 같이 세 개의 점을 찍어 지도한다.
- 수행되면 유아 스스로 세모를 그려 보라고 한다.
- 수행되면 유아의 특성에 맞는 적절한 강화제를 제공한다.

방법 ❹

- 교사가 세모의 뒷부분부터 두 부분이 그려진 그림에 앞부분을 그려 세모를 완성하는 시범을 보인다.

- 교사가 점을 세 개 찍어 세모의 뒷부분부터 두 부분을 그려 준 후 앞부분을 유아에게 그려 보라고 한다.
- 그리지 못하면 교사가 유아의 손을 잡고 세모의 앞부분을 그려 준다.
- 그리지 못하면 교사가 세모의 앞부분에 점선을 그려 준 후 유아에게 그려 보라고 한다.
- 도움을 점차 줄여 간다.
- 수행되면 유아 스스로 세모의 앞부분을 그려 보라고 한다.
- 수행되면 교사가 세모의 뒷부분부터 한 부분이 그려진 그림에 두 부분을 그려 세모를 완성하는 시범을 보인다.
- 교사가 점을 세 개 찍어 네모의 뒷부분부터 한 부분을 그려 준 후 유아에게 두 부분을 그려 세모를 완성해 보라고 한다.
- 그리지 못하면 한 부분을 그려 세모를 완성하는 것과 같은 방법으로 지도한다.
- 수행되면 나머지 부분도 같은 방법으로 지도한다.
- 수행되면 유아 스스로 세모를 그려 보라고 한다.
- 수행되면 유아의 특성에 맞는 적절한 강화제를 제공한다.

방법 ❺

- 교사가 점을 세모 모양이 되도록 그린 후 각 점 사이에는 점선을 찍어 제시한다.
- 교사가 점선을 따라 세모를 그리는 시범을 보인다.
- 유아에게 교사를 모방하여 점선을 따라 세모를 그려 보라고 한다.
- 그리지 못하면 교사가 유아의 손을 잡고 점선을 따라 세모를 그려 준다.
- 유아가 교사의 손을 따라 점선을 그릴 수 있도록 교사가 세모 모양의 점선을 손으로 따라 그려 준다.
- 도움을 점차 줄여 간다.
- 수행되면 유아 스스로 점선을 따라 세모를 그려 보라고 한다.
- 수행되면 교사가 세 개의 점에 점선은 두 곳만 그려 준 후 세모를 그리는 시범을

보인다.

- 유아에게 교사를 모방하여 점선을 따라 세모를 그려 보라고 한다.
- 그리지 못하면 교사가 유아의 손을 잡고 점선을 따라 세모를 그려 준다.
- 유아가 교사의 손을 따라 점선을 그릴 수 있도록 교사가 세모 모양의 점선을 손으로 따라 그려 준다.
- 도움을 점차 줄여 간다.
- 수행되면 유아 스스로 점선을 따라 세모를 그려 보라고 한다.
- 수행되면 교사가 세 개의 점에 점선은 한 곳만 그려 준 후 세모를 그리는 시범을 보인다.
- 유아에게 교사를 모방하여 점선을 따라 세모를 그려 보라고 한다.
- 수행되면 교사가 점을 세 개 찍어 준 후 유아에게 세모를 그려 보라고 한다.
- 수행되면 교사가 점을 두 개 찍어 준 후 유아에게 세모를 그려 보라고 한다.
- 수행되면 교사가 시작점만 찍어 준 후 유아에게 세모를 그려 보라고 한다.
- 수행되면 유아 스스로 세모를 그려 보라고 한다.
- 수행되면 유아의 특성에 맞는 적절한 강화제를 제공한다.

방법 ❻

- 교사가 세모와 관련된 그림을 제시한 후 점선을 따라 세모를 그리는 시범을 보인다.
- 유아에게 점선을 따라 세모를 그려 보라고 한다.
- 그리지 못하면 교사가 유아의 손을 잡고 점선을 따라 세모를 그려 준다.
- 교사가 "위에서 아래로 ♬ 옆에서 옆으로 ♬ 아래에서 위로 주~욱 ♬ 주~욱 ♬ 그어 보아요 ♬"라고 말해 주면서 유아에게 세모를 그려 보라고 한다.
- 도움을 점차 줄여 간다.
- 수행되면 유아 스스로 점선을 따라 세모를 그려 보라고 한다.
- 수행되면 유아의 특성에 맞는 적절한 강화제를 제공한다.

☞ 점 대신 스티커를 사용하거나 끝 점에 강화제(예: 초콜릿)를 놓고 지도하면 효과적이다. 수행되면 강화제를 유아가 보상으로 먹을 수 있도록 한다.

☞ 방법 ❸은 후진법(뒤에서 순서대로 진행하는 방법, 즉 거꾸로 진행하는 방법), 방법 ❹는 점진법(앞에서 순서대로 진행하는 방법)이므로 유아의 특성에 맞게 지도하면 된다. 일반적으로 후진법이 성취감을 쉽게 느낄 수 있어 교육현장에서 많이 활용되고 있는 방법이다.

☞ 방법 ❻은 유아가 세모를 그리면서 즐겁게 활동할 수 있고, 성취감을 느낄 수 있으므로 다양한 그림을 활용하여 세모를 그리게 하면 효과적이다.

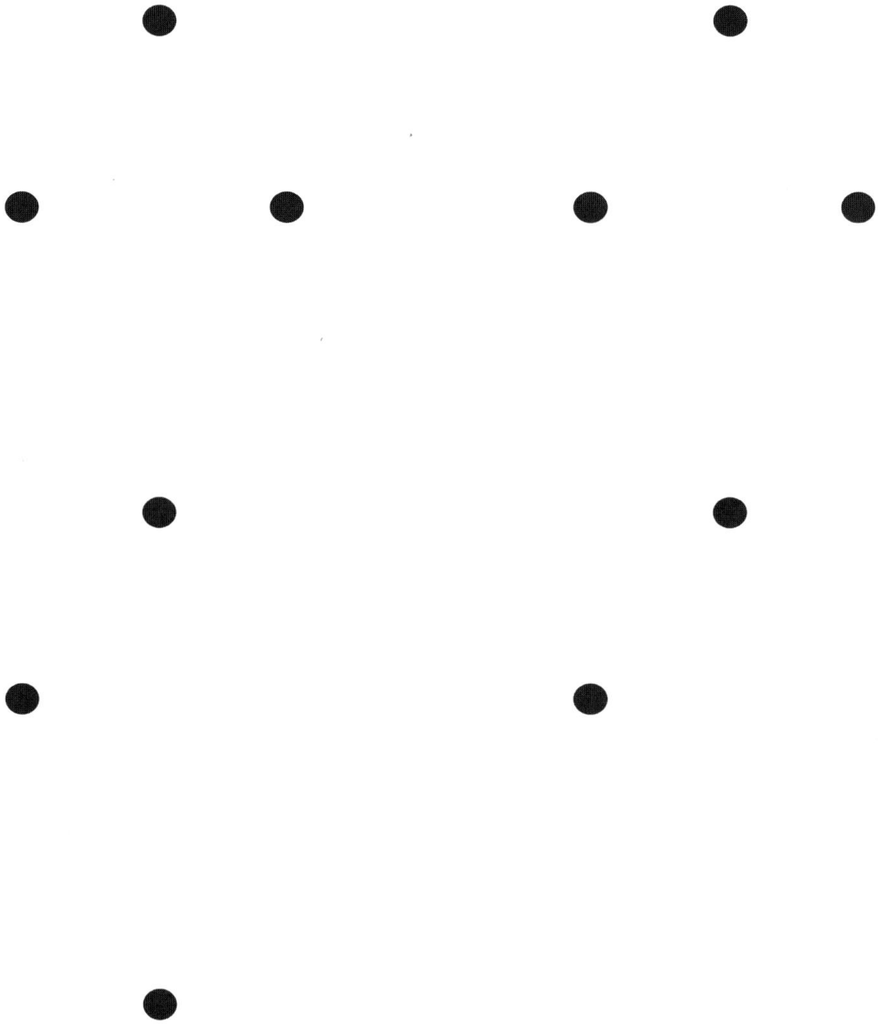

스스로

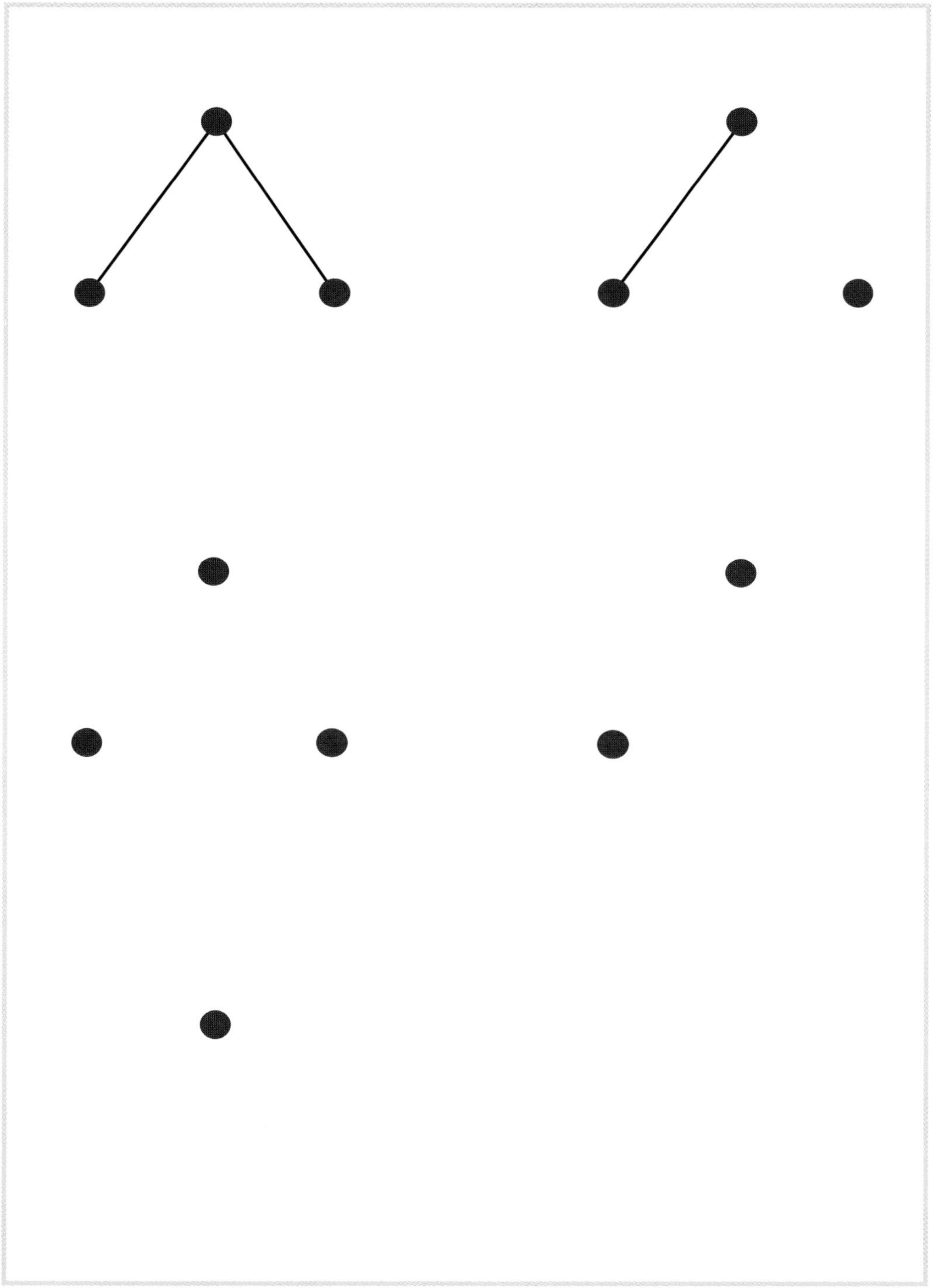

3~4
세

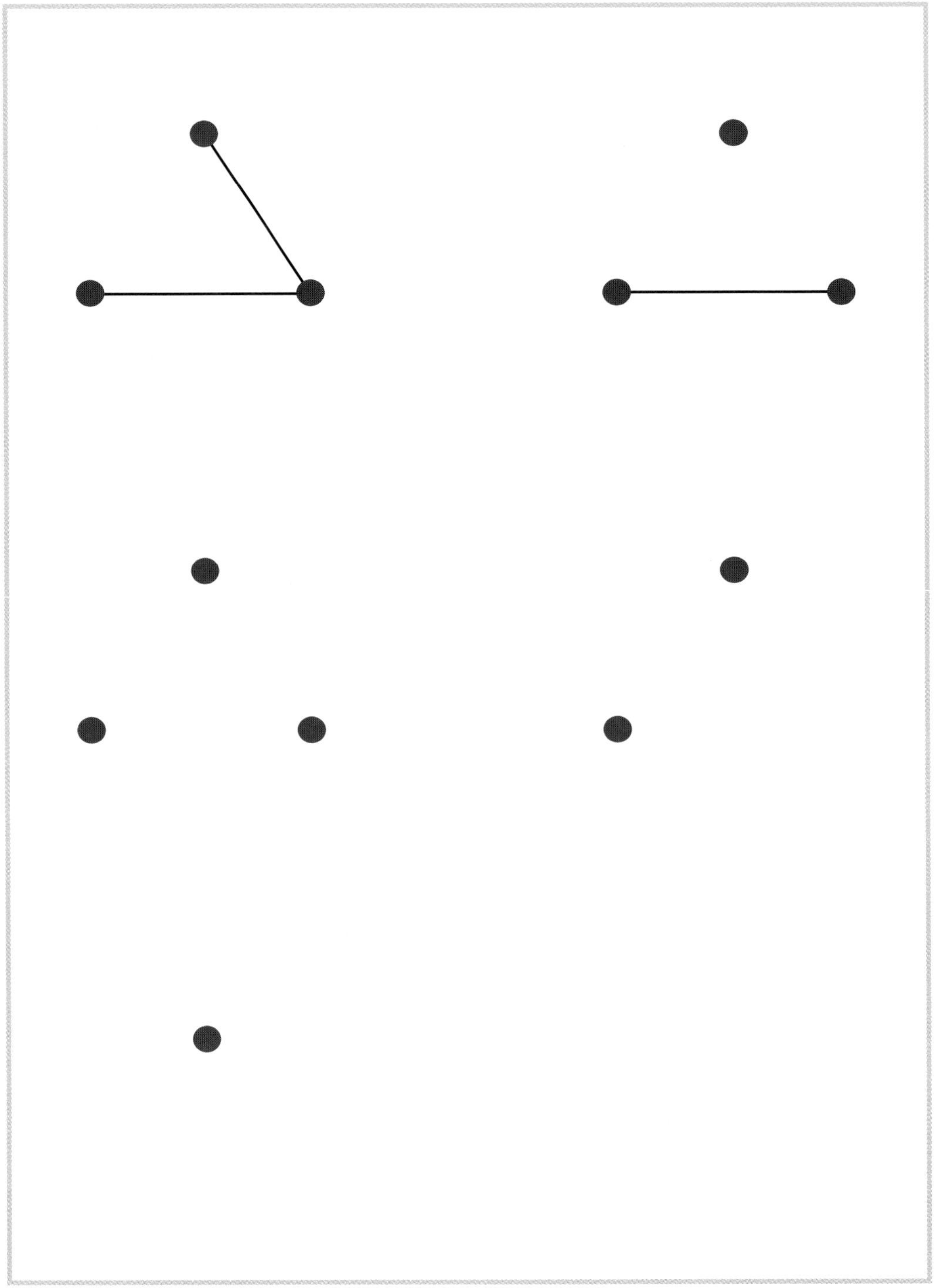

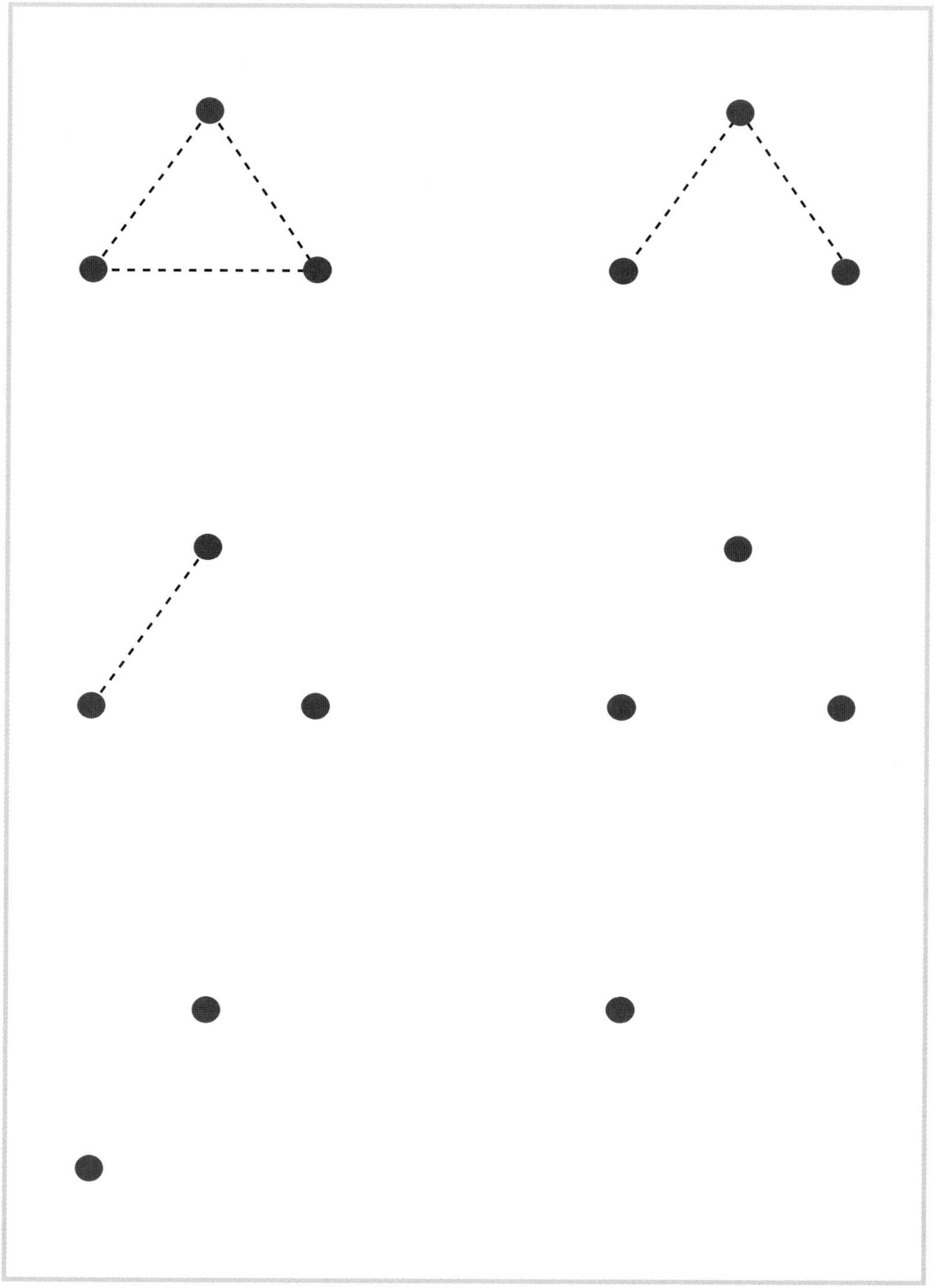

3~4
세

141 마분지 구멍에 끈 꿰기

3~4세

목표 | 마분지 구멍에 끈을 꿸 수 있다.

자료 | 마분지, 다양한 색깔의 신발 끈, 털실, 강화제

방법 ❶

- 교사가 마분지 구멍에 끈을 꿰는 시범을 보인다.
- 유아에게 교사를 모방하여 마분지 구멍에 끈을 꿰어 보라고 한다.
- 수행되면 유아 스스로 마분지 구멍에 끈을 꿰어 보라고 한다.
- 수행되면 유아의 특성에 맞는 적절한 강화제를 제공한다.

방법 ❷

- 교사가 유아의 옆에 앉아 오른손의 엄지와 검지로, 예를 들어 신발 끈을 잡는 시범을 보인다.
- 유아에게 교사를 모방하여 오른손의 엄지와 검지로 신발 끈을 잡아 보라고 한다.
- 모방하지 못하면 교사가 유아의 오른손 엄지와 검지로 신발 끈을 잡아 준다.
- 유아가 엄지와 검지로 신발 끈을 잡지 못하면 교사가 유아의 손을 잡고 신발 끈을 잡는 동작을 반복해 준다.
- 도움을 점차 줄여 간다.
- 수행되면 유아 스스로 오른손의 엄지와 검지로 신발 끈을 잡아 보라고 한다.
- 수행되면 교사가 왼손으로 마분지를 쥐는 시범을 보인다.
- 유아에게 교사를 모방하여 왼손으로 마분지를 쥐어 보라고 한다.
- 모방하지 못하면 교사가 유아의 왼손을 잡고 마분지를 쥐어 준다.
- 유아가 왼손으로 마분지를 잡지 못하면 교사가 유아의 손을 잡고 마분지를 쥐는 동작을 반복해 준다.

- 도움을 점차 줄여 간다.
- 수행되면 유아 스스로 왼손으로 마분지를 쥐어 보라고 한다.
- 수행되면 유아 스스로 오른손으로 신발 끈을 잡고 왼손으로는 마분지를 쥐어 보라고 한다.
- 수행되면 교사가 마분지 구멍에 신발 끈을 꿰는 시범을 보인다.
- 유아에게 교사를 모방하여 마분지 구멍에 신발 끈을 꿰어 보라고 한다.
- 모방하지 못하면 교사가 유아의 손을 잡고 마분지 구멍에 신발 끈을 꿰어 준다.
- 교사가 마분지의 구멍에 맞추어 끈을 대 준 후 유아에게 구멍으로 신발 끈을 꿰어 보라고 한다.
- 모방하지 못하면 교사가 마분지를 잡아 준 후 유아에게 구멍으로 신발 끈을 꿰어 보라고 한다.
- 꿰지 못하면 교사가 유아의 손을 잡고 마분지 구멍으로 신발 끈을 꿰는 동작을 반복해 준다.
- 교사가 마분지 구멍을 가리키며 유아에게 구멍으로 신발 끈을 꿰어 보라고 한다.
- 도움을 점차 줄여 간다.
- 수행되면 유아 스스로 마분지의 구멍에 신발 끈을 꿰어 보라고 한다.
- 수행되면 유아의 특성에 맞는 적절한 강화제를 제공한다.

☞ 유아와 마주 보고 지도할 경우 교사가 손(교사가 왼손을 사용해야 유아가 볼 때 오른손이 됨) 사용에 유의하도록 한다.

142 병 속에 콩 집어넣기

3~4세

목표 | 병 속에 콩을 집어넣을 수 있다.

자료 | 병, 콩, 강화제

방법 ❶

- 교사가 엄지와 검지로 콩을 집어 병 속에 넣는 시범을 보인다.
- 유아에게 교사를 모방하여 엄지와 검지로 콩을 집어 병 속에 넣어 보라고 한다.
- 수행되면 유아 스스로 엄지와 검지로 콩을 집어 병 속에 넣어 보라고 한다.
- 수행되면 유아의 특성에 맞는 적절한 강화제를 제공한다.

방법 ❷

- 교사가 엄지와 검지로 콩을 집는 시범을 보인다.
- 유아에게 교사를 모방하여 엄지와 검지로 콩을 집어 보라고 한다.
- 모방하지 못하면 교사가 유아의 엄지와 검지를 잡고 콩을 집어 준다.
- 교사가 유아의 엄지와 검지를 콩에 대 준 후 콩을 집어 보라고 한다.
- 집지 못하면 교사가 유아의 엄지와 검지를 잡고 콩을 집는 동작을 반복해 준다.
- 교사가 콩을 가리키며 유아에게 엄지와 검지로 콩을 집어 보라고 한다.
- 도움을 점차 줄여 간다.
- 수행되면 유아 스스로 엄지와 검지로 콩을 집어 보라고 한다.
- 수행되면 교사가 엄지와 검지로 콩을 집어 병 속에 넣는 시범을 보인다.
- 유아에게 교사를 모방하여 엄지와 검지로 콩을 집어 병 속에 넣어 보라고 한다.
- 모방하지 못하면 교사가 유아에게 콩을 잡으라고 한 후 유아의 손을 잡고 콩을 병 속에 넣어 준다.
- 교사가 콩을 잡고 있는 유아의 손을 병 입구에 대 준 후 콩을 넣어 보라고 한다.
- 넣지 못하면 교사가 유아의 손을 잡고 콩을 병 속에 넣는 동작을 반복해 준다.
- 교사가 병 입구를 가리키며 유아에게 콩을 집어넣어 보라고 한다.
- 도움을 점차 줄여 간다.
- 수행되면 유아 스스로 콩을 집어 병 속에 넣어 보라고 한다.
- 수행되면 유아의 특성에 맞는 적절한 강화제를 제공한다.

143 도화지에 색깔 스탬프 찍기

3~4세

목표 | 도화지에 색깔 스탬프를 찍을 수 있다.

자료 | 다양한 그림의 색깔 스탬프, 스탬프 인주, 도화지, 강화제

방법 ❶

- 교사가 도화지에 색깔 스탬프를 찍는 시범을 보인다.
- 유아에게 교사를 모방하여 도화지에 색깔 스탬프를 찍어 보라고 한다.
- 수행되면 유아 스스로 도화지에 색깔 스탬프를 찍어 보라고 한다.
- 수행되면 유아의 특성에 맞는 적절한 강화제를 제공한다.

방법 ❷

- 교사가 스탬프를 잡는 시범을 보인다.
- 유아에게 교사를 모방하여 스탬프를 잡아 보라고 한다.
- 모방하지 못하면 교사가 유아의 손을 잡고 스탬프를 잡아 준다.
- 잡지 못하면 교사가 유아의 손을 잡고 스탬프를 잡는 동작을 반복해 준다.
- 도움을 점차 줄여 간다.
- 수행되면 유아 스스로 스탬프를 잡아 보라고 한다.
- 수행되면 교사가 스탬프를 인주에 묻히는 시범을 보인다.
- 유아에게 교사를 모방하여 스탬프를 인주에 묻혀 보라고 한다.
- 모방하지 못하면 교사가 유아의 손을 잡고 스탬프를 인주에 묻혀 준다.
- 묻히지 못하면 교사가 유아의 손을 잡고 스탬프를 인주에 묻히는 동작을 반복해 준다.
- 도움을 점차 줄여 간다.
- 수행되면 유아 스스로 스탬프를 인주에 묻혀 보라고 한다.

• 수행되면 교사가 도화지에 인주를 묻힌 스탬프를 찍는 시범을 보인다.
• 유아에게 교사를 모방하여 도화지에 인주를 묻힌 스탬프를 찍어 보라고 한다.
• 모방하지 못하면 교사가 유아의 손을 잡고 도화지에 인주를 묻힌 스탬프를 찍어 준다.
• 교사가 도화지에 인주를 묻힌 스탬프를 대 준 후 유아에게 찍어 보라고 한다..
• 찍지 못하면 교사가 유아의 손을 잡고 도화지에 인주를 묻힌 스탬프를 찍는 동작을 반복해 준다.
• 교사가 도화지를 가리키며 유아에게 인주를 묻힌 스탬프를 찍어 보라고 한다.
• 도움을 점차 줄여 간다.
• 수행되면 유아 스스로 도화지에 인주를 묻힌 스탬프를 찍어 보라고 한다.
• 수행되면 유아의 특성에 맞는 적절한 강화제를 제공한다.

☞ 시판되고 있는 스탬프는 각 모양마다 손잡이가 있으며 밑면이 고무로 되어 있고 다양한 그림이나 모양 숫자 등이 그려져 있어 다양한 그림들을 쉽게 찍을 수 있다. 그리고 경우에 따라 다양한 연출(예: 동그라미 스탬프를 찍어 포도송이 만들기 등)을 할 수 있다.

☞ 도화지 대신 냅킨에 스탬프를 찍게 해도 무방하다.

3

144 다리 사이로 큰 공 굴리기

3~4세

목표 | 다리 사이로 큰 공을 굴릴 수 있다.

자료 | 큰 공, 볼링 핀, 소리 나는 깡통, 강화제

방법 ❶

- 교사가 유아와 마주 보고 다리를 벌리고 앉아서 다리 사이로 큰 공을 굴리는 시범을 보인다.
- 유아에게 교사를 모방하여 교사 다리 사이로 큰 공을 굴려 보라고 한다.
- 수행되면 유아 스스로 교사 다리 사이로 큰 공을 굴려 보라고 한다.
- 수행되면 유아의 특성에 맞는 적절한 강화제를 제공한다.

방법 ❷

- 교사가 유아와 마주 보고 앉아 큰 공을 굴리는 시범을 보인다.
- 유아에게 교사를 모방하여 큰 공을 굴려 보라고 한다.
- 모방하지 못하면 교사가 다른 교사와 유아를 마주 앉게 한 후 교사는 유아의 뒤에 앉아 유아의 두 손을 잡고 큰 공을 굴려 준다.
- 교사가 유아에게 큰 공을 쥐어 준 후 유아에게 굴려 보라고 한다.
- 굴리지 못하면 교사가 유아의 손을 잡고 큰 공을 굴리는 동작을 반복해 준다.
- 도움을 점차 줄여 간다.
- 수행되면 유아 스스로 큰 공을 굴려 보라고 한다.
- 수행되면 교사가 유아와 마주 보고 다리를 벌리고 앉아서 다리 사이로 큰 공을 굴리는 시범을 보인다.
- 유아에게 교사를 모방하여 교사 다리 사이로 큰 공을 굴려 보라고 한다.
- 굴리지 못하면 교사가 다른 교사나 유아를 유아와 마주 앉게 한 후 교사는 유아의

뒤에 앉아 유아의 두 손을 잡고 교사 다리 사이로 큰 공을 굴려 준다.

- 다리 사이로 큰 공을 굴리지 못하면 교사가 유아의 손을 잡고 교사 다리 사이로 큰 공을 굴리는 동작을 반복해 준다.
- 도움을 점차 줄여 간다.
- 수행되면 유아 스스로 교사 다리 사이로 큰 공을 굴려 보라고 한다.
- 수행되면 유아의 특성에 맞는 적절한 강화제를 제공한다.

☞ 공을 굴리는 동작이 수행되면 볼링 핀이나 소리 나는 깡통을 교사 다리 앞에 세워 놓고 공을 굴려 쓰러뜨리게 하면 유아가 공 굴리는 것에 좀 더 흥미를 가질 수 있다.

☞ 공 굴리기는 소근육 증진뿐만 아니라 다양한 효과, 즉 눈과 손의 협응력, 유연성, 협동심, 민첩성, 순발력을 키울 수 있다.

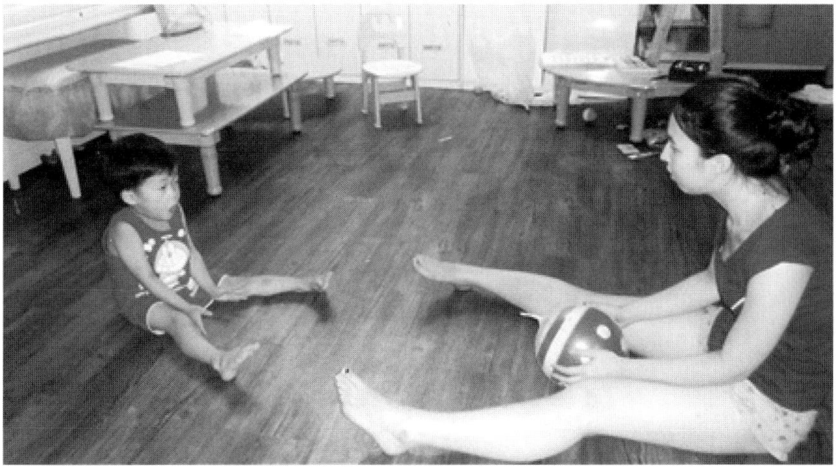

다리를 벌려 유아와 가까운 거리에서 마주 앉기

교사가 공 굴리는 시범 보이기

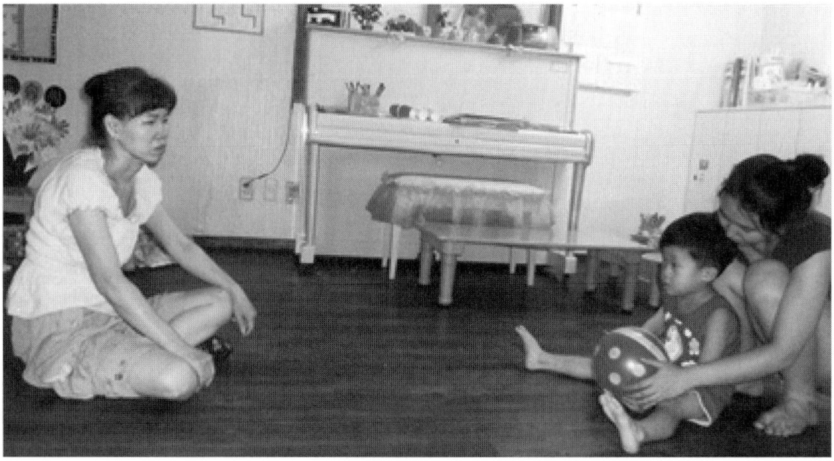

다른 교사(유아)가 유아와 마주 앉고 교사는 유아 뒤에 앉아
두 손을 잡아 공 굴리는 것 도와주기

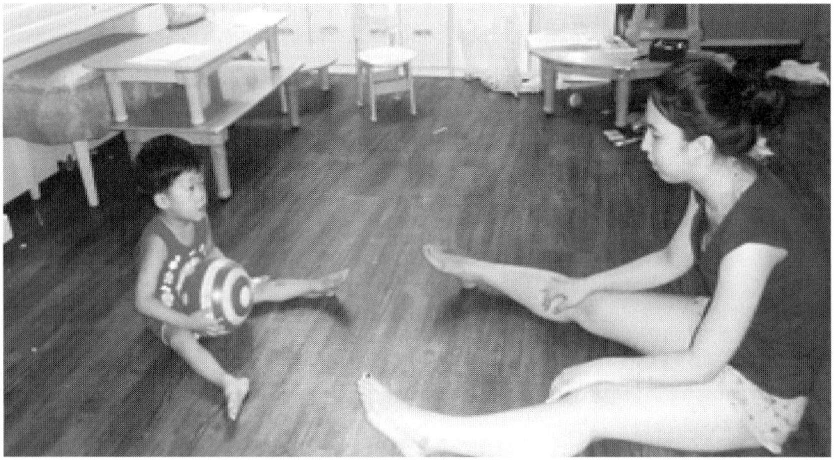

유아 스스로 공 굴리기

수행되면 강화제 제공하기

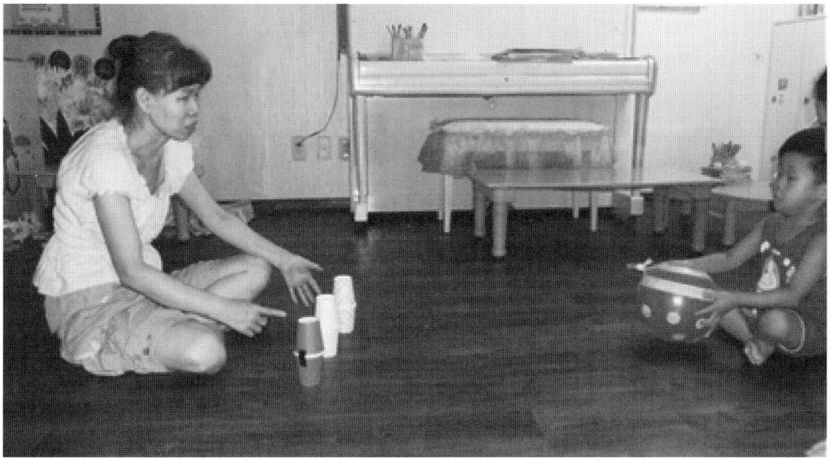

볼링 핀이나 소리 나는 깡통을 공을 굴려 쓰러뜨리기

145 숟가락 두 개 마주 치기

3~4세

목표 | 숟가락 두 개를 마주 치게 할 수 있다.

자료 | 교사용 숟가락 두 개, 유아용 숟가락 두 개, 강화제

방법 ❶

- 교사가 오른손에 숟가락 한 개, 왼손에 숟가락 한 개를 각각 쥐고 두 개의 숟가락을 마주 치는 시범을 보인다.
- 유아에게 교사를 모방하여 오른손에 숟가락 한 개, 왼손에 숟가락 한 개를 각각 쥐고 두 개의 숟가락을 마주 쳐 보라고 한다.
- 수행되면 유아 스스로 오른손에 숟가락 한 개, 왼손에 숟가락 한 개를 각각 쥐고 두 개의 숟가락을 마주 쳐 보라고 한다.
- 수행되면 유아의 특성에 맞는 적절한 강화제를 제공한다.

방법 ❷

- 교사가 오른손에 숟가락 한 개를 쥐는 시범을 보인다.
- 유아에게 교사를 모방하여 오른손에 숟가락 한 개를 쥐어 보라고 한다.
- 모방하지 못하면 교사가 유아의 오른손을 잡고 숟가락을 쥐어 준다.
- 교사가 숟가락을 가리키며 유아에게 오른손으로 쥐어 보라고 한다.
- 쥐지 못하면 교사가 유아의 오른손을 잡고 숟가락을 쥐는 동작을 반복해 준다.
- 도움을 점차 줄여 간다.
- 수행되면 유아 스스로 오른손에 숟가락 한 개를 쥐어 보라고 한다.
- 수행되면 교사가 왼손에 숟가락 한 개를 쥐는 시범을 보인다.
- 유아에게 교사를 모방하여 왼손에 숟가락 한 개를 쥐어 보라고 한다.
- 모방하지 못하면 유아의 오른손에 숟가락을 쥐게 한 것과 같은 방법으로 지도한다.

- 수행되면 유아 스스로 왼손에 숟가락 한 개를 쥐어 보라고 한다.
- 수행되면 교사가 오른손에 숟가락 한 개, 왼손에 숟가락 한 개를 각각 쥐고 두 개의 숟가락을 마주 치는 시범을 보인다.
- 유아에게 교사를 모방하여 오른손에 숟가락 한 개, 왼손에 숟가락 한 개를 각각 쥐고 두 개의 숟가락을 마주 쳐 보라고 한다.
- 마주 치지 못하면 교사가 유아의 두 손을 잡고 숟가락을 마주 치게 해 준다.
- 교사가 유아의 두 손을 잡고 숟가락을 가까이 대 준 후 유아에게 마주 쳐 보라고 한다.
- 마주 치지 못하면 교사가 유아의 두 손을 잡고 숟가락을 마주 치는 동작을 반복해 준다.
- 교사가 숟가락 두 개를 마주 치는 동작을 보여 주며 유아에게 두 개의 숟가락을 마주 쳐 보라고 한다.
- 도움을 점차 줄여 간다.
- 수행되면 유아 스스로 오른손에 숟가락 한 개, 왼손에 숟가락 한 개를 각각 쥐고 두 개의 숟가락을 마주 쳐 보라고 한다.
- 수행되면 유아의 특성에 맞는 적절한 강화제를 제공한다.

☞ 유아와 마주 보고 지도할 경우 유아가 바라보는 방향에서 손(교사가 왼손을 사용해야 유아가 볼 때 오른손이 됨)을 사용해야 하므로 유의하도록 한다.

146 도형으로 간단한 모양 만들기

3~4세

목표 | 도형으로 간단한 모양을 만들 수 있다.

자료 | 각 도형, 그림 도안, 풀, 강화제

방법 ❶

- 교사가 오려진 각 도형과 그림 도안을 제시한다.
- 교사가 그림 도안에 맞는 각 도형을 붙여 간단한 모양을 만드는 시범을 보인다.
- 유아에게 교사를 모방하여 그림 도안에 맞는 각 도형을 붙여 간단한 모양을 만들어 보라고 한다.
- 수행되면 유아 스스로 그림 도안에 맞는 각 도형을 붙여 간단한 모양을 만들어 보라고 한다.
- 수행되면 유아의 특성에 맞는 적절한 강화제를 제공한다.

방법 ❷

- 교사가 오려진 각 도형과 그림 도안을 제시한다.
- 교사가 예를 들어 세모 두 개를 붙여 나비를 만드는 시범을 보인다.
- 유아에게 교사를 모방하여 세모 두 개를 붙여 나비를 만들어 보라고 한다.
- 모방하지 못하면 교사가 예를 들어 나비의 오른쪽에 세모 한 개를 붙이는 시범을 보인다.
- 유아에게 교사를 모방하여 나비의 오른쪽에 세모 한 개를 붙여 보라고 한다.
- 모방하지 못하면 교사가 유아의 손을 잡고 나비의 오른쪽에 세모 한 개를 붙여 준다.
- 교사가 유아의 손을 나비의 오른쪽에 대 준 후 유아에게 세모를 붙여 보라고 한다.
- 붙이지 못하면 교사가 유아의 손을 잡고 나비의 오른쪽에 세모 한 개를 붙이는 동작을 반복해 준다.
- 교사가 나비의 오른쪽에 세모 한 개를 붙이는 동작을 보여 주며 유아에게 붙여 보라고 한다.
- 도움을 점차 줄여 간다.
- 수행되면 유아 스스로 나비의 오른쪽에 세모 한 개를 붙여 보라고 한다.

- 수행되면 교사가 나비의 왼쪽에 세모 한 개를 붙여 나비를 완성하는 시범을 보인다.
- 유아에게 교사를 모방하여 나비의 왼쪽에 세모 한 개를 붙여 나비를 완성해 보라고 한다.
- 모방하지 못하면 나비의 오른쪽에 세모 한 개를 붙인 것과 같은 방법으로 지도한다.
- 수행되면 유아 스스로 나비의 왼쪽에 세모 한 개를 붙여 나비를 완성해 보라고 한다.
- 수행되면 교사가 예를 들어 네모 한 개와 세모 한 개를 붙여 물고기를 만드는 시범을 보인다.
- 유아에게 교사를 모방하여 네모 한 개와 세모 한 개를 붙여 물고기를 만들어 보라고 한다.
- 모방하지 못하면 나비를 지도한 것과 같은 방법으로 지도한다.
- 수행되면 도형으로 다른 간단한 모양을 만드는 것도 같은 방법으로 지도한다.
- 수행되면 유아의 특성에 맞는 적절한 강화제를 제공한다.

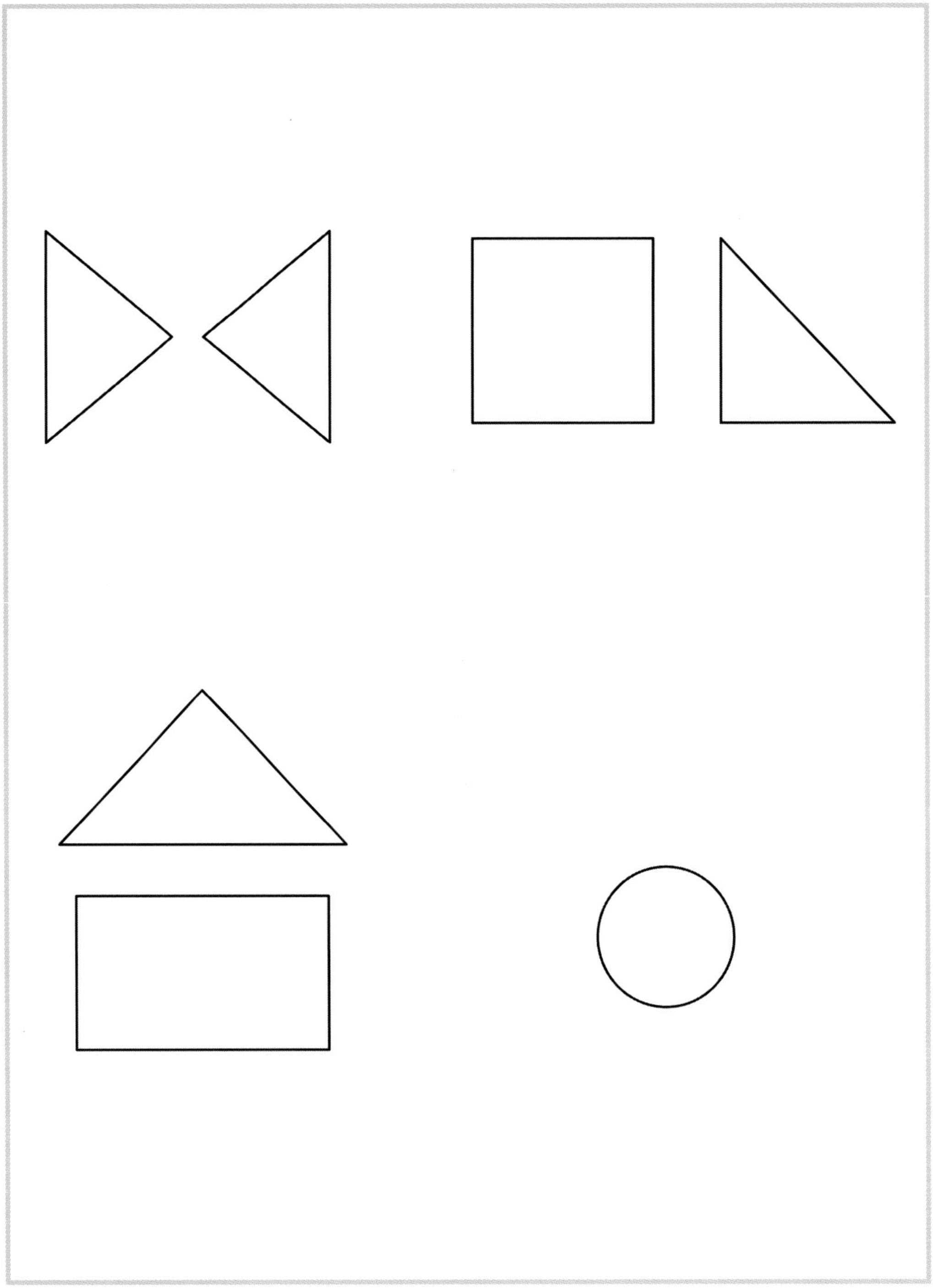

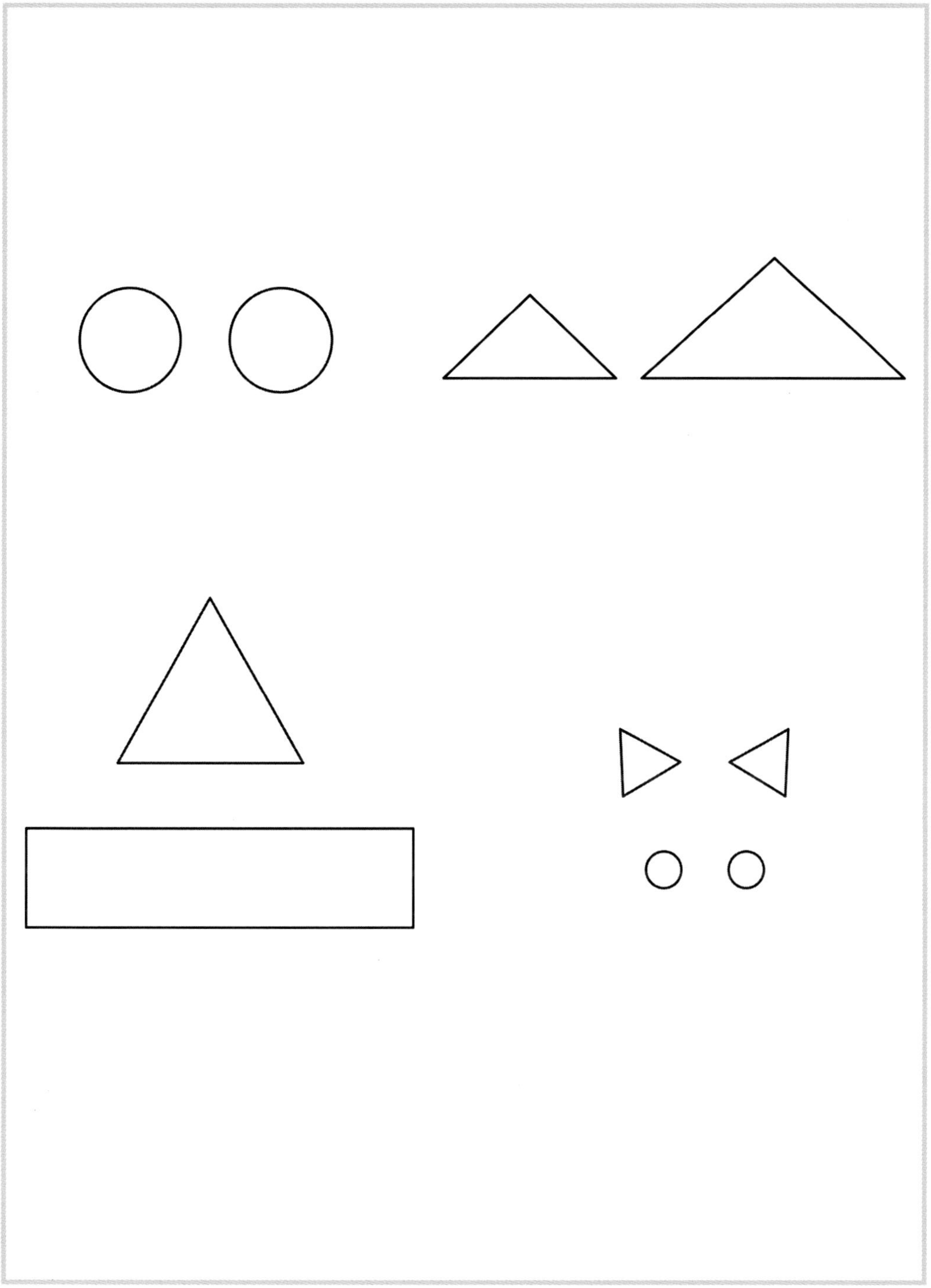

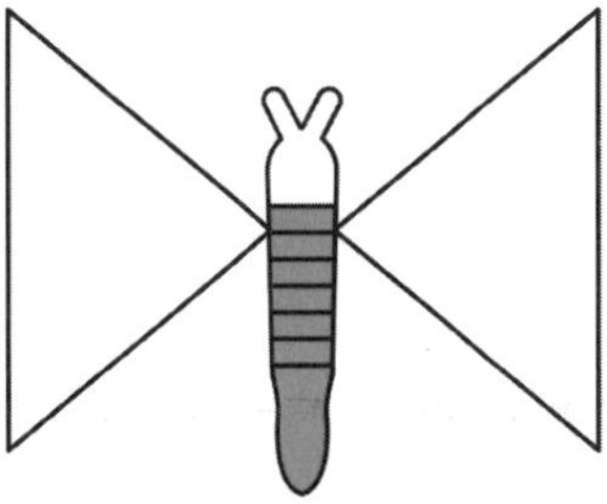
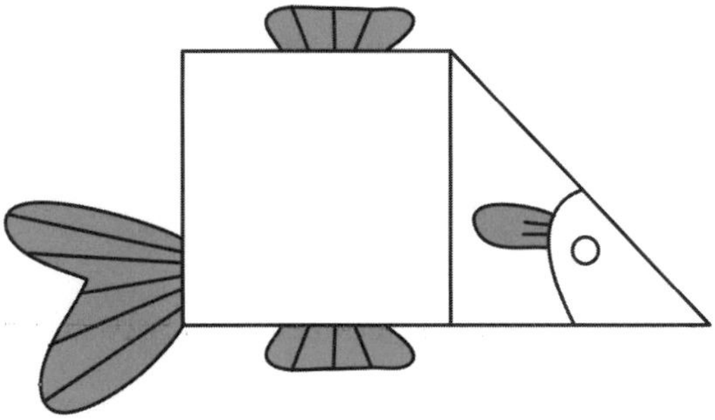

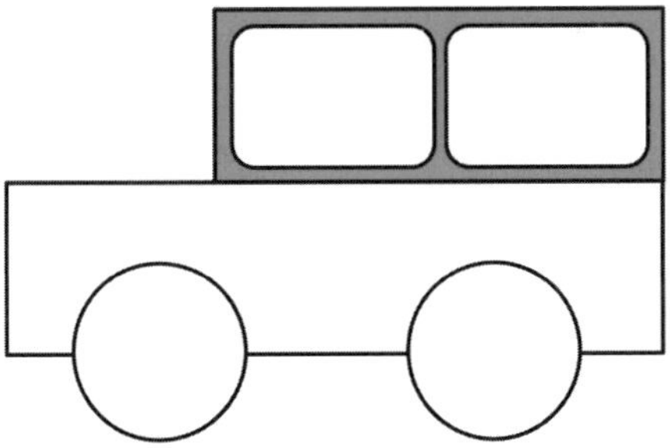

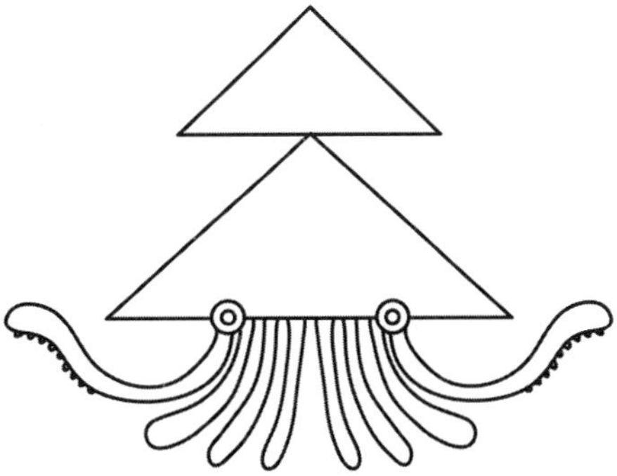

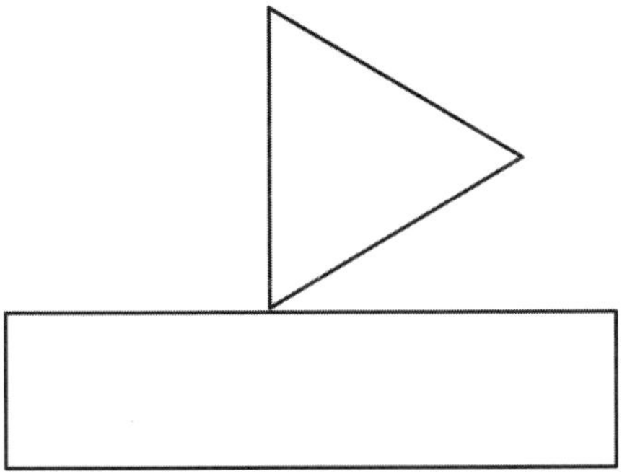

147 휴지 반죽 던지기

3~4세

목표 | 휴지 반죽을 던질 수 있다.

자료 | 휴지, 다양한 색깔의 물감, 물, 쟁반, 강화제

방법 ❶

- 교사가 다양한 색깔의 물감을 묻힌 휴지를 쟁반에 담아 제시한다.
- 교사가 휴지를 주물러 둥글게 뭉친 후 던지는 시범을 보인다.
- 유아에게 교사를 모방하여 휴지를 주물러 둥글게 뭉친 후 던져 보라고 한다.
- 수행되면 유아 스스로 휴지를 주물러 둥글게 뭉친 후 던져 보라고 한다.
- 수행되면 유아의 특성에 맞는 적절한 강화제를 제공한다.

방법 ❷

- 교사가 다양한 색깔의 물감을 묻힌 휴지를 쟁반에 담아 제시한다.
- 교사가 휴지를 주물러 둥글게 뭉치는 시범을 보인다.
- 유아에게 교사를 모방하여 휴지를 주물러 둥글게 뭉쳐 보라고 한다.
- 모방하지 못하면 교사가 유아의 손을 잡고 휴지를 주물러 둥글게 뭉쳐 준다.
- 교사가 유아의 손을 휴지에 대 준 후 유아에게 휴지를 주물러 둥글게 뭉쳐 보라고 한다.
- 뭉치지 못하면 교사가 유아의 손을 잡고 휴지를 주물러 둥글게 뭉치는 동작을 반복해 준다.
- 교사가 휴지를 주물러 둥글게 뭉치는 동작을 보여 주며 유아에게 휴지를 주물러 둥글게 뭉쳐 보라고 한다.
- 도움을 점차 줄여 간다.
- 수행되면 유아 스스로 휴지를 주물러 둥글게 뭉쳐 보라고 한다.

- 수행되면 교사가 둥글게 뭉친 휴지를 던지는 시범을 보인다.
- 유아에게 교사를 모방하여 둥글게 뭉친 휴지를 던져 보라고 한다.
- 모방하지 못하면 교사가 유아의 손을 잡고 둥글게 뭉친 휴지를 던져 준다.
- 교사가 둥글게 뭉쳐진 휴지를 가리키며 유아에게 던져 보라고 한다.
- 던지지 못하면 교사가 유아의 손을 잡고 둥글게 뭉친 휴지를 던져 주는 동작을 반복해 준다.
- 도움을 점차 줄여 간다.
- 수행되면 유아 스스로 휴지를 주물러 둥글게 뭉친 후 던져 보라고 한다.
- 수행되면 유아의 특성에 맞는 적절한 강화제를 제공한다.

MEMO

부록

관찰표

소근육운동편 (I)

관찰표

소근육운동편 (I)

연령	번호	목표	시행일자	습득일자
0~1세	1	물건에 손 닿기		
	2	물건을 쥐려고 손 뻗기		
	3	물건이 입에 닿으면 빨기		
	4	손을 뻗쳐 물건 잡기		
	5	손바닥으로 물건 움켜쥐기		
	6	손으로 딸랑이 잡기		
	7	비누 거품 만지기		
	8	한 손으로 물건 집어 올리기		
	9	물건을 잡았다 놓기		
	10	물건을 다른 손으로 옮기기		
	11	손으로 음식 집어 입에 넣기		
	12	누워서 양손으로 좌우의 발 만지기		
	13	딸랑이 흔들기		
	14	그릇에 담겨 있는 물건 쏟기		
	15	작은 물체들을 손으로 긁어모으기		
	16	책상 위 두드리기		
	17	검지로 찌르기		
	18	양손으로 작은 물건 쥐기		
	19	엄지와 검지로 물건 집기		
	20	간단한 악기 두드리기		
	21	물건 던지기		
	22	양손으로 각각의 물건 잡기		
	23	방울장갑 흔들기		

〈계속〉

연령	번호	목표	시행일자	습득일자
1~2세	24	손에 들고 있는 물건 떨어뜨리지 않고 건네주기		
	25	한 번에 여러 장씩 책장 넘기기		
	26	점토 올려 주면 주무르기		
	27	병에 들어 있는 것 쏟기		
	28	종이 구기기		
	29	검지로 사물 가리키기		
	30	물페인트 칠하기		
	31	페트병 물감 놀이		
	32	크레파스를 주먹으로 쥐기		
	33	마구 긋기		
	34	꽂기판에서 꽂기 한 개 빼기		
	35	그릇을 거꾸로 하여 물건 쏟기		
	36	자동차 굴리기		
	37	봉에서 한 개의 고리 빼기		
	38	포일(호일) 뭉치기		
	39	자석판에 물건 붙이기		
	40	리본 끈이나 줄 잡아당기기		
	41	두루마리 화장지 찢기		
	42	컵에 물건 넣기		
	43	두 개의 블록 쌓기		
	44	봉에 한 개의 고리 끼우기		
	45	물풍선 주무르기		
	46	장난감 버튼 누르기		
	47	단순한 롤러코스터의 구슬 움직이기		
2~3세	48	손가락으로 마구 그리기		
	49	점토에 손바닥 찍기		
	50	봉에서 다섯 개의 고리 빼기		
	51	당근 도장 찍기		
	52	장난감을 밀거나 잡아당기기		
	53	자동차 운전대 돌리기		
	54	스펀지에 물감 찍어 문지르기		
	55	큰 공 마음대로 굴리기		
	56	봉에 다섯 개의 고리 끼우기		
	57	메추리알판에 점토 채우기		

〈계속〉

연령	번호	목표	시행일자	습득일자
2~3세	58	다섯 개의 블록 쌓기		
	59	양손에 물건 쥐고 부딪치기		
	60	수직선 긋기		
	61	모루로 마구 찍기		
	62	수평선 긋기		
	63	고무줄 바지에 공 넣기		
	64	큰 붓으로 마구 그리기		
	65	조립하는 장난감을 뺐다 끼우기		
	66	스펀지로 비누 거품 내기		
	67	두 조각 퍼즐로 모양 맞추기		
	68	모루 마음대로 구부리기		
	69	손과 손, 발과 발 짝 맞추기		
	70	손가락으로 물감 찍어 마구 그리기		
	71	리본 막대 흔들기		
	72	스크래치 그림 그리기		
	73	비닐 주물러 소리 내기		
	74	포크로 마구 끼적이기		
	75	큰 스티커 마구 붙이기		
	76	젓가락으로 마구 지휘하기		
	77	색연필 굴리기		
	78	꽂기판에서 꽂기 3~5개 빼기		
	79	거울에 비누 거품 끼적이기		
	80	크레파스 꺼냈다가 제자리에 꽂기		
	81	포크로 부드러운 음식 찍어 먹기		
	82	물속 구슬 잡기		
	83	미역 촉감 놀이		
	84	비누 거품 만들기		
	85	복잡한 롤러코스터의 구슬 움직이기		
	86	꽂기판에 꽂기 1~3개 꽂기		
3~4세	87	나무망치로 말뚝 다섯 개 두드려 넣기		
	88	가위로 마구 오리기		
	89	동그라미 그리기		
	90	큰 구슬 세 개 꿰기		
	91	여러 개의 블록으로 기차 만들기		

〈계속〉

연령	번호	목표	시행일자	습득일자
3~4세	92	색종이로 네모 접기		
	93	주먹으로 연필 잡기		
	94	꽂기판에서 꽂기 7~10개 빼기		
	95	수수깡 부러뜨리기		
	96	점토 주무르기		
	97	여덟 개의 블록 쌓기		
	98	십자 긋기		
	99	손도장 마구 찍기		
	100	점토에 모양 찍기		
	101	물풍선 굴리기		
	102	사선 긋기		
	103	색종이 찢어서 풀로 붙이기		
	104	휴지 심 도장 마구 찍기		
	105	손가락을 순서대로 꼽기		
	106	도형 안에 스티커 붙이기		
	107	계란 껍질 깨뜨리기		
	108	젓가락으로 유리컵 연주하기		
	109	V 긋기		
	110	가위로 직선 오리기		
	111	색종이로 세모 접기		
	112	숟가락으로 눈 · 코 · 입 가리기		
	113	색종이를 마음대로 여러 번 접기		
	114	눈 · 코 · 입에 스티커 붙이기		
	115	막대 아이스크림으로 끼적이기		
	116	칫솔로 마구 그리기		
	117	과자로 간단한 모양 만들기		
	118	눈에 오레오 쿠키 붙이기		
	119	롤렛 굴려 모양 찍기		
	120	뽁뽁이 비닐 터트리기		
	121	입구가 좁은 용기에 물건 넣기		
	122	접착 롤러 굴리기		
	123	책장 한 장씩 넘기기		
	124	데칼코마니 I		
	125	손잡이 돌리기		

〈계속〉

연령	번호	목표	시행일자	습득일자
3~4세	126	블록으로 다리 만들기		
	127	점토나 찰흙으로 간단한 모양 만들기		
	128	간단한 곡선 그리기		
	129	종이를 대각선으로 두 번 접기		
	130	종이 박스에서 공을 굴려 끼적이기		
	131	모루로 다양한 모양 찍기		
	132	부채에 스티커 붙여 꾸미기		
	133	5~7조각 퍼즐 맞추기		
	134	모루로 동그라미 만들기		
	135	꽂기판에 꽂기 5~10개 꽂기		
	136	종이에 구멍 뚫기		
	137	큰 구슬 여섯 개 꿰기		
	138	바나나 껍질 벗기기		
	139	색종이 세 번 접기		
	140	세모 그리기		
	141	마분지 구멍에 끈 꿰기		
	142	병 속에 콩 집어넣기		
	143	도화지에 색깔 스탬프 찍기		
	144	다리 사이로 큰 공 굴리기		
	145	숟가락 두 개 마주 치기		
	146	도형으로 간단한 모양 만들기		
	147	휴지 반죽 던지기		

MEMO

MEMO

MEMO

MEMO

MEMO

MEMO

MEMO

● 저자 소개 ●

임경옥(Lim Kyoungook)
강남대학교 특수교육학과 학사
경기대학교 교육대학원 유아교육 석사
강남대학교 교육대학원 유아특수교육 석사
단국대학교 대학원 유아특수교육 박사
전 무지개 특수아동교육원 원장
수원여대 사회복지과 겸임교수 및 나사렛대학교, 수원과학대학교 등 외래교수
현 수원여자대학교 아동보육과 교수

〈저서 및 역서〉
장애영유아발달영역별 지침서1~5권(공저, 학지사, 2010)
보육교사 일반직무교육(공저, 양성원, 2016)
원장 일반직무교육(공저, 양성원, 2016)
보육교사 일반직무교육(심화)(공저, 양성원, 2017)
원장 일반직무교육(심화)(공저, 양성원, 2017)
특수교육학개론(공저, 학지사, 2017)
발달지체 영유아 조기개입-인지편(학지사, 2017)
발달지체 영유아 조기개입-신변처리편(학지사, 2018)
발달지체 영유아 조기개입-수용언어편(학지사, 2018)
발달지체 영유아 조기개입-표현언어편 I (학지사, 2018)
발달지체 영유아 조기개입-표현언어편 II (학지사, 2018)
발달지체 영유아 조기개입-소근육운동편 I (학지사, 2018)
발달지체 영유아 조기개입-소근육운동편 II (학지사, 2019)
발달지체 영유아 조기개입-대근육운동편(학지사, 2019)
발달지체 영유아 조기개입-사회성편(학지사, 2020)
특수교구교재제작(공저, 학지사, 2018)
아동권리와 복지(공저, 공동체, 2018)
교사! 그 아름다운 이름(학지사, 2019)

〈주요논문〉
예비영아특수교사들의 관찰실습경험에 대한 질적 연구(한국특수아동학회, 2013)
장애영아 미술치료 연구동향 분석-1997년부터 2012년까지 전문 학술지 중심으로(한국특수아동학회, 2013)
보육교사의 전문성 인식과 통합교육 신념에 관한연구(사회복지실천연구, 2013)
예비보육교사들의 실습경험에 대한 이야기(한국콘텐츠학회, 2016)
아동복지전공 예비보육교사들이 보육실습에서 경험하는 딜레마에 대한 탐색(한국콘텐츠학회, 2016)

6

발달지체 영유아 조기개입 - 소근육운동편 (I) -

2018년 10월 20일 1판 1쇄 발행
2024년 7월 25일 1판 4쇄 발행

지은이 • 임경옥
펴낸이 • 김진환
펴낸곳 • (주) 학지사
04031 서울특별시 마포구 양화로 15길 20 마인드월드빌딩
대표전화 • 02)330-5114 팩스 • 02)324-2345
등록번호 • 제313-2006-000265호

홈페이지 • http://www.hakjisa.co.kr
인스타그램 • https://www.instagram.com/hakjisabook

ISBN 978-89-997-1346-0 93370

정가 17,000원